Eltern beurteilen Schule – Entwicklungen und Herausforderungen

Dagmar Killus, Klaus-Jürgen Tillmann (Hrsg.)
in Kooperation mit Kantar Emnid

Eltern beurteilen Schule – Entwicklungen und Herausforderungen

Ein Trendbericht zu Schule und Bildungspolitik in Deutschland

Die 4. JAKO-O Bildungsstudie

Waxmann 2017
Münster • New York

Bibliografische Informationen der Deutschen Nationalbibliothek
Die Deutsche Nationalbibliothek verzeichnet diese Publikation in
der Deutschen Nationalbibliografie; detaillierte bibliografische
Daten sind im Internet über http://dnb.d-nb.de abrufbar.

Print-ISBN 978-3-8309-3666-4
E-Book-ISBN 978-3-8309-8666-8

© Waxmann Verlag GmbH, 2017
www.waxmann.com
info@waxmann.com

Umschlaggestaltung: Christian Averbeck, Münster
Umschlagfoto: © georgerudy – Fotolia.com
Satz: Stoddart Satz- und Layoutservice, Münster
Druck: Media-Print, Paderborn

Gedruckt auf alterungsbeständigem Papier,
säurefrei gemäß ISO 9706

Printed in Germany

Alle Rechte vorbehalten.
Nachdruck, auch auszugsweise, verboten. Kein Teil dieses Werkes darf
ohne schriftliche Genehmigung des Verlages in irgendeiner Form
reproduziert oder unter Verwendung elektronischer Systeme verarbeitet,
vervielfältigt oder verbreitet werden.

Inhalt

Einführung

1 *Bettina Peetz*
Es tut sich was! Schule und Bildungssystem haben sich entwickelt.
Eltern meinen: zum Positiven
Geleitwort von JAKO-O 7

2 *Dagmar Killus/Klaus-Jürgen Tillmann*
Elternbefragung als schulpädagogische und bildungspolitische
Dauerbeobachtung – Zur Einführung in die 4. JAKO-O Bildungsstudie 9

3 *Klaus-Peter Schöppner*
Die 4. JAKO-O Bildungsstudie –
Methodische Anlage und Stichprobe 15

Ergebnisse

4 *Klaus-Jürgen Tillmann*
Ergebnisse der JAKO-O Bildungsstudie regional
Baden-Württemberg (2016) 21

5 *Dagmar Killus*
Ergebnisse der JAKO-O Bildungsstudie regional
Nordrhein-Westfalen (2016) 41

6 *Klaus-Jürgen Tillmann*
Meinungstrends der Eltern über Schule und Schulreformen –
Die JAKO-O Bildungsstudien von 2010 bis 2017 57

7 *Peter Daschner*
Flüchtlingskinder an deutschen Schulen –
Die besondere Problemlage seit 2015 83

8 *Angelika Paseka*
Stand der Inklusion aus Elternsicht 99

9 *Dagmar Killus*
Kriterien der Schulwahl beim Übergang von der Grundschule
in die weiterführende Schule 123

10 *Inka Bormann/Sebastian Niedlich*
Elterliches Vertrauen gegenüber den Lehrkräften ihres Kindes 135

11 *Julia Gerick*
Wofür ist Schule da? –
Zeitgemäße Bildungsinhalte aus Sicht der Eltern 159

Perspektiven

12 *Gerhard Eikenbusch*
Vier Konsequenzen aus den Ergebnissen
für Lehrkräfte, Schulen, Bildungspolitik und: Eltern 177

Anhang

Tabellenverzeichnis 193

Abbildungsverzeichnis 194

Autorinnen und Autoren 197

Studienbeirat 198

Über JAKO-O 199

Bettina Peetz

1 Es tut sich was! Schule und Bildungssystem haben sich entwickelt – Eltern meinen: zum Positiven
Geleitwort von JAKO-O

Manchmal lehnt man sich an seinem Arbeitsplatz zufrieden zurück und denkt sich: „Geht doch!" So erging es mir, als die Ergebnisse der 4. JAKO-O Bildungsstudie auf meinem Schreibtisch landeten. Ich blätterte und las. Ich grübelte und staunte. Und schließlich kramte ich die Ergebnisse unserer ersten drei Bildungsstudien aus der Schublade und verglich. Und dann wuchs in mir langsam die Gewissheit, dass wir gute Arbeit gemacht haben. In vielerlei Hinsicht. Wir haben viermal eine exzellente Studie geplant, organisiert, durchgeführt, analysiert und eingeordnet. Medien reißen sich darum, allein und zuerst berichten zu dürfen. Bildungspolitikerinnen, -politiker und Verbände erwarten unsere Ergebnisse gespannt, Elternbeiräte applaudieren. Und wir sind drangeblieben, haben Themen in den Fragenkatalog aufgenommen, die aktuell Kern der Debatten waren. Und jetzt, nach vier Studien und sieben Jahren, können wir fundiert Trends abbilden. Wir können beweisen, dass sich etwas bewegt. Wir können sogar aufzeigen, dass Schule und Bildungssystem in vielerlei Hinsicht an Qualität zulegen. Erstaunlich sei das, meinen unsere Expertinnen und Experten, die für uns sämtliche Ergebnisse analysieren und einordnen. Denn in der öffentlichen Darstellung scheint ein Klagen und Kritisieren zu überwiegen. Offensichtlich meinen Eltern, dass das Bildungssystem zunehmend gerechter wird. Immerhin zwei Drittel der Mütter und Väter sehen die Bildungschancen in Deutschland mittlerweile gerecht verteilt. Zudem entwickelt sich Deutschland aus Sicht der Eltern zu einem kinderfreundlicheren Land. 62 % sehen das so. 2010 waren nur 48 % dieser Meinung.

Und vielleicht, zumindest wünsche ich mir das, haben wir ein wenig zu dieser Entwicklung beigetragen. Dazu, dass Schule besser geworden ist. Dass Eltern entspannter sind. Dass Schülerinnen und Schüler zufriedener sind. Und dass die Meinungen von Schuleltern endlich gehört werden. Denn sie sind es, und davon sind wir weiter zutiefst überzeugt, die am besten beurteilen können, was gut und was schlecht läuft.

Seit unserer letzten Studie sind drei Jahre vergangen. Bildungspolitische bundesweite Schwerpunktthemen waren in dieser Zeit etwa die schulische Integration von Flüchtlingskindern, die Diskussionen um G8 und G9 oder auch die Qualitätsunterschiede an Ganztagsschulen. Und wieder wollten wir wissen: Wie beurteilen Eltern eigentlich die Lage? Um das herauszufinden, haben wir für unsere vierte Bildungsstudie die Meinungsforschungsinstitute Mentefactum und Kantar Emnid erneut bundesweit Mütter und Väter schulpflichtiger Kinder befragen lassen. Erfahren wollten wir einerseits etwas über die langfristigen Entwicklungen und Veränderungen im Meinungsbild. Deshalb haben wir viele Fragen aus den ersten drei Studien wiederholt. Dazu gehören Themenbereiche wie Bildungsgerechtigkeit, Ganztagsschule oder die benötigte Unterstützung durch die Eltern. Ergänzt wurde der Fragenkatalog um aktuelle Themen, die in der Debatte um Schule und Bildung eine große Rolle spielen – wie etwa die Integration von Flüchtlingskindern oder die Umsetzung der Inklusion.

Neben all den positiven Überraschungen offenbart unsere Studie allerdings auch, dass es noch viel zu tun gibt. Dass es viel zu wenig Ganztagsschulplätze gibt beispielsweise. Und dass die Qualitätsunterschiede an Ganztagsschulen riesig sind. Die individuelle Förderung von Schülerinnen und Schülern muss ebenso verbessert werden wie auch die Implementierung lebenspraktischer Unterrichtsinhalte. So kommen zum Beispiel die Bereiche „wirtschaftliches Denken und Handeln" oder „Ernährung und Gesundheit" sowie „Computer und Internet" in der Schule zu kurz.

Und etwas Wichtiges ist neu: Seit 2016 beschäftigen wir uns in regionalen Bildungsstudien mit einzelnen Bundesländern – immer dort, wo gerade Landtagswahlen anstehen. 2016 haben wir die erste Bildungsstudie regional in Baden-Württemberg durchgeführt. Wir befragten 500 Eltern zu den gleichen Themen, mit der sich auch die bundesweite Studie auseinandersetzt. Zusätzlich wurden im Fragenkatalog allerdings auch regionale Schwerpunktthemen berücksichtigt. 2017 haben wir selbiges in NRW unternommen. Die Ergebnisse sind detailliert, spannend und vor allem: vergleichbar. So können wir die Ergebnisse zwischen einzelnen Bundesländern und daneben auch mit den Ergebnissen der bundesweiten Studie vergleichen. Auch hier wurden die Ergebnisse allenthalben mit Spannung erwartet. Dieser Trendbericht beschäftigt sich erstmalig auch mit den Regionalstudien.

Unsere Expertinnen und Experten bleiben uns seit nunmehr sieben Jahren treu. Für deren Fachkompetenz im Hinblick auf die Analyse von Umfrageergebnissen sind wir unendlich dankbar. Ganz herzlich bedanken möchten wir uns bei allen Autorinnen und Autoren dieser Ausgabe, die sich erneut in die Datenmassen gestürzt haben, um für uns immer neue überraschende und interessante Schlüsse daraus zu ziehen. Für die Federführung bedanken wir uns herzlich bei Prof. Dr. Dagmar Killus, Universität Hamburg, und Prof. em. Dr. Klaus-Jürgen Tillmann, Universität Bielefeld. Ebenso gilt unser Dank dem Studienbeirat, der sich aus Wissenschaftlerinnen und Wissenschaftlern sowie Vertreterinnen und Vertretern von Eltern und Schule zusammensetzt. Die aktuellen Mitglieder sind die Bildungsforscherin Prof. Dr. Mechthild Gomolla, Helmut-Schmidt-Universität Hamburg, Martina Richter, der Stellvertretende Vorsitzende des Bundeselternrats sowie der ehemalige Schulrat und Schulamtsdirektor am Staatlichen Schulamt im Landkreis Forchheim, Wolfgang Blos. Als unabhängiges Gremium wacht der Beirat über die Solidität der Erhebung und der Auswertung. Gleichzeitig gibt die Beteiligung von Expertinnen und Experten aus Wissenschaft und Praxis der Meinung der Eltern in der öffentlichen Diskussion ein noch stärkeres Gewicht.

Was nun passiert, liegt nicht mehr in unserer Hand. Wir haben erneut eine Basis geschaffen, auf der sich aufbauen lässt. Wir haben herausgefunden, wie die Stimmung im Land ist. Nun ist es an Ihnen – an den Fachleuten, den Bildungspolitikerinnen und -politikern, den Erziehungswissenschaftlerinnen und -wissenschaftlern und allen anderen, die verantwortlich für Schule und Bildung in Deutschland sind – diese Ergebnisse zu nutzen. Schärfen Sie Ihren Blick für das, was es noch zu tun gibt. Freuen Sie sich über das, was schon sehr gut läuft. Und behalten Sie dabei immer die Kinder im Blick. Denn sie sind es, um die es hier geht.

Bettina Peetz
Geschäftsleitung JAKO-O

Dagmar Killus/Klaus-Jürgen Tillmann

2 Elternbefragung als schulpädagogische und bildungspolitische Dauerbeobachtung – Zur Einführung in die 4. JAKO-O Bildungsstudie

Die erste JAKO-O Bildungsstudie wurde 2010 durchgeführt. Damals wurde erstmals eine repräsentative Stichprobe von Eltern zu ihren Sichtweisen und Meinungen befragt, und zwar bezogen auf: Schule und Lehrer/innen, Bildungspolitik sowie die eigene Situation und die des Kindes angesichts schulischer Anforderungen. Diese Befragung wurde in den Folgejahren dreimal wiederholt und damit als ein Instrument zur Dauerbeobachtung der Sichtweisen von Eltern etabliert. Die letzte Befragung, die 4. JAKO-O Bildungsstudie, fand 2017 statt, sodass alle Befragungen zusammen inzwischen einen Zeitraum von sieben Jahren umfassen. Dadurch lassen sich Entwicklungen der Sichtweisen von Eltern im zeitlichen Verlauf – im Sinne empirisch gesicherter Trendaussagen – nachvollziehen: Wo sind sie über die Jahre stabil geblieben? Wo zeichnen sich Veränderungen ab? Handelt es sich dabei um positive oder negative Entwicklungen? Eine solche langfristig angelegte repräsentative Trendstudie über Eltern schulpflichtiger Kinder und deren Sichtweisen ist in Deutschland ein Novum. Sie erweitert die Kenntnisse über schulpädagogische und bildungspolitische Prozesse um den spezifischen Blick der Eltern. Dieses Buch berichtet über die Ergebnisse der 4. JAKO-O Bildungsstudie aus dem Jahr 2017 – und es berichtet zugleich über Entwicklungstrends seit 2010.

Im Folgenden skizzieren wir zunächst noch einmal den konzeptionellen Ansatz der JAKO-O Bildungsstudie, um dann auf die Besonderheiten der aktuellen Befragung aus dem Jahr 2017 einzugehen. Abschließend skizzieren wir den Aufbau des vorliegenden Fachbuchs.

2.1 Die JAKO-O Bildungsstudie

Die JAKO-O Bildungsstudie ist eine repräsentative Befragung von Eltern schulpflichtiger Kinder (bis 16 Jahre) zu schulpädagogischen und bildungspolitischen Aspekten unseres Schulsystems einschließlich deren Auswirkungen auf die Familie. Sie findet in regelmäßigen Abständen statt (bisher 2010, 2012, 2014, 2017) und erfasst bundesweit jeweils etwa 3.000 Eltern (2017: 2000). Dabei wird die Erhebung und Auswertung der Daten von einem kompetenten Meinungsforschungsinstitut (Kantar Emnid in Kooperation mit Mentefactum) durchgeführt. Die wiederholte Befragung im Abstand von zwei bzw. drei Jahren erlaubt es, Veränderungen in den Sichtweisen nachzuzeichnen und Trendaussagen zu machen. Gleichzeitig ist es möglich, mit jeder neuen Befragung aktuelle, schulpädagogisch und bildungspolitisch relevante Themen aufzugreifen und hierzu ein Meinungsbild einzuholen. Aufgrund der relativ großen Stichprobe können differenzierte Subgruppen-Vergleiche vorgenommen werden (z. B. von Eltern mit unterschiedlichem Bildungshintergrund). Das inhaltliche Konzept der Studie wird (in Kooperation mit Kantar Emnid und Mentefactum) von einer Gruppe empirisch ausgerichteter Erziehungswissenschaftler/innen gestaltet und auch weiterentwickelt. Die Federführung liegt bei Dagmar Killus (Universität Hamburg) und Klaus-Jürgen Tillmann (Universität Bielefeld). Dabei wacht ein prominent besetzter wissenschaftlicher Beirat über die Solidität von Erhebung und Auswertung. Die Ergebnisse sind darauf ausgerichtet, in der öffentlichen Debatte um Schule und Bildungspolitik die Position der Eltern verstärkt zum Tragen zu bringen. Dazu werden die Ergebnisse jeder Studie für die Presse aufbereitet und in einer Pressekonferenz den Medien vorgestellt. Dies führt dazu, dass in den folgenden Tagen die Hauptergebnisse der jeweiligen Studie (z. B. 2012: Dauer der Schulzeit bis zum Abitur, kurz: G8/G9; 2014: Wunsch der Eltern nach mehr Ganztagsschulen; 2017: positive Trends im Bereich der Schulqualität) sowohl in den Printmedien als auch im Fernsehen breit aufgegriffen und damit Teil der öffentlichen Diskussion werden.

Zugleich ist es aber ausdrücklich beabsichtigt, die Ergebnisse auch so aufzubereiten, dass sie im Fachdiskurs von (Schul-)Praktiker/innen, Wissenschaftler/innen und Bildungspolitiker/innen zur Kenntnis genommen werden. Zu jeder Umfrage erscheint deshalb ein Fachbuch (vgl. Killus/Tillmann 2011, 2012, 2014) und auch weitere Aufsätze in Fachzeitschriften (vgl. z. B. Killus 2017; Killus/Paseka 2016; Horstkemper/Tillmann 2012), in denen die Ergebnisse differenziert dargestellt und in theoretische Kontexte eingeordnet werden. Dies stellt aus unserer Sicht die angemessene Veröffentlichungsform dar, um diese Fachdiskurse in Wissenschaft, Bildungsplanung und Bildungspolitik zu bereichern. Die zunehmende Rezeption unserer Ergebnisse sowohl im bildungspolitischen Diskurs (etwa zur G8/G9-Debatte) als auch in der erziehungswissenschaftlichen Diskussion (etwa zur Inklusion oder zur Zusammenarbeit von Elternhaus und Schule) zeigt, dass die JAKO-O Bildungsstudie sich als Referenzrahmen für Elternmeinungen zunehmend etabliert hat.

2.2 Trends und neue Themen

Um einen Trend abbilden zu können, müssen wir in den verschiedenen Befragungen die gleichen Fragen wiederholen. Dies trifft z. B. für die Bewertung der Lehrer/innen, die Zufriedenheit mit den schulischen Bedingungen, den Wunsch nach Ganztagsschulen, die Einschätzung zur Inklusion oder die Unterstützung des häuslichen Lernens zu. Für all diese (und weitere) Aspekte können wir nachzeichnen, ob und wie sich die Sichtweisen von Eltern seit 2010 darstellen.

Allerdings nehmen wir immer auch neue Themen, die aktuell geworden sind, in unsere Befragung auf. Dies traf 2014 z. B. zu für die Meinungen der Eltern zu Privatschulen oder zum bundesweiten Zentralabitur. Bei der Befragung 2017 haben wir vor allem die Themen Beschulung von Flüchtlingskindern, Zeitgemäßheit der Bildungsinhalte und Kriterien der Schulwahl am Ende der Grundschule neu aufgenommen.

Durch unsere Ergebnisse zu aktuellen Themen wird das Konzert der öffentlichen Meinungen, an dem in der Regel vor allem etablierte „Experten" – also Bildungspolitiker/innen, Schulverwalter/innen, Verbandsvertreter/innen und Erziehungswissenschaftler/innen – teilnehmen, um eine wichtige Stimme ergänzt: Wir bringen die Erfahrungen, Erwartungen und Wünsche der Eltern zu Gehör. Denn aus unserer Sicht sind auch die Eltern, die tagtäglich mit der Erziehung ihrer Kinder befasst sind und dabei die Auswirkungen des Schulsystems hautnah spüren, als „Experten" anzusprechen.

2.3 Die Erweiterung seit 2016: Studien in einzelnen Bundesländern

Die bundesweite Elternbefragung, die wir seit 2010 mit großem Erfolg durchführen, wurde seit 2016 konzeptionell erweitert, indem in einzelnen Bundesländern zusätzliche Befragungen durchgeführt wurden, die wir als „Bildungsstudie regional" bezeichnen. Bisher wurden zwei solcher Regionalstudien realisiert, und zwar in Baden-Württemberg (Anfang 2016) und Nordrhein-Westfalen (Ende 2016). Weil wir in diesem Buch auch über die Ergebnisse dieser Regionalstudien berichten, soll ihr Ansatz näher erläutert werden.

Die Grundidee besteht darin, die bundesweite Repräsentativstudie – wie bisher – weiterzuführen, sie allerdings durch Repräsentativstudien auf der Ebene ausgewählter Bundesländer zu ergänzen. Diese sollen jeweils im Zusammenhang mit bevorstehenden Landtagswahlen öffentlich präsentiert werden. Dies macht es erforderlich, neben der bundesweiten Repräsentativstichprobe (2017: N=2.000) auch repräsentative Länderstichproben (N=500) zu ziehen. In einer solchen Regionalstudie werden den Eltern zwei Arten von Fragen vorgelegt:

Zum einen werden zentrale Indikatoren ausgewählt, die für die Bewertung des Schulsystems in einem Bundesland relevant sind. Beispiele:
- Zufriedenheit der Eltern mit Schule, mit Lehrer/innen und der Bildungspolitik
- Zufriedenheit der Kinder („Geht Ihr Kind gern zur Schule?)
- realisierte Chancengleichheit und realisierte Förderung aus Sicht der Eltern
- wahrgenommener Unterrichtsausfall
- Nachfrage nach Ganztagsschulplätzen

Diese Fragen sind identisch mit denen in der bundesweiten Studie, sodass sich Vergleiche zwischen Ergebnissen auf Bundes- und auf Länderebene vornehmen lassen. Sobald mehr Regionalstudien vorliegen, lassen sich auch Ländervergleiche realisieren.

Zum anderen werden die Fragebögen, die in den Regionalstudien eingesetzt werden, um jeweils landesspezifische Problemstellungen ergänzt. So spielte 2016 in Baden-Württemberg die Diskussion um die neu eingeführte Gemeinschaftsschule und um die Freigabe des Elternwillens beim Übergang von der Primarstufe in die Sekundarstufe eine große Rolle. Dazu haben wir spezifische Fragen gestellt. In Nordrhein-Westfalen wurde 2016 heftig und kontrovers über die Dauer der Schulzeit bis zum Abitur (G8/G9) diskutiert. Eine Partei nach der anderen hat hierzu seit dem Sommer 2016 jeweils eigene Modelle und Ideen präsentiert. Auch dazu haben wir Fragen gestellt.

2.4 Zum Aufbau dieses Buches

Das Buch zur 4. JAKO-O Bildungsstudie weist gegenüber den ersten drei Fachpublikationen zum Teil Veränderungen auf: Nach der Beschreibung der methodischen Anlage der 4. JAKO-O Bildungsstudie sowie der realisierten Stichprobe im *dritten Kapitel* (Klaus-Peter-Schöppner) wird zunächst in zwei gesonderten Kapiteln ausführlich über die Ergebnisse der Regionalstudien berichtet. Dabei bezieht sich das *vierte Kapitel* auf Baden-Württemberg (Klaus-Jürgen Tillmann) und das *fünfte Kapitel* auf Nordrhein-Westfalen (Dagmar Killus). Das Augenmerk liegt im Weiteren, d. h. im *sechsten Kapitel* (Klaus-Jürgen Tillmann), auf Trends, die sich auf Basis der bislang durchgeführten Studien zu Fragen der Schulqualität, zu bildungspolitischen Reforminitiativen sowie zur Situation von Eltern und Kindern angesichts schulischer Anforderungen ergeben. Eine Trendbeschreibung findet sich auch im *achten Kapitel* (Angelika Paseka), das die Umsetzung von Inklusion an Regelschulen thematisiert. Nach insgesamt vier bundesweiten Befragungen und nach mehr als sieben Jahren, die inzwischen vergangen sind, ist die Analyse von Trends sehr lohnenswert. Die weiteren Kapitel widmen sich – primär auf Basis der Daten aus der 4. JAKO-O Bildungsstudie – ausführlich jeweils spezifischen Themen, darunter viele Themen, die erstmalig aufgegriffen wurden: Hierzu gehört das *siebte Kapitel* (Peter Daschner) zur Beschulung von Flüchtlingskindern, das *neunte Kapitel* (Dagmar Killus) zu Kriterien der Schulwahl beim Übergang von der Primarstufe zur Sekundarstufe, das *zehnte Kapitel* (Inka Bormann und Sebastian Niedlich) zur Vertrauenswürdigkeit von Lehrer/innen aus Sicht der Eltern sowie das *elfte Kapitel* (Julia Gerick) zu der Frage, welche Bildungsinhalte in der Schule aktuell zu kurz kommen. Gewissermaßen quer zu den genannten Kapiteln liegt das *zwölfte Kapitel* (Gerhard Eikenbusch), in dem aus den Ergebnissen Konsequenzen für die an Schule beteiligten Akteurinnen und Akteure sowie Instanzen (d. h. Schule, Lehrer/innen, Bildungspolitik und Eltern) gezogen werden.

2.5 Danksagung

Dieses Buch wäre ohne die Unterstützung vieler Menschen nicht möglich gewesen. Unser Dank gilt zu allererst der Firma JAKO-O, die die Studie von Beginn an finanziert und unterstützt. Persönlich bedanken möchten wir uns bei Bettina Peetz und Anne Marie Tusche für ihr langjähriges Engagement. Beide begleiten diese Studie über viele Jahre sehr verlässlich und geben in gemeinsamen Diskussionen stets anregende Impulse für deren Fortführung und Weiterentwicklung. Wir bedanken uns weiterhin bei Volker Clément (MasterMedia) für die Gesamtkoordination der Studie sowie Klaus-Peter Schöppner (Kantar Emnid/Mentefactum) für die Planung und Durchführung der Erhebung sowie Unterstützung bei der Veröffentlichung der Ergebnisse. Mit all den genannten Personen arbeiten wir (die Herausgeber/innen) seit nunmehr sieben Jahren konstant zusammen. Einen besseren Beweis für verbindliche, produktive und freundliche Kooperationsbeziehungen können wir uns nicht vorstellen. Dafür ganz herzlichen Dank! Des Weiteren bedanken wir uns bei den sechs Autor/innen dieses Buches für sehr lesenswerte Beiträge sowie bei den Mitgliedern des Wissenschaftlichen Beirats für die kompetente und auch kritische Begleitung der

Studie. Ein besonderer Dank gilt Maren Plaum (Universität Hamburg), die mit großer Sorgfalt und großem Engagement die Endredaktion des Manuskripts unterstützt hat.

Literatur

Horstkemper, M./Tillmann, K.-J. (2012): Wie stehen Eltern zur integrativen Beschulung? In: Die Deutsche Schule 104, H. 4, S. 347-362.

Killus, D. (2017): Was wissen wir über Eltern und Schule? In: Friedrich Jahresheft XXXV/2017. „Eltern". Hrsg.: Friedrich Verlag in Velber in Zusammenarbeit mit Klett. Mitherausgeber: Killus, D./Paseka, A./Schütz, P./Walther, U./Wischer, B.. Seelze: Friedrich Verlag, S. 10-12.

Killus, D./Paseka, A. (2016): Eltern als Partner, Zulieferer oder Kunden von Schule? Empirische Befunde zum Verhältnis von Elternhaus und Schule. In: Zeitschrift für Bildungsforschung 6, H. 2, S. 151-168; DOI 10.1007/s35834-016-0157-0.

Killus, D./Tillmann, K.-J. (2011) (Hrsg.): Der Blick der Eltern auf das deutsche Schulsystem. 1. JAKO-O Bildungsstudie. Münster u. a.: Waxmann.

Killus, D./Tillmann, K.-J. (2012) (Hrsg.): Eltern ziehen Bilanz. Ein Trendbericht zu Schule und Bildungspolitik in Deutschland. 2. JAKO-O Bildungsstudie. Münster u. a.: Waxmann.

Killus, D./Tillmann, K.-J. (2014) (Hrsg.): Eltern zwischen Erwartungen, Kritik und Engagement. Ein Trendbericht zu Schule und Bildungspolitik in Deutschland. 3. JAKO-O Bildungsstudie. Münster u. a.: Waxmann.

Klaus-Peter Schöppner

3 Die 4. JAKO-O Bildungsstudie – Methodische Anlage und Stichprobe

Dieses Kapitel widmet sich zunächst der methodischen Anlage der Untersuchung. Dabei gehen wir auf die Grundgesamtheit, die Auswahl der Befragten sowie die Durchführung der Untersuchung ein. Daran anschließend wird die Stichprobe ausführlich beschrieben. Der Schwerpunkt liegt dabei auf soziodemografischen Merkmalen der befragten Elternteile. Zusätzlich werden Angaben zu der Schulform gemacht, die das jeweils älteste schulpflichtige Kind besucht.

3.1 Methodische Anlage der Untersuchung

Grundgesamtheit
Die Grundgesamtheit bilden Eltern von schulpflichtigen Kindern im Alter bis zu 16 Jahren in Privathaushalten der Bundesrepublik Deutschland. Aufgrund der Anlage der Erhebung als Telefonbefragung umfasst die Auswahlgesamtheit, mit der die Grundgesamtheit praktisch abgebildet wird, Privathaushalte mit mindestens einem telefonischen Festnetzanschluss. Die Grundgesamtheit der 1. JAKO-O Bildungsstudie (2010) bestand noch aus Eltern mit Kindern im Alter zwischen 3 und 16 Jahren und berücksichtigte somit auch Familien, deren Kinder noch nicht im schulpflichtigen Alter waren. Die zweite (2012), dritte (2014) und nun auch die vierte Studie (2017) fokussiert ausschließlich auf Eltern schulpflichtiger Kinder. Folglich kann davon ausgegangen werden, dass die befragten Eltern über eigene Erfahrungen mit Schule und dem Schulsystem verfügen.

Stichprobe
Für die vierte Studie wurden insgesamt 2.000 Interviews durchgeführt.

Auswahlverfahren
Die Telefonnummern wurden per „Random Last Two Digits – RL(2)D-Verfahren" in Anlehnung an das sogenannte Gabler-Häder-Verfahren generiert. Dabei werden aus den verfügbaren Telefonnummern durch „Abschneiden" der letzten beiden Stellen zunächst Nummernstämme gebildet. Danach wird das Universum der möglichen Telefonnummern für diese Stämme generiert, indem jeder vorkommende Nummernstamm mit allen Ziffernkombinationen ergänzt wird. Aus diesem Universum wird schließlich eine Zufallsstichprobe proportional zur Haushaltsverteilung nach Regierungsbezirken und Gemeindegrößen gezogen. Die Auswahlgrundlage bildet das ADM-MasterSample für generierte Telefonnummern. Innerhalb der Haushalte wurde jeweils ein Elternteil befragt.

Durchführung der Untersuchung
Die Telefonbefragung wurde zentral von Emnitel, Bielefeld, mittels computergestützter Telefoninterviews (CATI) durchgeführt. Die allgemeinen Arbeitsanweisungen, nach denen alle Interviewer/innen von Emnitel verfahren, regelten die einheitliche Durchführung der Interviews. Deren Kontrolle erfolgte direkt durch den Einsatzleiter im Telefonstudio. Der Fragebogen war als Protokollgrundlage in Bezug auf Reihenfolge und Wortlaut der Fragen für die Interviewer/innen verbindlich.

Befragungszeitraum
04.01. bis 01.02.2017

Gewichtung
Die Stichprobe wurde auf Grundlage verfügbarer Bevölkerungsstatistiken im Hinblick auf die folgenden Merkmale gewichtet: *Bundesland*, *Schulbildung* und *Berufstätigkeit* des Befragten, *Alleinerziehung* sowie *Anzahl* und *Alter der Kinder*. Folglich sind die Untersuchungsergebnisse, gemessen an den genannten Merkmalen, repräsentativ und können im Rahmen der statistischen Fehlertoleranzen auf die Grundgesamtheit verallgemeinert werden. Bei einer Stichprobe von 2.000 Befragten und einer Sicherheitswahrscheinlichkeit von 95 % betragen die statistischen Fehlertoleranzen zwischen 1,4 und 3,1 %.

Struktur der Stichprobe
Tabelle 3.1 zeigt, wie sich die Stichprobe hinsichtlich der genannten Merkmale sowie weiterer Merkmale zusammensetzt. Zunächst zum Lebensalter der Befragten: Am stärksten gehen – mit 48,6 % – Eltern ein, die zwischen 35 und 44 Jahre alt sind. Relativ stark vertreten sind auch Eltern, die älter als 44 Jahre alt sind (41,2 %), wogegen der Anteil jüngerer Eltern (bis 34 Jahre) deutlich geringer ist (10,1 %). Eine deutliche Mehrheit in der Stichprobe bilden die Mütter: sie gehen mit 70,0 % ein, Väter mit 30,0 %. Dieses Verhältnis (etwa 2:1) wurde vorab festgelegt. Hintergrund: Während Väter häufiger einer Vollzeitbeschäftigung nachgehen, sind Mütter häufiger teilzeitbeschäftigt. Bestätigt wird dies auch durch Ergebnisse der amtlichen Statistik: Bei drei Vierteln der Ehepaare mit Kindern unter 15 Jahren ist der Vater vollzeit- und die Mutter teilzeitbeschäftigt (vgl. Bundeszentrale für politische Bildung 2016, S. 56). Nach wie vor sind es also vor allem die Mütter, die für Familie und Kinderbetreuung hauptsächlich zuständig sind. Folglich kann davon ausgegangen werden, dass sie in der Regel intensiveren und unmittelbareren Kontakt zur Schule haben, weshalb ihre Sichtweisen für unsere Befragung besonders interessant sind. Mütter bilden auch die Mehrheit unter den Alleinerziehenden in der Stichprobe: Insgesamt 19,7 % der befragten Elternteile geben an, dass sie alleinerziehend sind. Von diesen Eltern (n=394) sind 89,3 % weiblich und 10,7 % männlich (ohne Tabelle).

Betrachtet man den Umfang der Berufstätigkeit über alle Befragten hinweg, so sind Vollzeit- und Teilzeitbeschäftigte annähernd gleich stark vertreten (44,9 % gegenüber 41,2 %). Nur relativ klein ist dagegen die Gruppe der Befragten, die nach eigenen Aussagen nicht berufstätig ist (13,3 %). Größere Unterschiede zwischen Vollzeit- und Teilzeitbeschäftigung zeigen sich für die (Ehe-)Partner der Befragten. Der Anteil der (Ehe-)Partner, die vollzeitbeschäftigt sind, ist deutlich höher als der Anteil derjenigen, die teilzeitbeschäftigt sind (68,6 % bzw. 23,0 %). Das oben skizzierte Familienmodell, wonach der Vater einer Vollzeit- und die Mutter einer Teilzeitbeschäftigung nachgeht, findet – bei deutlich mehr Frauen in der Stichprobe – hier seinen Niederschlag.

Wenn der Umfang der Berufstätigkeit variiert, sollte auch das Haushaltsnettoeinkommen der Familien unterschiedlich hoch sein. Das ist der Fall: 5,5 % der Befragten geben ein Haushaltsnettoeinkommen bis zu 1.000 Euro an, weitere 18,7 % ein Haushaltsnettoeinkommen zwischen 1.000 und 2.000 Euro. Dagegen verfügen rund zwei Drittel der Befragten über ein Haushaltsnettoeinkommen, das über 2.000 Euro liegt. Der höchste Prozentwert entfällt – mit 35,8 % – auf die Einkommensgruppe derjenigen, denen mehr als 3.000 Euro zur Verfügung steht. Soziale Unterschiede drücken sich nicht nur in dem Einkommen, sondern auch dem Bildungsabschluss der Befragten aus. Am stärksten vertreten in der Stichprobe sind Eltern mit einem mittleren Bildungsabschluss (44,4 %), gefolgt von Eltern mit Abitur oder einem Hochschulabschluss (30,1 %) oder einem Volks- bzw. Hauptschulabschluss (23,1 %).

Der Tabelle lassen sich des Weiteren Informationen über die regionale Herkunft der Befragten entnehmen. Entsprechend der Verteilung der Bevölkerung in den Bundesländern kommt die überwiegende Mehrheit der Befragten aus Westdeutschland (83,8 %). Stärker vertreten sind zudem Eltern aus bevölkerungsreichen Bundesländern (z. B. Nordrhein-Westfalen), schwächer vertreten sind Eltern aus bevölkerungsarmen Bundesländern (z. B. Berlin). Einen Migrationshintergrund hat rund ein Viertel der Familien. Dabei handelt es sich um ein komplexes, keineswegs eindeutig definiertes Konstrukt. In der vorliegenden Studie wurde der Migrationshintergrund – in Anlehnung an das Vorgehen in der PISA-Studie – anhand von Informationen über die Muttersprache des Kindes, die Staatsangehörigkeit der Eltern sowie deren Geburtsland gebildet. Explizit ausgewiesen werden in der Tabelle die beiden in Deutschland größten Migrantengruppen: Familien mit einem türkischen Migrationshintergrund (2,1 %) und mit einem russischen Migrationshintergrund (5,4 %). Ein türkischer Migrationshintergrund liegt vor, wenn das Kind Türkisch als Muttersprache gelernt hat *oder* mindestens ein Elternteil die türkische Staatsangehörigkeit besitzt *oder* mindestens ein Elternteil in der Türkei geboren ist. Für einen türkischen Migrationshintergrund muss folglich nur eines dieser drei Merkmale erfüllt sein. Ein russischer Migrationshintergrund wurde auf dieselbe Art und Weise bestimmt. Alle Familien mit einem anderen Migrationshintergrund wurden in der Kategorie „Sonstige" zusammengefasst (18,1 %). Familien mit Migrationshintergrund stehen Familien ohne Migrationshintergrund gegenüber, d. h. Familien, in denen das Kind Deutsch als Muttersprache gelernt hat, beide Elternteile die deutsche Staatsangehörigkeit besitzen und kein Elternteil im Ausland geboren ist. Hier müssen folglich *alle drei* Merkmale erfüllt sein.

Tab. 3.1 Soziodemografische Merkmale der befragten Elternteile und Angaben zur Schulform, die das jeweils älteste schulpflichtige Kind besucht

Merkmale	absolut	Prozent [a]
Alter	N=2.000	=100 %
bis 34 Jahre	202	10,1 %
35 bis 44 Jahre	973	48,6 %
mehr als 44 Jahre	825	41,2 %
Geschlecht	N=2.000	=100 %
weiblich	1.401	70,0 %
männlich	599	30,0 %
Bildungsabschluss	N=2.000	=100 %
Volks-/Hauptschule	462	23,1 %
mittlerer Bildungsabschluss	887	44,4 %
Abitur, Universität	602	30,1 %
keine Angaben	48	2,4 %
Alleinerziehung	N=2.000	=100 %
ja	394	19,7 %
nein	1.601	80,1 %
keine Angaben	5	0,2 %
Berufstätigkeit	N=2.000	=100 %
Vollzeit	897	44,9 %
Teilzeit	824	41,2 %
nicht berufstätig	265	13,3 %
keine Angaben	14	0,7 %
Berufstätigkeit (Ehe-)Partner	n=1.606 [b]	=100 %
Vollzeit	1.101	68,6 %
Teilzeit	369	23,0 %
nicht berufstätig	128	8,0 %
keine Angaben	7	0,4 %
Haushaltsnettoeinkommen	N=2.000	=100 %
bis 1.000 Euro	110	5,5 %
1.000 bis 2.000 Euro	374	18,7 %
2.000 bis 3.000 Euro	599	29,9 %
mehr als 3.000 Euro	717	35,8 %
keine Angaben	200	10,0 %
Migrationshintergrund	N=2.000	=100 %
türkisch	42	2,1 %
russisch	107	5,4 %
Sonstige [c]	362	18,1 %
ohne Migrationshintergrund	1.488	74,4 %

Fortsetzung Tab. 3.1

Merkmale	absolut	Prozent [a]
Region	N=2.000	=100 %
West	1.676	83,8 %
Ost	324	16,2 %
Bundesland/Region [d]	N=2.000	=100 %
Bayern	326	16,3 %
Baden-Württemberg	308	15,4 %
Rheinland-Pfalz/Saarland	124	6,2 %
Hessen	156	7,8 %
Nordrhein-Westfalen	422	21,1 %
Nordwesten	300	15,0 %
Nordosten	152	7,6 %
Südosten	142	7,1 %
Berlin	70	3,5 %
Anzahl schulpflichtiger Kinder im Alter bis zu 16 Jahren	N=2.000	=100 %
1 Kind	1.175	58,8 %
2 Kinder	684	34,2 %
3 Kinder	123	6,2 %
4 Kinder	14	0,7 %
5 und mehr Kinder	3	0,1 %
Schulform, die das jeweils älteste schulpflichtige Kind besucht	N=2.000	=100 %
Grundschule	561	28,0 %
Hauptschule	70	3,5 %
Realschule	349	17,5 %
Integrierte Haupt- und Realschule [e]	176	8,8 %
Gymnasium	552	27,6 %
Gesamtschule	176	8,8 %
Förderschule/Sonderschule	66	3,3 %
Berufsbildende Schule	28	1,4 %
Sonstige Schule (Klasse 1–13)	12	0,6 %
keine Angaben	9	0,5 %

[a] Aufgrund von Rundungsfehlern sind Abweichungen von 100 % möglich. Weil in der Tabelle „keine Angaben" aufgeführt werden, die teilweise nur für sehr wenige Befragte stehen, werden die Prozentwerte mit einer Dezimalstelle ausgewiesen. In den weiteren Beiträgen in diesem Buch werden die berichteten Prozentwerte – im Interesse besserer Lesbarkeit – ab- bzw. aufgerundet.
[b] Alleinerziehende Elternteile (n=394) gehen nicht ein.
[c] Die Kategorie „Sonstige" steht für Personen, die einen anderen Migrationshintergrund haben. Diese Gruppe ist ausgesprochen heterogen, weshalb die Bildung weiterer Kategorien aus methodischer Sicht nicht sinnvoll ist.
[d] „Nordwesten" steht für Bremen, Hamburg, Schleswig-Holstein und Niedersachsen. „Nordosten" steht für Mecklenburg-Vorpommern, Sachsen-Anhalt und Brandenburg. „Südosten" steht für Thüringen und Sachsen.
[e] Schließt z. B. Regionale Schule, Mittelschule, Sekundarschule, Stadtteilschule oder Oberschule mit ein.

Die realisierte Stichprobe lässt sich schließlich danach beschreiben, wie viele schulpflichtige Kinder im Haushalt leben und welche Schulformen diese besuchen. In den meisten Haushalten lebt nur ein schulpflichtiges Kind (58,8 %), gefolgt von Haushalten mit zwei schulpflichtigen Kindern (34,2 %). Weil Kinder im Haushalt, die noch nicht im schulpflichtigen Alter sind, nicht mitgezählt werden, muss es sich hierbei nicht zwangsläufig um „Ein-Kind-Familien" handeln. Von den jeweils ältesten schulpflichtigen Kindern im Haushalt (auf die sich eine Reihe von Fragen in dem Interview bezieht) besuchen 28 % eine Grundschule. Die Eltern mit Kindern an weiterführenden Schulen geben – der Struktur des Schulsystems in Deutschland entsprechend – eine große Zahl weiterführender Schulformen an. Deutlich ins Gewicht fallen das Gymnasium (27,6 %) und die Realschule (17,5 %), wogegen alle weiteren Schulformen im einstelligen Prozentbereich liegen.

Literatur

Bundeszentrale für politische Bildung (2016): Datenreport 2016. Ein Sozialbericht für die Bundesrepublik Deutschland. Hrsg.: Statistisches Bundesamt (Destatis), Wissenschaftszentrum Berlin für Sozialforschung (WZB), in Zusammenarbeit mit: Das sozio-oekonomische Panel (SOEP) am Deutschen Institut für Wirtschaftsforschung (DIW Berlin). Bonn.

Klaus-Jürgen Tillmann

4 Ergebnisse der JAKO-O Bildungsstudie regional Baden-Württemberg (2016)

Zentrale Ergebnisse im Überblick

- Die Bildungspolitik (und die Familienpolitik) hat für die Eltern in Baden-Württemberg eine hohe Priorität, für die Mütter noch stärker als für die Väter. Die Gesamteinschätzung der grün-roten Bildungspolitik ist eher verhalten, einzelne Maßnahmen werden allerdings positiv bewertet.
- Die Gemeinschaftsschule gilt als das umstrittenste Projekt der grün-roten Regierung. Entgegen vieler Erwartungen ist das Elternvotum hier jedoch keineswegs mehrheitlich abweisend, sondern sehr differenziert. Insbesondere viele Eltern aus Grund-, Haupt-und Realschulen sehen diese neue Schulform positiv, während Gymnasialeltern sie überwiegend ablehnen.
- Große Zustimmung bei den Eltern findet der weitere Ausbau der Ganztagsschulen: 71 % fordern dies explizit – und 64 % wollen für ihr Kind einen Platz an einer Ganztagsschule. Das bedeutet auch, dass es ein Versorgungsdefizit von ca. 40 % gibt. Angesichts dieser Lage kommt die Absicht der Landesregierung, den Ganztagsschulbereich forciert auszubauen, bei den meisten Eltern gut an. Den Absichtserklärungen müssen nun aber auch Taten folgen.
- Eine mehrheitliche Zustimmung der Eltern findet sich auch bei der Absicht, die Inklusion zu fördern und mehr Kinder in eine gemeinsame Unterrichtung einzubeziehen. Allerdings gibt es bei der gemeinsamen Unterrichtung von verhaltensauffälligen und von geistig behinderten Kindern bei vielen Eltern deutliche Vorbehalte.
- Die Verkürzung der gymnasialen Schulzeit (G8) – obwohl in Baden-Württemberg weitgehend realisiert – stößt nur bei 8 % der Eltern auf Zustimmung. Mehrheitlich gefordert wird die Rückkehr zu G9.
- Die Bemühungen der Landesregierung, Flüchtlingskinder in die deutschen Schulen zu integrieren und dafür zusätzliche Lehrer/innen einzustellen, wird von der großen Mehrheit der Eltern unterstützt.
- Auf mehrheitlichen Widerspruch der Eltern stößt die Abschaffung der verbindlichen Schullaufbahnempfehlung am Ende der 4. Klasse. Die „Freigabe des Elternwillens" wird von den meisten Eltern abgelehnt. Dieses überraschende und nur schwer erklärbare Ergebnis steht im Widerspruch zu allen Elternvoten, die wir dazu in anderen Bundesländern fanden.

Im Folgenden berichten wir von der JAKO-O Bildungsstudie regional Baden-Württemberg, die wir Anfang 2016 durchgeführt haben. Die Erhebung erfolgte im Januar und Februar 2016, die Ergebnisse wurden auf einer Pressekonferenz in Stuttgart am 29. Februar 2016 vorgestellt. Sie flossen ein in die laufende Diskussion zur Landtagswahl, die am 13. März 2016 stattfand.

Die folgende Tabelle gibt einen Überblick über die methodische Anlage der Regionalstudie sowie die realisierte Stichprobe (siehe für nähere Informationen Kapitel 3).

Tab. 4.1   Studiensteckbrief (Baden-Württemberg 2016)

Institut	Kantar Emnid
Methode	Telefonbefragung (CATI ad hoc)
Grundgesamtheit	Eltern schulpflichtiger Kinder im Alter bis zu 16 Jahren in Baden-Württemberg
Stichprobe	N=500 (350 Mütter, 150 Väter)
Erhebungszeitraum	15. Januar bis 3. Februar 2016

Unser Bericht bezieht sich auf den damaligen Stand der bildungspolitischen Diskussion und damit auch auf die Situation des Schulsystems im Februar 2016. Nachfolgende Entwicklungen (z. B. Ausbau der Gemeinschaftsschulen) werden hier nicht behandelt.

4.1   Die bildungspolitische Situation Anfang 2016

Gewöhnlich agieren als führende Parteien auf Landesebene CDU/CSU und SPD, die sich in Regierung und Opposition je nach Wahlergebnis einander abwechseln – so zuletzt in Nordrhein-Westfalen 2017. Eine ganz andere Situation findet sich seit 2011 in Baden-Württemberg.

4.1.1   Die ungewöhnliche Ausgangslage

Nach einer mehr als 40-jährigen ununterbrochenen Regierungszeit durch die CDU amtierte von 2011 bis 2016 eine grün-rote Koalition unter Ministerpräsident Wilfried Kretschmann. Grüne und SPD stellten sich also Anfang 2016 aus der Regierung heraus den Landtagswahlen, während die CDU aus der Opposition agierte. Als Kultusminister amtierte Andreas Stoch von der SPD, der – um bereits ein Ergebnis vorwegzunehmen – im Land einen sehr niedrigen Bekanntheitsgrad hatte (12 % der befragten Eltern).

Zwischen 2011 und 2015 nahm die neue Regierung im Bildungsbereich nur behutsame Veränderungen vor: Es blieb bei der vierjährigen Grundschule, einem gegliederten Sekundarschulsystem und einer schulformspezifischen Lehrerbildung. Als Reformen führte die neue Landesregierung insbesondere die Freigabe des Elternwillens am Ende der Grundschule (2011), die Ergänzung der Schullandschaft durch die Gemeinschaftsschule (Start: 2012) und die Aufhebung der Sonderschulpflicht (2011) durch. Zugleich verstärkte sie Aktivitäten, die die Vorgängerregierung eher zurückhaltend betrieben hatte: die Errichtung von Ganztagsschulen und den Ausbau der Inklusion. All diese Aktivitäten geschahen in einem Schulsystem, das in vielen Jahrzehnten durch die Bildungspolitik der CDU geprägt wurde. Für 2011 lässt sich das allgemeinbildende Schulsystem knapp wie folgt skizzieren:

Nach der vierjährigen Grundschule werden vier Schulformen des gegliederten Schulsystems angeboten: die Hauptschule, die Werkrealschule (eine kombinierter Haupt- und Realschule), die Realschule und das Gymnasium. Die Gymnasien sind inzwischen komplett auf einen achtjährigen Bildungsgang (G8) umgestellt. Von drei Modellschulen abgesehen gibt es in Baden-Württemberg keine Gesamtschulen. Der Übergang nach der 4. Klasse wurde bis 2010 durch ein verbindliches Grundschulgutachten (also kein individuelles Elternrecht) geregelt. Besonders gut ausgebaut waren und sind die beruflichen Gymnasien (Klasse 11 bis 13), die überwiegend von ehemaligen Realschüler/innen besucht werden, die dort in einem G9-Bildungsgang das Abitur erwerben können.

4.1.2 Die Bedeutung der Bildungspolitik für die Landtagswahlen

Wir haben die Eltern gefragt, welche politischen Themenfelder für sie bei der Landtagswahl von besonderer Bedeutung sind. Dabei interessierten wir uns vor allem für die Relevanz der Bildungspolitik (siehe Abbildung 4.1).

Abb. 4.1 Wichtigkeit von Aufgaben der Landesregierung für die eigene Wahlentscheidung (BW 2016)

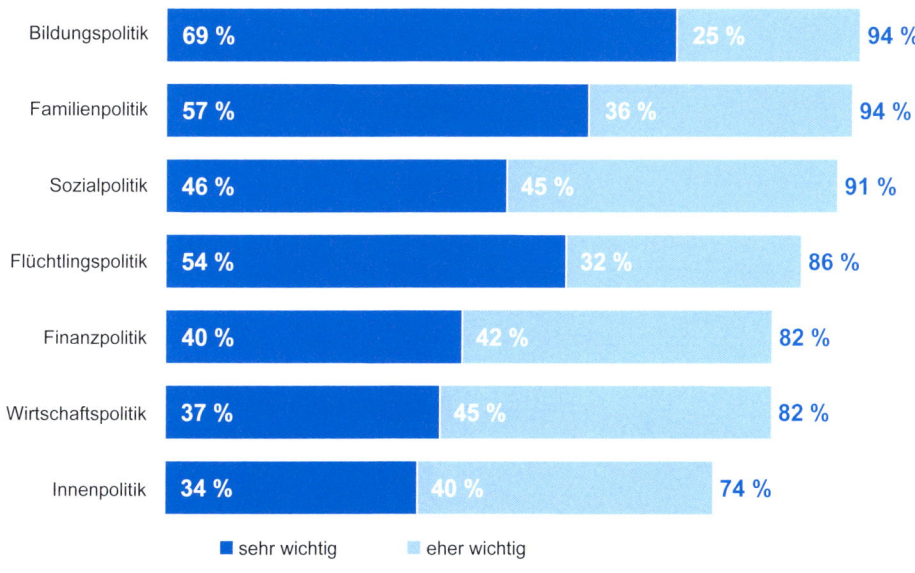

Frage: Sagen Sie mir, ob die folgenden Aufgaben der Landesregierung für Ihre Wahlentscheidung bei der komenden Landtagswahl sehr wichtig, eher wichtig, eher unwichtig oder völlig unwichtig sind.
N=500 Befragte

In einer Zeit, in der die öffentliche Debatte sehr stark von der Migrations- und Flüchtlingsthematik bestimmt wurde, überraschen die Ergebnisse: Für die Wahlentscheidung sind bei den Eltern vor allem die Bildungspolitik (94 %), die Familienpolitik (94 %) und die Sozialpolitik (91 %) „sehr wichtig" oder zumindest „eher wichtig". Das zeigt, dass die Politikbereiche, die für die eigene familiäre Lebenssituation besonders relevant sind, von den Eltern auch entsprechend hoch bewertet werden. Andere Politikfelder (so auch die Flüchtlingspolitik mit 86 %) sind keineswegs unwichtig, aber gegenüber der Bildungs- und Familienpolitik doch nachrangig. Mit diesem Ergebnis ist auch klar, dass die Bildungspolitik eine hohe Bedeutung für die anstehende Landtagswahl besitzt. Bei der Hochschätzung von Bildungs-, Familien- und Sozialpolitik nehmen die Mütter eine noch entschiedenere Bewertung vor als die Väter: Jeweils mehr als 90 % der Mütter sehen diese Politikfelder als „sehr" oder „eher wichtig" an, bei den Vätern sind es zwischen 4 bis 9 Prozentpunkte weniger (ohne Abbildung).

Angesichts dieser hohen Bedeutungszuschreibung der Bildungspolitik ist es wichtig zu wissen, ob die Eltern die Bildungspolitik der grün-roten Regierung eher positiv oder eher negativ einschätzen. Wir haben das zunächst ermittelt, indem wir nach dem Vergleich zu der vorgängigen CDU/FDP-Regierung gefragt haben (siehe Abbildung 4.2).

Abb. 4.2 Bewertung der Bildungspolitik im Vergleich zur Vorgängerregierung (BW 2016)

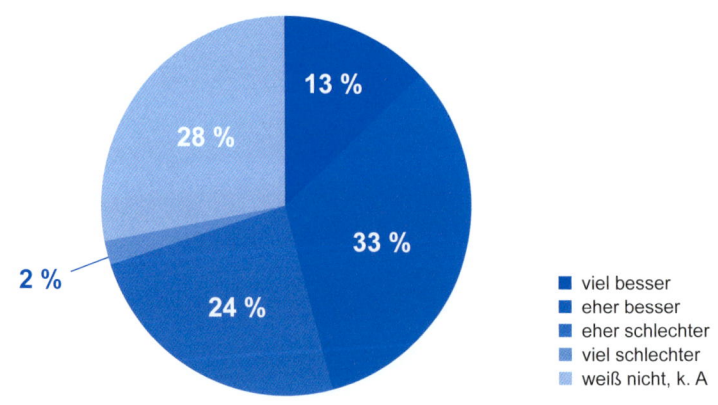

Frage: Und wie war die Bildungspolitik in Baden-Württemberg vor dem Regierungswechsel, also zu Zeiten der CDU/FDP-Regierung?
N=500 Befragte

Bei dieser Frage fällt zunächst der hohe „weiß nicht"-Anteil (28 %) auf. Von den Eltern, die antworten, halten 46 % die Politik der alten CDU/FDP-Regierung für „eher" oder „viel besser", 26 % halten sie für „eher" oder „viel schlechter". Vergleicht man hingegen die aktuelle Bildungspolitik in Baden-Württemberg mit der Bildungspolitik in den anderen Bundesländern, so finden 62 % der Befragten die Politik in Baden-Württemberg „eher" oder „viel besser" (ohne Abbildung).

Insgesamt lassen diese eher allgemein formulierten Fragen darauf schließen, dass die grün-rote Landesregierung mit ihrer Bildungspolitik auf Akzeptanzprobleme bei einem erheblich Teil der Elternschaft stößt.

Im Folgenden stellen wir weitere Ergebnisse der Elternbefragung dar und gliedern sie in zwei Gruppen: Zum einen geht es um Themen, die in dieser Weise nur in Baden-Württemberg relevant sind (z. B. Gemeinschaftsschule). Zum anderen behandeln wir Themen, die bundesweite Bedeutung haben, aber auch in Baden-Württemberg für Diskussionsstoff sorgen (z. B. Ganztagsschule). Dabei geht es auch um die Frage, welche bildungspolitischen Maßnahmen der Regierung von den Eltern eher gestützt, welche hingegen eher abgelehnt werden.

4.2 Die Elternsicht auf baden-württembergische Themen

Zwei bildungspolitische Entscheidungen der grün-roten Landesregierung sorgten für heftige Diskussionen, die wir in dieser thematischen Zuspitzung nur in Baden-Württemberg fanden. Wir stellen diese beiden Maßnahmen – und die Sichtweisen der Eltern dazu – im Einzelnen dar.

4.2.1 Einführung und Ausbau der Gemeinschaftsschulen

Das umstrittenste bildungspolitische Thema im Wahlkampf war die Einführung der Gemeinschaftsschule – einer Schulform, die in integrierten Lerngruppen die Kinder (je nach Leistungsvermögen) zu einem Haupt-, einem Realschulabschluss oder zum Abitur führen soll. Zum Schuljahresbeginn 2012/13 wurden erstmals 42 Schulen des Haupt- und Realschulbereichs in Gemeinschaftsschulen umgewandelt. Zum Zeitpunkt der Befragung (Januar 2016) existierten im Lande 271 Gemeinschaftsschulen, weitere 33 waren in Planung (vgl. Bohl/Wacker 2016, S. 41). All diese Schulen entstanden auf Antrag des jeweiligen Schulträgers, in den meisten Fällen handelte es sich um Umwandlung von Hauptschulen oder Werkrealschulen (vgl. ebd., S. 43). Es zeigte sich, dass diese neue Schulform vor allem für die ländlichen Bereiche attraktiv ist – auch um Schulschließungen zu verhindern. Gymnasien waren von diesen Umgründungen bisher nicht betroffen. Während die grün-rote Landesregierung ankündigte, den Ausbau der Gemeinschaftsschule fortzusetzen, wollte die CDU – so die Aussagen im Wahlkampf – diese neue Schulform wieder abschaffen, sie möglicherweise zu einer „Realschule plus" umwandeln (Süddeutsche Zeitung vom 14.02.16). Vor diesem Hintergrund ist es besonders interessant zu wissen, wie sich denn die Eltern in Baden-Württemberg zu dieser politisch umstrittenen Schulform stellen. Deshalb haben wir gefragt:

„Ein zentrales Projekt der gegenwärtigen Landesregierung ist die Einführung der Gemeinschaftsschule als weitere Schulform. In Gemeinschaftsschulen sollen Kinder mit verschiedenen Leistungsvermögen gemeinsam lernen und können je nach Leistung einen Haupt-, Realschulabschluss oder das Abitur erlangen. Halten Sie diesen Ansatz für sehr richtig, eher richtig, eher falsch oder völlig falsch?"

Die Ergebnisse zeigen, dass das Konzept der Gemeinschaftsschule bei den Eltern auf ein gespaltenes, aber mehrheitlich befürwortendes Echo stößt (siehe Abbildung 4.3). 26 % finden dies „sehr richtig", 31 % „eher richtig". Das bedeutet, dass insgesamt 57 % der befragten Eltern der Gemeinschaftsschule positiv gegenüberstehen. Auf der anderen Seite finden sich 42 % der Eltern, die dieses Konzept als mehr oder weniger „falsch" ablehnen. Nun kann es nicht verwundern, dass sich der bildungspolitische Streit auch in den Elternmeinungen abbildet. Bedeutsam erscheint jedoch, dass sich die Mehrheit der Eltern nicht als Gegner, sondern eher als Befürworter der Gemeinschaftsschule artikuliert.

Abb. 4.3 Einführung der Gemeinschaftsschule (BW 2016)

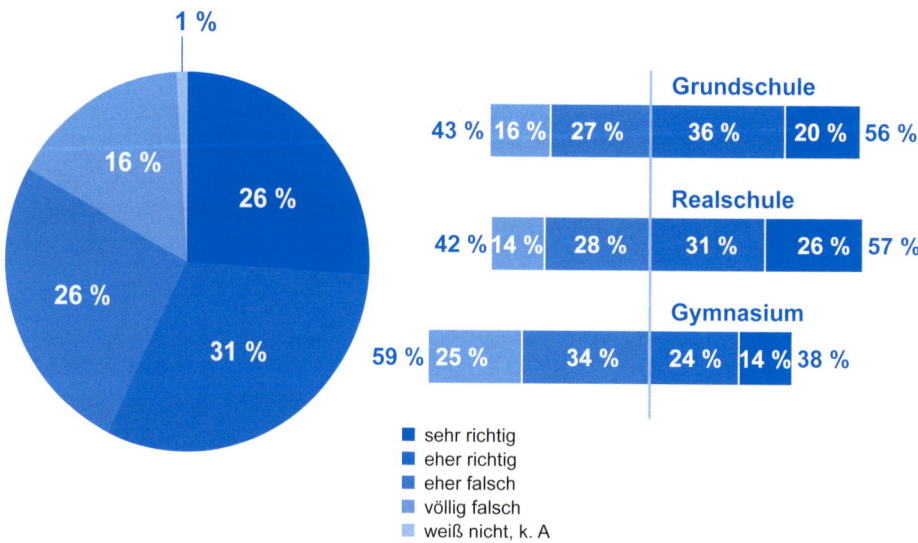

Frage: Ein zentrales Projekt der gegenwärtigen Landesregierung ist die Einführung der Gemeinschaftsschule als weitere Schulform. In Gemeinschaftsschulen sollen Kinder mit verschiedenen Leistungsvermögen gemeinsam lernen und können je nach Leistung einen Haupt-, Realschulabschluss oder das Abitur erlangen. Halten Sie diesen Ansatz für sehr richtig, eher richtig, eher falsch oder völlig falsch?
N=500 Befragte // Ältestes schulpflichtiges Kind in der Grundschule: 123 Eltern / Realschule: 159 Eltern / Gymnasium: 117 Eltern

Dabei hängen die Befürwortung und die Ablehnung deutlich mit den sozialen Positionen der Befragten zusammen: Die höchste Zustimmung findet die Gemeinschaftsschule bei den Eltern aus Hauptschulen oder Werkrealschulen (jeweils 80 %), bei Alleinerziehenden (69 %) und bei Migrant/innen (63 %). Überwiegende Zustimmung gibt es auch bei den Grundschul- und den Realschuleltern (56 % bzw. 57 %). Auf deutliche Ablehnung stößt die Gemeinschaftsschule hingegen bei den Gymnasialeltern (59 % sind dagegen, 38 % dafür). Interessant ist hier, dass die Eltern aus den Schulformen, die zu Gemeinschaftsschulen zusammengefasst werden könnten (Hauptschulen, Werkrealschulen, Realschulen), eine überwiegend positive Sicht auf die neue Schulform erkennen lassen.

Insgesamt verweisen unsere Daten darauf, dass das Konzept der Gemeinschaftsschule zwar polarisiert, dabei aber unter den Eltern mehr Anhänger als Gegner findet. Als ein Wahlkampfthema, das sich scharf gegen die grün-rote Landesregierung richten kann, taugt es offensichtlich bei vielen Eltern nicht.

4.2.2 „Freier Elternwille" beim Übergang in die weiterführenden Schulen

In den meisten Bundesländern – so auch in Baden-Württemberg – endet die Grundschule mit der 4. Klasse, dann gehen die Kinder in eine weiterführende Schule über. Ob das Kind ein Gymnasium oder eine Realschule besuchen darf, hängt in etlichen Bundesländern von den Empfehlungen der Grundschulen ab: Ein bestimmtes Notenbild in der 4. Klasse ist erforderlich, um in Gymnasium oder Realschule eintreten zu können. Eine solche *verbindliche* Grundschulempfehlung gibt es z. B. in Bayern, in Brandenburg und in Sachsen. Vor dem Regierungswechsel 2011 gab es sie auch in Baden-Württemberg.

Die grün-rote Landesregierung hat diese *verbindliche* Grundschulempfehlung 2011 abgeschafft. Die Grundschule erstellt zwar auch weiterhin eine Empfehlung, aber die Eltern sind daran nicht mehr gebunden: Sie bestimmen jetzt, welche Schulform das Kind ab der 5. Klasse besucht. Damit wurde das eingeführt, was man den „freien Elternwillen" nennt: Eine Regelung, die seit vielen Jahren in fast allen westdeutschen Bundesländern (so in Hamburg, Niedersachsen, Nordrhein-Westfalen, Hessen, Rheinland-Pfalz) gilt.

Für Baden-Württemberg bedeutet diese neue Regelung: Ob das Kind nach der Grundschule eine Hauptschule, eine Werkrealschule, eine Realschule, ein Gymnasium oder eine Gemeinschaftsschule besucht, entscheiden jetzt allein die Eltern. Allerdings zeigt die bisherige Forschung (aus anderen Bundesländern), dass die meisten Eltern sich auch bei dieser Regelung an der (nunmehr unverbindlichen) Grundschulempfehlung orientieren (vgl. z. B. Gresch/Baumert/Maaz 2010, S. 216). Wir haben die baden-württembergischen Eltern gefragt, was sie von dieser neuen Regelung halten und dabei überraschende Ergebnisse erhalten: Die Daten zeigen, dass die Mehrheit der Eltern diesen Reformschritt ablehnt (siehe Abbildung 4.4): 60 % halten diesen Reformschritt für „eher" oder für „völlig falsch" und wollen folglich bei einer verbindlichen Grundschulempfehlung bleiben, nur 37 % begrüßen die Freigabe des Elternwillens.

Abb. 4.4 Einführung des „Freien Elternwillens" beim Übergang in die weiterführende Schule (BW 2016)

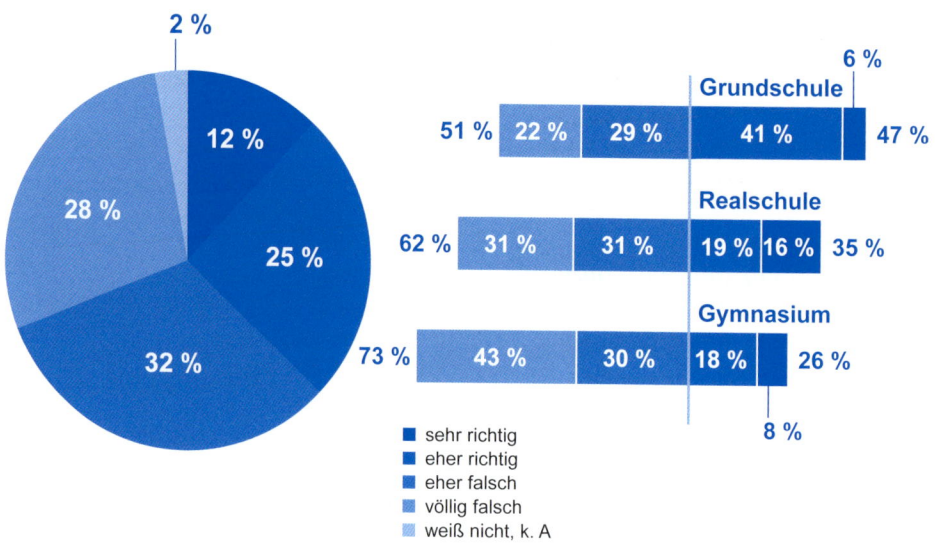

Frage: In Baden-Württemberg entscheiden nach der 4. Klasse keine verpflichtenden Schulempfehlungen mehr, auf welche weiterführende Schule ein Kind gehen soll. Vielmehr entscheiden jetzt die Eltern. Das finde ich sehr richtig, eher richtig, eher falsch oder völlig falsch?
N=500 Befragte // Ältestes schulpflichtiges Kind in der Grundschule: 123 Eltern / Realschule: 159 Eltern / Gymnasium: 117 Eltern

Hier nehmen die baden-württembergischen Eltern eine Position ein, die sich von der bundesweiten Sicht der Eltern massiv unterscheidet. Aus der 1. JAKO-O Bildungsstudie (2010) wissen wir, dass bundesweit 61 % der Eltern den „freien Elternwillen" befürworten und nur 30 % eine verpflichtende Schullaufbahnempfehlung wünschen (vgl. Tillmann 2011, S. 49). In den bundesweiten Erhebungen 2012 und 2014 haben wir diese Frage nicht gestellt, aber in der NRW-Regionalstudie 2017. Von den nordrhein-westfälischen Eltern befürworten 63 %, dass die Eltern über die weiterführende Schulform entscheiden (vgl. hierzu den Beitrag von Killus, Kapitel 5). Vor diesem Hintergrund sind die Ergebnisse der baden-württembergischen Elternbefragung sehr überraschend. Denn hier votieren Eltern selbst mehrheitlich gegen eine Regelung, die ihnen mehr Rechte gibt. Dabei kommt der stärkste Widerstand (73 %) von den Gymnasialeltern, der geringste (51 %) von den Grundschuleltern. Insgesamt bedeutet das, dass die Freigabe des Elternwillens als bildungspolitische Maßnahme der grün-roten Landesregierung bei den Eltern keine Mehrheit gefunden hat, obwohl eine solche Regelung doch bundesweit weit verbreitet ist. Über die Ursachen für dieses erstaunliche Votum können wir nur spekulieren: Zum einen mag die lange Tradition der schulischen Zuweisung hier eine Rolle gespielt haben. Zum anderen mögen aber auch Ängste vor einem eventuellen Leistungsabfall im Gymnasium bedeutsam gewesen sein.

4.3 Die Elternsicht auf bundesweit relevante Themen

Neben diesen spezifisch baden-württembergischen Themen gab es etliche andere Themen, die 2015/16 bundesweit diskutiert wurden, die aber auch in Baden-Württemberg eine erhebliche Rolle spielten. Dabei war die neue Landesregierung häufig bemüht, jeweils eigene Akzente zu setzen. Dies sehen wir vor allem bei der Ganztagsschule, der Inklusion und der Beschulung von Flüchtlingskindern. Im Folgenden skizzieren wir dazu die Situation in Baden-Württemberg und stellen die Sichtweisen der Eltern dar.

4.3.1 Ausbau der Ganztagsschulen

Das deutsche Schulwesen ist traditionell ein Halbtagsschulsystem. Erst der „PISA-Schock" des Jahres 2001 hat hier Bewegung gebracht. Seitdem errichten alle Bundesländer zunehmend mehr Ganztagsschulen, allerdings erfolgt dieser Ausbau in sehr unterschiedlicher Geschwindigkeit. Die von der Kultusministerkonferenz (KMK) veröffentlichten Zahlen zeigen, dass sich Baden-Württemberg im Ländervergleich am unteren Ende bewegt: Nur für 21,4 % aller Schüler/innen der Klassen 1 bis 10 stand 2014 ein Ganztagsplatz zur Verfügung, knapp 80,0 % besuchen somit weiter eine Halbtagsschule. In anderen Bundesländern ist der Ganztagsanteil – mit z. B. 44,0 % für Nordrhein-Westfalen oder 64,2 % in Berlin – wesentlich höher (KMK 2015).

Der Ausbau der Ganztagsschulen ist unter der alten baden-württembergischen Regierung eher verhalten vorangetrieben worden – so stieg der Schüleranteil zwischen 2009 und 2012 um jeweils etwa 1,3 Prozentpunkte pro Jahr (KMK 2013). Die grün-rote Regierung hat angekündigt, diesen Ausbau zu forcieren. In ihrer Regierungszeit (2011 bis 2015) stieg der Anteil der Ganztagsschüler/innen (Klasse 1 bis 10) von 17,2 % auf 23,7 % (KMK 2016).

Wir haben zunächst ermittelt, ob auch die Eltern einen weiteren und beschleunigten Ausbau der Ganztagsschulen wünschen. Die Ergebnisse zeigen, dass hier eine deutliche Präferenz der Eltern liegt (siehe Abbildung 4.5).

Gefragt wurde, wie Eltern das Ziel der aktuellen Bildungspolitik, das Ganztagsangebot in Baden-Württemberg auszuweiten, bewerten. 71 % der befragten Eltern halten die Ausweitung des Ganztagsangebots für „sehr richtig" oder „eher richtig", nur 27 % halten dies für mehr oder weniger „falsch". Kurz: Eine überwältigende Mehrheit der Eltern unterstützt die bildungspolitische Absicht, die Zahl der Ganztagsschulen deutlich auszuweiten. Diese Absicht wird von Frauen (73 %) stärker unterstützt als von Männern (65 %), von Eltern mit Abitur (78 %) deutlich stärker als von Eltern mit Volks- oder Hauptschulabschluss (65 %). Insgesamt stößt dieser Punkt der Regierungspolitik auf eine breite Zustimmung in der Elternschaft. Dieses Votum verwundert nicht, wenn man ermittelt, wie viel Bedarf an Ganztagsschulen denn besteht. Um dies herauszufinden, haben wir die Eltern gefragt, welche Schule sie sich für ihr Kind wünschen (siehe Abbildung 4.6): Nur 36 % der baden-württembergischen Eltern möchten ihr Kind auf eine Halbtagsschule schicken, 64 % wünschen für ihr Kind eine Ganztagsschule. Also: Die Ganztagsschule als Schule für das eigene Kind findet bei den Eltern eine große Mehrheit.

Abb. 4.5 Befürwortung der Ausweitung des Ganztagsangebots an Schulen (BW 2016)

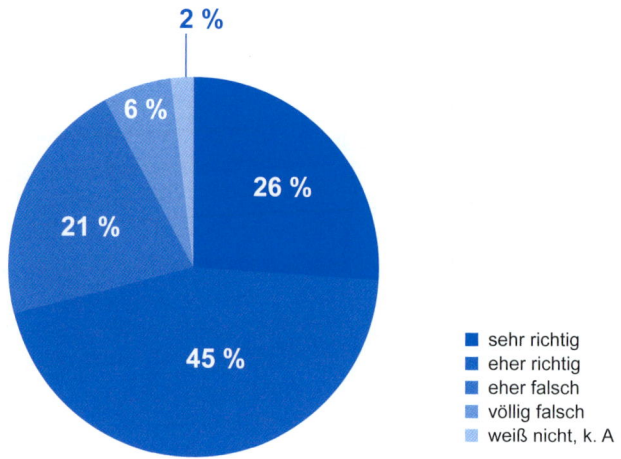

Frage: Ein Ziel der aktuellen Bildungspolitik in Baden-Württemberg ist die Ausweitung des Ganztagsangebots an Schulen. Ist dieser Schritt Ihrer Meinung nach sehr richtig, eher richtig, eher falsch oder völlig falsch?
N=500 Befragte

Vergleicht man dies mit dem gegenwärtigen Versorgungsstand (nur 24 % der Kinder haben 2015 einen Platz an einer Ganztagsschule), dann wird deutlich, wie groß die Versorgungslücke immer noch ist. Die meisten Eltern, die sich für ihr Kind einen Platz an einer Ganztagsschule wünschen, bekommen keinen. Genauer: Etwa 40 % aller Eltern gehen leer aus.

Bei den Eltern findet die offene Ganztagsschule mit freiwilligen Nachmittagsangeboten eine höhere Zustimmung (37 %) als die gebundene Ganztagsschule mit verpflichtenden Angeboten (27 %). Dies findet Entsprechung in der bundesweiten Befragung von 2017. Vergleicht man diese baden-württembergischen Ergebnisse mit der bundesweiten 4. JAKO-O Bildungsstudie aus 2017, so stellt man fest: In Baden-Württemberg wird die Halbtagsschule von mehr (+ 11 Prozentpunkte), die Ganztagsschule von weniger Eltern (- 8 Prozentpunkte) gewünscht als im Bundesgebiet insgesamt (vgl. hierzu den Beitrag von Tillmann, Kapitel 6).

Insgesamt lässt sich feststellen, dass die Präferenz der grün-roten Landesregierung für einen forcierten Ausbau der Ganztagsschulen auf eine breite Zustimmung der Elternschaft stößt. Allerdings besteht auch nach einer vierjährigen Regierungszeit noch eine massive Versorgungslücke.

Abb. 4.6 Ganztagsschulwunsch der Eltern für das eigene Kind (BW 2016, bundesweit 2017)

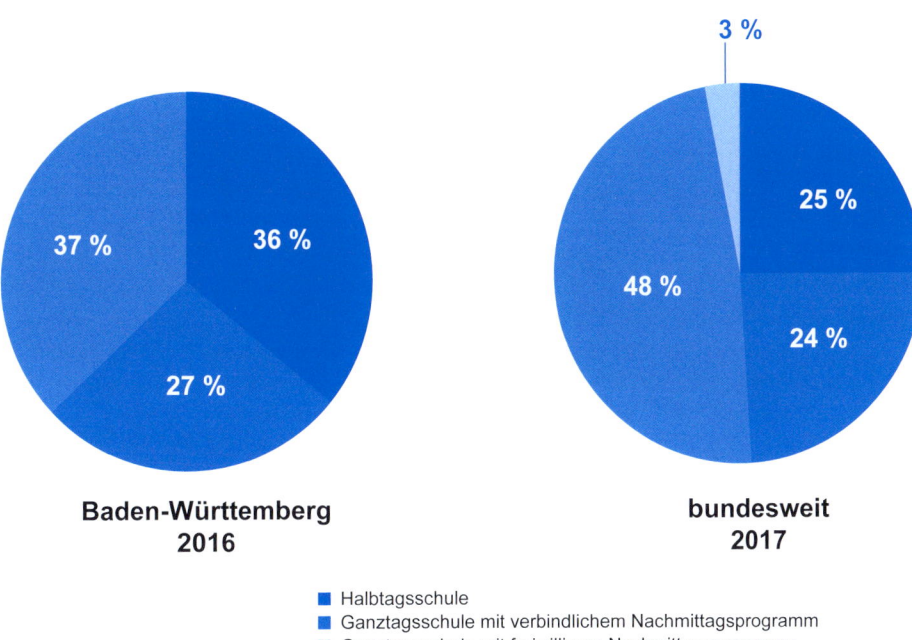

Frage: Auf welche Schule würden Sie Ihr Kind schicken, wenn Sie die Möglichkeit hätten?
N=500 Befragte (BW), N=2.000 Befragte (bundesweit)

4.3.2 Inklusion und gemeinsame Beschulung

Es gibt in Deutschland eine lange Tradition, Kinder mit Behinderungen und Beeinträchtigungen in gesonderten Einrichtungen zu beschulen, die als „Sonderschulen" oder „Förderschulen" bezeichnet werden. Solche Spezialschulen gibt es für unterschiedliche Behinderungsarten – so für Kinder mit Lernschwierigkeiten, mit sozio-emotionalen Verhaltensproblemen, mit geistigen Behinderungen, mit Sehbehinderungen. Seit mehr als dreißig Jahren wird unter Pädagog/innen und Eltern die Frage diskutiert, ob solche Kinder nicht besser gefördert würden, wenn man sie in der Regelschule beließe und dort besonders unterstützen würde (gemeinsame Beschulung). Diese Diskussion hat in allen Bundesländern zu Modellversuchen mit „integrativem Unterricht" vor allem bei Schülern und Schülerinnen mit Lernschwierigkeiten geführt. Dies wurde in seinen theoretischen und empirischen Dimensionen von uns ausführlich im Rahmen der 3. JAKO-O Bildungsstudie behandelt (Dedering/Horstkemper 2014), sodass wir uns im Folgenden knapp fassen können.

Wichtig in diesem Zusammenhang ist, dass 2009 eine neue Situation eingetreten ist, weil die Bundesrepublik die UN-Konvention über die Rechte von Menschen mit

Behinderungen ratifiziert hat. Dies verbietet die Aussonderung von Menschen mit Behinderungen und verlangt auch im Bildungssystem den vollständigen Einbezug (Inklusion) in gemeinsamen Schulen. Seit 2009 sind nun alle Bundesländer gefordert, in ihrem Schulsystem diesen Inklusionsanspruch schrittweise zu realisieren.

Für Baden-Württemberg lässt sich die Ausgangssituation für das Jahr 2012 wie folgt skizzieren: 7,0 % aller Schüler/innen im allgemeinbildenden Schulsystem gelten als solche, die einen „besonderen Förderbedarf" aufweisen. Von ihnen werden mehr als zwei Drittel in gesonderten Einrichtungen (Förderschulen, etc.) unterrichtet, ein knappes Drittel wird in Regelschulen gemeinsam mit nicht behinderten Kindern beschult (Bertelsmann Stiftung 2015). Die grün-rote Landesregierung hat die Absicht, diesen Inklusionsprozess voranzutreiben, also den Anteil der inklusiv beschulten Kinder deutlich zu erhöhen. Als einen ersten Schritt hierzu hat sie die „Sonderschulpflicht" abgeschafft. Bis 2011 konnte die Schulverwaltung Kinder, bei denen ein „sonderpädagogischer Förderbedarf" festgestellt wurde, in eine Sonderschule einweisen. Jetzt können die Eltern – nach Beratung mit dem Schulamt – wählen, ob ihr Kind in einer Sonderschule oder einer Regelschule unterrichtet werden soll. Die Landesregierung versteht dies als einen weiteren Schritt auf dem Weg zur Inklusion. Wir haben die Eltern gefragt, für wie sinnvoll sie diesen Schritt halten und überwiegend zustimmende Antworten erhalten (siehe Abbildung 4.7).

Eine große Mehrheit (66 %) der Eltern unterstützt diese neue Regelung – und damit das Elternrecht auf Wahl einer Regelschule, 31 % halten dies nicht für sinnvoll. Diese Maßnahme wird in allen Elterngruppen (Sozialschicht, Schulform) mehrheitlich unterstützt, besonders stark ausgeprägt ist diese Unterstützung bei Grundschuleltern (74 %). Insgesamt lässt sich somit sagen, dass bei der großen Mehrheit der Eltern dieser weitere Schritt hin zur Inklusion auf Zustimmung stößt.

Darüber hinaus haben wir gefragt, ob die Eltern die gemeinsame Beschulung von behinderten und nicht behinderten Kindern befürworten, und ob sie dabei einen Unterschied zwischen verschiedenen Behinderungsarten sehen.

Die Ergebnisse zeigen, dass Eltern in Baden-Württemberg einer gemeinsamen Beschulung von behinderten und nicht behinderten Kindern überwiegend positiv gegenüberstehen. Dies gilt insbesondere für Kinder mit körperlichen Behinderungen (86 %) und mit Lernschwierigkeiten (72 %). Hier finden wir in allen Elterngruppen eine große Mehrheit, die sich für einen integrativen Unterricht ausspricht. Demgegenüber ist bei Kindern mit Verhaltensschwierigkeiten (44 %) und geistigen Behinderungen (44 %) das Votum der Eltern gespalten: Jeweils etwa die Hälfte der Eltern spricht sich für bzw. gegen eine gemeinsame Beschulung aus. Das bedeutet, dass bei weiteren Schritten zur Inklusion gerade bei diesen Eltern noch Überzeugungsarbeit zu leisten ist.

Die bundesweite 4. JAKO-O Bildungsstudie 2017 kam im Übrigen zu fast genau den gleichen Ergebnissen. Die baden-württembergischen Eltern nehmen mit ihrer Sichtweise somit keine Sonderstellung ein. Insgesamt kommt man somit zu dem Ergebnis, dass die Eltern den Inklusionsabsichten überwiegend positiv gegenüberstehen und so gesehen die grün-rote Bildungspolitik stützen. Allerdings gibt es bei nicht wenigen Eltern deutliche Vorbehalte, was die Integration von Kindern mit Verhaltensproblemen und von geistig behinderten Kindern in die Regelklassen angeht.

Abb. 4.7 Abschaffung der Sonderschulpflicht für behinderte Kinder (BW 2016)

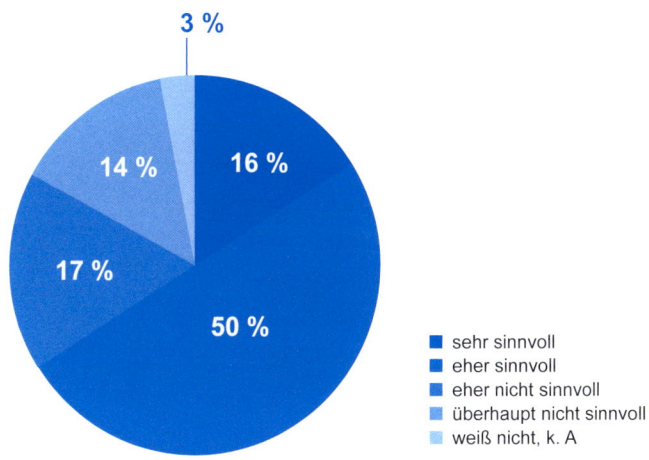

Frage: Die grün-rote Landesregierung hat in Baden-Württemberg die Sonderschulpflicht für behinderte Kinder abgeschafft. Eltern können stattdessen nach Beratung mit dem Schulamt wählen, ob ihr behindertes Kind auf einer Regelschule unterrichtet werden soll. Halten Sie diesen Schritt, der in den Medien häufig unter dem Stichwort „Inklusion" diskutiert wird, für sehr sinnvoll, eher sinnvoll, eher nicht sinnvoll oder überhaupt nicht sinnvoll?
N=500 Befragte

4.3.3 Verkürzung der gymnasialen Schulzeit

Als im Januar 2017 die Erhebung durchgeführt wurde, war die Diskussion über Dauer der gymnasialen Schulzeit (G8 oder G9) bundesweit wieder heftig entbrannt. Die Einführung eines achtjährigen Gymnasiums, die bis 2008 im bildungspolitischen Konsens von CDU, SPD und Grünen in allen Bundesländern vollzogen wurde, war in den alten Bundesländern in die massive Kritik der Eltern geraten. Dies spiegelt sich auch in den Daten der JAKO-O Bildungsstudien 2012 und 2014 wider. Damals erklärten bundesweit 79 % der Eltern, dass sie zurück zum G9-Gymnasium wollten (vgl. Tillmann 2014, S. 31ff.). Die Elternkritik bezog sich vor allem auf eine angebliche massive Leistungsverdichtung in G8-Gymnasien und den dadurch entstehenden Stress für Schüler/innen und Eltern. 2016 hatte Niedersachsen bereits wieder auf G9 umgestellt, in anderen Bundesländern (z. B. in Bayern) liefen dazu heftige öffentliche Debatten. In Baden-Württemberg geriet die G8/G9-Problematik 2016/17 in den Wahlkampf – allerdings in sehr verhaltener Weise. Um dies zu verstehen, ist ein kurzer historische Rückblick erforderlich: Die Kultusministerkonferenz beschloss 2003 die generelle Umstellung auf G8, in Baden-Württemberg wurden 2005 die erste G8-Bildungsgänge eröffnet, 2012 gab es die ersten G8-Abiturienten. Zum

Abb. 4.8 Befürwortung gemeinsamen Lernens von nicht behinderten Kindern und Kindern mit unterschiedlichen Beeinträchtigungen (BW 2016, bundesweit 2017)

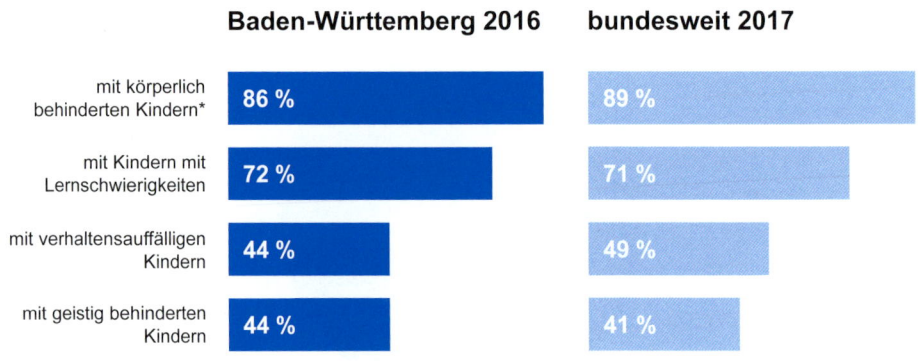

*bundesweit 2017: mit körperlich beeinträchtigten Kindern

Frage: Gegenwärtig wird intensiv diskutiert, dass alle Kinder – auch die mit Behinderungen und Beeinträchtigungen – gemeinsam in einer Klasse lernen sollen. Wir würden gerne von Ihnen wissen: Mit welchen Kindern sollen nicht behinderte Kinder in der Schule lernen?
N=500 Befragte (BW), N=2.000 Befragte (bundesweit)

Ende der CDU/FDP-Regierungszeit (2009) waren sämtliche Gymnasien in Baden-Württemberg auf G8 umgestellt. Weil auch SPD und Grüne dieses Konzept vertraten, gab es darüber kaum bildungspolitischen Streit zwischen den Parteien. Die massive Elternkritik führte allerdings dazu, dass die grün-rote Landesregierung eine leichte Öffnung vornahm: Es wurde ein Schulversuch mit einem G9-Bildungsgang installiert, in den 44 Gymnasien (pro Landkreis eine Schule) einbezogen wurden (Ministerium für Kultus, Jugend und Sport 2017). An diesen Gymnasien muss neben der neunjährigen Variante auch das Abitur nach acht Jahren angeboten werden. Diese 44 Gymnasien haben in den letzten Jahren einen Run auf ihren G9-Bildungsgang erlebt, sodass viele Schüler/innen nicht angenommen werden konnten. Sowohl die grün-rote Regierung wie auch ihre grün-schwarze Nachfolgeregierung (ab 2017) haben – im Unterschied zu anderen Bundesländern – dem Druck auf Abschaffung von G8 nicht nachgegeben: In Baden-Württemberg ist das G8-Gymnasium nach wie vor die Regeleinrichtung – und gymnasiale G9-Klassen gibt es nur in den schon angesprochenen 44 Schulversuchen. Weil im Landtagswahlkampf alle angesprochenen Parteien diese Position vertraten, gab es hierzu auch kaum öffentlichen Streit.

Wir haben die Eltern dennoch nach ihrer Position gefragt und uns dabei auf die Situation in Baden-Württemberg zu Anfang 2017 bezogen (siehe Abbildung 4.9).

Abb. 4.9 Regelungen für die Dauer der Schulzeit bis zum Abitur (BW 2016)

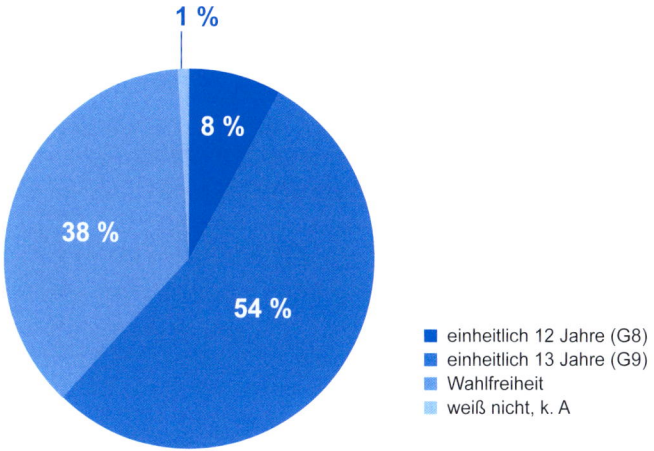

Frage: In Baden-Württemberg gibt es neben G8, also dem Abitur nach 12 Schuljahren, an 44 ausgewählten Schulen die Möglichkeit, das Abitur nach 13 Schuljahren zu erlangen. Sollte der Weg zum Abitur Ihrer Meinung nach einheitlich 12 Jahre oder einheitlich 13 Jahre betragen? Oder sollte es Wahlfreiheit für die Schulen geben, welche Möglichkeit sie anbieten?
N=500 Befragte

Die Antworten der baden-württembergischen Eltern liegen voll im Trend der bundesweiten Ergebnisse: Nur 8 % votieren für die verkürzte Gymnasialzeit G8, während 54 % dafür plädieren, das Abitur einheitlich nach neun Jahren (G9) zu erwerben. 38 % sprechen sich für eine Wahlfreiheit zwischen G8 und G9 aus. Kurz: Das in Baden-Württemberg nach wie vor praktizierte Modell „G8 für (fast) alle" stößt auf eine extrem geringe Akzeptanz bei den Eltern. Diese massive Ablehnung durch die Eltern hat allerdings – im Unterschied etwa zu Niedersachsen und seit Juli 2017 auch für Nordrhein-Westfalen – nicht zur Folge, dass G8 wieder abgeschafft wird. Ob die damit verbundene Elternkritik an G8 berechtigt ist, haben wir auf der Basis unserer Daten an anderer Stelle behandelt (vgl. hierzu den Beitrag von Tillmann, Kapitel 6.2.4).

4.3.4 Flüchtlingskinder in der Schule

Während es sich bei allen bisher behandelten Themen – von den Einführung neuer Schulformen bis zur gymnasialen Schulzeit – um mehr oder weniger „klassische" Probleme der Schulpolitik handelt, die alle über eine langjährige Geschichte verfügen und mit einem zeitlichen Planungshorizont bearbeitet werden können, trifft das auf das Problem „Flüchtlingskinder" nicht zu: 2015 wurde unser Schulsystem ohne jede „Vorwarnung" vor ein massives Problem gestellt, auf das sich weder Bildungspolitiker noch Schulverwalter vorher einstellen konnten:

Im Jahr 2015 kamen, so die Angaben des Bundesinnenministers, 890.000 Flüchtlinge vor allem aus Nordafrika nach Deutschland. Dass 2016 noch einmal ca. 220.000 kommen würden (WELT online, 30.09.2016), war zum Zeitpunkt unserer Befragung noch nicht absehbar. Der Anteil der schulpflichtigen Kinder (6 bis 18 Jahre) unter diesen Flüchtlingen wird von Klemm (2016) auf 18,4 % geschätzt. Das würde bedeuten, dass 2015 etwa 163.000 und 2016 etwa 40.000 – also insgesamt 200.000 Kinder – im schulpflichtigen Alter in die Bundesrepublik eingewandert sind. Diese Zahl deckt sich in etwa mit einer Schätzung, die im Bildungsbericht 2016 (vgl. Autorengruppe Bildungsberichterstattung 2016, S. 199) veröffentlicht wurde. Geht man davon aus, dass bei einer Verteilung zwischen den Bundesländern 12,9 % der Flüchtlinge nach Baden-Württemberg gekommen sind („Königsteiner Schlüssel"), so bedeutet das: In Baden-Württemberg sind 2015 (bis zum Zeitpunkt unserer

Abb. 4.10   Schaffung von zusätzlichen Lehrerstellen für Flüchtlingskinder (BW 2016)

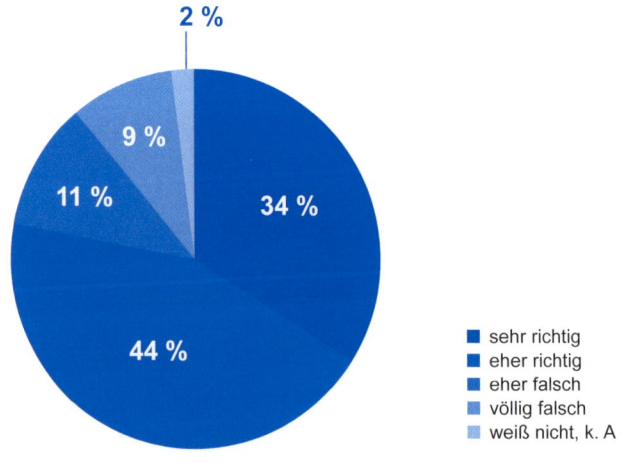

Frage: Zu Beginn des neuen Schuljahres sind in Baden-Württemberg, anstatt wie geplant Stellen zu streichen, 713 neue Lehrerstellen geschaffen worden. Sie sollen zur Intgration von Flüchtlingskindern eingesetzt werden. Das finde ich sehr richtig, eher richtig, eher falsch, völlig falsch.
N=500 Befragte

Abb. 4.11 Einschätzung des Bedarfs zusätzlicher Lehrerstellen für Flüchtlingskinder (BW 2016)

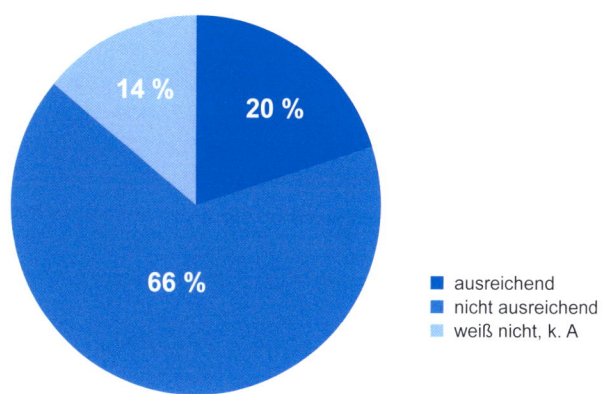

Frage: Sind nach Ihrer Meinung angesichts der zusätzlichen Aufgaben durch die Flüchtlingskinder diese Stellen ausreichend oder nicht ausreichend?
N=500 Befragte

Befragung) etwa 114.000 Flüchtlinge zugewandert, davon ca. 21.000 Kinder im schulpflichtigen Alter. (All diese Zahlen sind Schätzungen auf der Basis z. T. unsicherer Statistiken, vgl. ebd., S. 192ff.). Für die Beschulung dieser Kinder und Jugendlichen kamen in Baden-Württemberg ca. 4.400 allgemeinbildende und berufliche Schulen in Frage (KMK 2016a).

Diese Zahlen skizzieren die landesweite Situation, vor dem Anfang 2016 die Eltern nach deren Sichtweise zu Flüchtlingskindern in baden-württembergische Schulen befragt wurden. Weil die Landesregierung 2015 beschlossen hatte, 713 neue Lehrerstellen für die Unterrichtung von Flüchtlingskindern einzustellen, haben wir die Eltern gefragt, was sie von dieser Maßnahme halten (siehe Abbildung 4.10). Insgesamt 34 % halten die Einstellung der Lehrer/innen für „sehr richtig", 44 % für „eher richtig". Kurz: 78 % der Eltern unterstützten diese Maßnahme, nur 20 % waren dagegen.

Ob die Einstellung dieser Lehrer/innen als Maßnahme ausreicht, haben wir ebenfalls gefragt (siehe Abbildung 4.11). Viele der befragten Eltern (66 %) waren der Meinung, dass die Anzahl von 713 Lehrer/innen nicht ausreiche, um die Flüchtlinge angemessen zu unterstützen – dass also mehr getan werden müsse.

Damit wird deutlich, dass die Unterstützung und Integration von Flüchtlingskindern von der großen Mehrheit der baden-württembergischen Eltern getragen wird. Eine solche unterstützende Sichtweise haben wir auch in der bundesweiten Erhebung 2017 gefunden (vgl. hierzu den Beitrag von Daschner, Kapitel 7).

4.4 Fazit

Wir haben hier die Ergebnisse zu sechs besonders wichtigen Problemen referiert. Unsere baden-württembergische Befragung war weit umfangreicher angelegt und umfasste auch noch weitere Bereiche: So haben die Eltern für ein bundesweites Zentralabitur votiert, den Lehrer/innen überwiegend gute fachliche und didaktische Kompetenzen zugesprochen – und sich mehrheitlich darüber beklagt, dass sie Aufgaben übernehmen müssen, die eigentlich die Schule zu leisten habe. All diese Ergebnisse referieren wir hier nicht im Einzelnen, weil sie weitgehend identisch sind mit den Elternmeinungen, die wir bundesweit festgesellt haben – und die in Kapitel 6 (Beitrag von Tillmann) detailliert nachgelesen werden können.

Wirft man noch einmal einen Blick auf die hier referierten Ergebnisse, so zeigen die Eltern ein breites Meinungsspektrum, das sich nur selten einer der politischen Gruppierungen zuordnen lässt. Auffällig ist allerdings, dass trotz der langen konservativen Tradition in Baden-Württemberg etliche Reformansätze (Gemeinschaftsschulen, Ganztagsschulen, Inklusion) auf eine positive Elternresonanz stoßen, andere (Freigabe des Elternwillens, G8) hingegen nicht. Ob und in welchem Ausmaß diese bildungspolitischen Positionen die Landtagswahlen im März 2016 beeinflusst haben, können wir nur vermuten. Das Ergebnis dieser Wahl ist ja bekannt: Die Grünen bauten ihren Vorsprung von 24,2 % (2011) auf 30,3 % aus, CDU (von 39,0 % auf 27,0 %) und SPD (von 23,1 % auf 12,7 %) mussten herbe Einbrüche hinnehmen. Dies spricht dafür, dass die Bildungspolitik den Grünen nicht geschadet und den Sozial- und Christdemokraten nicht genutzt hat.

Literatur

Autorengruppe Bildungsberichterstattung (2016) (Hrsg.): Bildung in Deutschland 2016. Ein indikatorengestützter Bericht mit einer Analyse zu Bildung und Migration. Bielefeld: W. Bertelsmann Verlag.

Bertelsmann Stiftung (2015): Exklusionsquoten im Ländervergleich, Inklusionsanteil im Ländervergleich, Schuljahre 2000/01, 2008/09, 2013/14. Basis: KMK-Statistik. Gütersloh.

Bohl, T./Wacker, A. (2016) (Hrsg.): Die Einführung der Gemeinschaftsschule in Baden-Württemberg. Abschlussbericht der wissenschaftlichen Begleitung. Münster u. a.: Waxmann.

Dedering, K./Horstkemper, M. (2014): Wie stehen Eltern zur Inklusion? In: Killus, D./Tillmann, K.-J. (Hrsg.): Eltern zwischen Erwartungen, Kritik und Engagement. Ein Trendbericht zu Schule und Bildungspolitik in Deutschland. 3. JAKO-O Bildungsstudie. Münster u. a.: Waxmann, S. 47-70.

Gresch, C./Baumert, J./Maaz, K. (2010): Empfehlungsstatus, Übergangsempfehlung und der Wechsel in die Sekundarstufe I: Bildungsentscheidungen und soziale Ungleichheit. In: Maaz, K./Baumert, J./Gresch, C./McElvany, N. (Hrsg.): Der Übergang von der Grundschule in die weiterführende Schule. Leistungsgerechtigkeit und regionale, soziale und ethnisch-kulturelle Disparitäten. Bildungsforschung Band 34. Bonn, Berlin: Bundesministerium für Bildung und Forschung (BMBF), S. 201-218.

Klemm, K. (2016): Schülerinnen und Schüler aus Flüchtlingsfamilien: Eine Expertise zum Personalbedarf. Essen 2016. (Manuskript)

Kultusministerkonferenz (KMK) (2013, 2015, 2016): Allgemeinbildende Schulen in Ganztagsform in den Ländern in der Bundesrepublik Deutschland. Berlin/Bonn. (Manuskript)

Kultusministerkonferenz (KMK) (2016a): Schüler, Klassen, Lehrer und Absolventen der Schulen 2006-2015. Berlin. (Manuskript)

Ministerium für Kultus, Jugend und Sport Baden-Württemberg (2017): Auf direktem Weg zum Abitur. Abrufbar unter: http://www.km-bw.de/,Lde/Startseite/Schule/Gymnasium (Zugriff: 20.07.2017).

Süddeutsche Zeitung (2016): Baden-Württemberg streitet um die Gemeinschaftsschule. Abrufbar unter: http://www.sueddeutsche.de/bildung/baden-wuerttemberg-unterricht-im-pulverdampf-1.2863172 (Zugriff: 26.07.2017).

Tillmann, K.-J. (2011): Kritisch und aufgeschlossen – der Blick der Eltern auf die Bildungspolitik. In: Killus, D./Tillmann, K.-J. (Hrsg.): Der Blick der Eltern auf das deutsche Schulsystem. 1. JAKO-O Bildungsstudie. Münster u. a.: Waxmann, S. 35-58.

Tillmann, K.-J. (2014): Der Blick der Eltern auf die Bildungspolitik – Kontinuitäten und Veränderungen. In: Killus, D./Tillmann, K.-J. (Hrsg.): Eltern zwischen Erwartungen, Kritik und Engagement. Ein Trendbericht zu Schule und Bildungspolitik in Deutschland. 3. JAKO-O Bildungsstudie. Münster u. a.: Waxmann, S. 21-46.

Dagmar Killus

5 Ergebnisse der JAKO-O Bildungsstudie regional Nordrhein-Westfalen (2016)

Zentrale Ergebnisse im Überblick

- Bildungspolitik hat für Eltern in Nordrhein-Westfalen eine hohe Priorität. Dabei wird die rot-grüne Landesregierung Ende 2016 ambivalent eingeschätzt: Die Landesregierung wird kritischer gesehen als in anderen Bundesländern, dennoch sind die Eltern mehrheitlich der Meinung, dass es in Nordrhein-Westfalen gerechter zugehe. Der Vergleich der rot-grünen Landesregierung mit der schwarz-gelben Vorgängerregierung zeigt keinerlei Unterschiede.
- 76 % der Eltern geben an, dass die Schule ihres Kindes von Flüchtlingskindern besucht wird, davon berichten wiederum 48 % von Aktivitäten zur Unterstützung dieser Schülergruppe. Beide Prozentwerte liegen über dem bundesweiten Durchschnittswert, was auf vergleichsweise große Herausforderungen in Nordrhein-Westfalen hindeutet. Maßnahmen der Landesregierung, die auf die Unterstützung von Maßnahmen zur schulischen Integration von Flüchtlingskindern zielen, werden von Eltern mehrheitlich unterstützt.
- Eine deutliche Mehrheit der Eltern spricht sich für das gemeinsame Lernen mit körperbehinderten Schüler/innen und mit lernbehinderten Schüler/innen aus. Reservierter sind die Eltern beim gemeinsamen Lernen mit verhaltensauffälligen Schüler/innen und Schüler/innen mit geistiger Beeinträchtigung.
- Eine Mehrheit der Eltern (66 %) spricht sich dafür aus, Inklusion entschiedener voranzutreiben und dafür deutlich mehr Mittel zur Verfügung zu stellen.
- 72 % der Eltern wünschen sich für ihr Kind einen Platz an einer Ganztagsschule, aber nur 49 % geben an, dass ihr Kind eine Ganztagsschule besucht. Folglich klafft hier eine deutliche Versorgungslücke.
- Die Mehrheit der Eltern (59 %) befürwortet ein längeres gemeinsames Lernen über Klasse 4 hinaus. Dass die Eltern über die weiterführende Schule entscheiden, halten 63 % für mehr oder weniger richtig.
- Relativ viele Eltern (39 %) akzeptieren G8 an Gymnasien, wenn die Schüler/innen bei Eintritt in die Oberstufe selbst entscheiden können, ob sie das Abitur nach acht oder nach neun Jahren ablegen. Auf wenig Zustimmung (9 %) stößt eine Wahlvariante, bei der die Schulen entscheiden, ob sie G8 oder G9 anbieten.

Die Befragung von Eltern in Nordrhein-Westfalen fand Ende 2016 statt. Der inhaltliche Fokus lag – wie auch in der Regionalstudie Baden-Württemberg – auf allgemeineren Fragen zur Bildungspolitik und zur Chancengleichheit sowie auf Fragen zu konkreten bildungspolitischen Maßnahmen. Wo immer es sinnvoll erschien, wurden die Fragen auf die spezifische Situation in Nordrhein-Westfalen zugeschnitten. Die Erhebung erfolgte im November und Dezember 2016, die Ergebnisse wurden auf einer Pressekonferenz am 23.03.2017 in Düsseldorf präsentiert. Tabelle 5.1 gibt einen Überblick über die methodische Anlage der Studie sowie die realisierte Stichprobe (siehe für nähere Informationen auch Kapitel 3):

Tab. 5.1 Studiensteckbrief (Nordrhein-Westfalen 2016)

Institut	Kantar Emnid
Methode	Telefonbefragung (CATI ad hoc)
Grundgesamtheit	Eltern schulpflichtiger Kinder im Alter bis zu 16 Jahren in Nordrhein-Westfalen
Stichprobe	N=500 (350 Mütter, 150 Väter)
Erhebungszeitraum	17. November bis 10. Dezember 2016

Um sowohl die Entwicklung der Fragen für die Regionalstudie als auch die Ergebnisse besser nachvollziehen und einordnen zu können, soll zunächst die bildungspolitische Situation in Nordrhein-Westfalen Ende 2016 skizziert werden.

5.1 Die bildungspolitische Situation in Nordrhein-Westfalen Ende 2016

Am 14. Mai 2017 fand in Nordrhein-Westfalen die Landtagswahl statt. Ende 2016 standen die Zeichen also auf Wahlkampf, wobei sich die Bildungspolitik in Nordrhein-Westfalen als „heißes" Wahlkampfthema herauskristallisiert hat. Die Bildungspolitik wurde bis zu diesem Zeitpunkt sieben Jahre (seit 2010) von der Schulministerin Sylvia Löhrmann (Bündnis 90/Die Grünen) verantwortet, die dem rot-grünen Kabinett von Hannelore Kraft angehörte. Sie löste Barbara Sommer (CDU) ab, die von 2005 bis 2010 Schulministerin im schwarz-gelben Kabinett von Jürgen Rüttgers war.

Die Amtszeit von Sylvia Löhrmann war von Anfang an durch heftige bildungspolitische Kontroversen gekennzeichnet. Auf ihre Initiative hin wurde 2011 ein „Schulkonsens" geschlossen, mit dem die großen Parteien (SPD, Bündnis 90/Die Grünen, CDU) eine jahrzehntelange, teils erbittert geführte Auseinandersetzung um die richtige Schulstruktur beendeten (Ministerium für Schule und Weiterbildung des Landes Nordrhein-Westfalen 2011). Darin verpflichteten sich die Parteien, dass bis 2023 keine der drei Parteien ohne Einvernehmen mit den anderen Parteien die Rahmensetzungen zur Schulstruktur verändert. Im Ergebnis verzichtete die Koalition aus SPD und Bündnis 90/Die Grünen auf die schulgesetzliche Einführung der Gemeinschaftsschule als neue Schulform des längeren gemeinsamen Lernens über Klasse 4 hinaus. Stattdessen einigten sich die Parteien auf das abgeschwächte Konzept der Sekundarschule. Sie stellt ein weiteres Schulangebot dar, gleichzeitig bleibt das bestehende erhalten – auch die Hauptschule. Der Schulkonsens beschränkt sich aber nicht nur auf schulstrukturelle Fragen. Die Beteiligten verständigten sich darüber hinaus auch darauf, Schulen bei der inneren Schulentwicklung zu unterstützen. Ein Schwerpunkt liegt dabei auf einer besseren individuellen Förderung z. B. an Ganztagsschulen oder an inklusiven Schulen.

Schulsystem in Nordrhein-Westfalen
Das Schulsystem in Nordrhein-Westfalen stellt sich derzeit folgendermaßen dar: Nach der Grundschule (Klassen 1 bis 4) kann aus fünf verschiedenen Schulformen der Sekundarstufe I (Klasse 5 bis 10) gewählt werden. Im Einzelnen sind dies die Sekundarschule, die Gesamtschule, die Realschule, die Hauptschule und das Gymnasium als G8-Bildungsgang (Klassen 5 bis 9). In der 2011 eingeführten Sekundarschule lernen die Kinder und Jugendlichen in den Klassen 5 und 6 gemeinsam. Ab Klasse 7 wird der Unterricht integriert, teilintegriert oder in mindestens zwei getrennten Bildungsgängen (kooperativ) angeboten. Während Gymnasium und Gesamtschule eine gymnasiale Oberstufe haben, die zum Abitur führt, verfügt die Sekundarschule über keine eigene Oberstufe. Ein Alleinstellungsmerkmal des Gymnasiums besteht darin, dass die Sekundarstufe I um ein Jahr verkürzt ist (Klassen 5 bis 9). Dies ist eine Folge der Einführung von G8 in Nordrhein-Westfalen, die 2005 unter der schwarz-gelben Landesregierung vollzogen wurde. Der Eintritt in die gymnasiale Oberstufe erfolgt durch einfache Versetzung, sodass der mittlere Schulabschluss derzeit erst am Ende der Einführungsphase in die Oberstufe vergeben wird, also innerhalb der Sekundarstufe II. Die Sekundarstufe I endet folglich ohne Schulabschluss, was sich insbesondere für die Schüler/innen als problematisch erweist, die die Versetzung in der Oberstufe nicht schaffen. Die Entscheidung, welche weiterführende Schulform die Kinder nach Klasse 4 überhaupt besuchen, liegt bei den Eltern. Der „Elternwille" wurde 2011 im Schulgesetz verankert. Die Grundschule gibt lediglich eine Schulformempfehlung, von der die Eltern abweichen können.

Streitfragen zum Thema Bildung
Der 2011 geschlossene Schulkonsens ändert nichts daran, dass es Ende 2016 weitere heftig diskutierte Streitfragen rund um das Thema Bildung gibt: Hierzu gehört vor allem die Dauer bis zum Abitur am Gymnasium (G8/G9) sowie die Inklusion.

G8/G9: Um die Debatte zu G8/G9 zu beruhigen, berief die Schulministerin Sylvia Löhrmann 2014 einen „Runden Tisch" ein. Im Ergebnis sprachen sich die beteiligten Verbände, Organisationen und Gruppen für die Beibehalten von G8 sowie seine verbindliche Weiterentwicklung aus. Das war spätestens hinfällig, als 2016 die Elterninitiative „G9-jetzt!" – ermutigt durch Kehrtwenden in anderen Bundesländern (z. B. Niedersachsen) – ein Volksbegehren ankündigte. Ab dem Sommer 2016 legte eine Partei nach der anderen ein Konzept für die Ausgestaltung des Gymnasiums vor (Schulte 2017). Im Prinzip wollen alle am achtjährigen Weg zum Abitur festhalten, dieser soll aber ergänzt werden um die Möglichkeit, das Abitur auch nach neun Jahren abzulegen. Unterschiede liegen im Detail: In einer Variante sollen die Schüler/innen nach der 10. Klasse entscheiden, ob sie das Abitur nach zwei oder drei Jahren ablegen (SPD, „Abitur im eigenen Takt"). In einer anderen Variante sollen die Schulen entscheiden, ob sie G8 beibehalten oder zu G9 zurückkehren (CDU, FDP). In einer wieder anderen Variante soll es nach Klasse 6 zwei Möglichkeiten geben: eine Aufspaltung in einen G8- und einen G9-Zweig an einer Schule oder die teilweise Auflösung des Klassenverbandes im Interesse individueller Lernzeiten (Bündnis 90/ Die Grünen).

Inklusion: Seit 2014 haben Eltern in Nordrhein-Westfalen einen Rechtsanspruch darauf, ihr behindertes Kind in eine Regelschule einzuschulen. Der Grundgedanke der Inklusion wird im Prinzip von einer breiten Mehrheit unterstützt, allerdings klagen insbesondere Lehrerverbände und Verbände der Eltern behinderter Schüler/innen darüber, dass das Personal und das Know-how fehlen würden. CDU und FDP fordern daher, die Ausweitung der Inklusion solange zu stoppen, bis die notwendigen personellen und finanziellen Rahmenbedingungen geschaffen sind.

Wie sich die Diskussion um diese Streitfragen weiter entwickelt und welche Lösungen gefunden werden, ist derzeit offen. Nach der Abwahl der rot-grünen Landesregierung am 14. Mai 2017 liegt die Verantwortung nun maßgeblich bei der CDU und der FDP.

5.2 Allgemeine Einschätzungen zur Bildungspolitik aus Elternsicht

Obwohl zum Jahresende 2016 öffentlich vor allem über innere Sicherheit und Flüchtlingspolitik diskutiert wurde, finden sich bei den Eltern deutlich andere politische Prioritäten. Auf die Frage, wie wichtig verschiedene Aufgaben der Landesregierung für die eigene Wahlentscheidung bei der kommenden Landtagswahl sind, entfällt auf die Bildungspolitik der höchste Prozentwert (siehe Abbildung 5.1): Insgesamt 96 % der befragten Eltern halten sie für „sehr wichtig" oder „eher wichtig" – noch vor der Familienpolitik (92 %) und der Sozialpolitik (90 %) und – mit deutlichem Abstand – der Flüchtlingspolitik (80 %). Die Bedeutung der Bildungspolitik wird von Vätern und

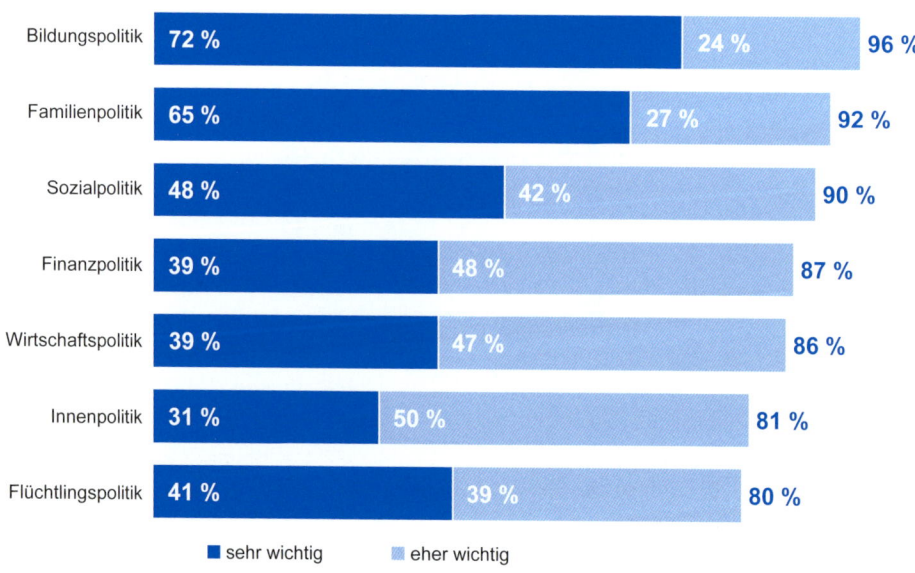

Abb. 5.1 Wichtigkeit von Aufgaben der Landesregierung für die eigene Wahlentscheidung (NRW 2016)

Frage: Sagen Sie mir, ob die folgenden Aufgaben der Landesregierung für Ihre Wahlentscheidung bei der kommenden Landtagswahl sehr wichtig, eher wichtig, eher unwichtig oder völlig unwichtig sind.
N=500 Befragte

Müttern allerdings unterschiedlich eingeschätzt (ohne Abbildung). Während 80 % der Mütter sie für „sehr wichtig" halten, sind es bei den Vätern nur 53 %.

Des Weiteren wurden die Eltern gefragt, wie sie die aktuelle Bildungspolitik unter der rot-grünen Landesregierung im Vergleich zu anderen Bundesländern sowie im Vergleich zur schwarz-gelben Vorgängerregierung bewerten. Hier fällt zunächst auf, dass – mit 18 % – nur recht wenige Eltern die Schulministerin namentlich kennen. Gefragt danach, wie Eltern die aktuelle Bildungspolitik im Vergleich zu anderen Bundesländern einschätzen, zeigt sich folgendes Ergebnis (ohne Abbildung): Insgesamt 48 % der Eltern halten die aktuelle Bildungspolitik für „eher" oder „viel schlechter" als in den anderen Bundesländern, 30 % hingegen für „eher" oder „viel besser". Auffallend ist, dass sich relative viele Eltern – 23 % – kein Urteil zutrauen.

Alles in allem wird die aktuelle Bildungspolitik in Nordrhein-Westfalen also kritischer eingeschätzt als in anderen Bundesländern. Gespalten ist das Votum bei der Frage, ob die aktuelle Bildungspolitik besser oder schlechter sei als die der schwarz-gelben Vorgängerregierung (siehe Abbildung 5.2): 30 % halten die jetzige Bildungspolitik für „eher" oder „viel besser", 28 % für „eher" oder „viel schlechter". Der Anteil der Eltern, die sich kein Urteil zutrauen, fällt hier – mit 41 % – noch größer aus.

Abb. 5.2 Bewertung der Bildungspolitik im Vergleich zur Vorgängerregierung (NRW 2016)

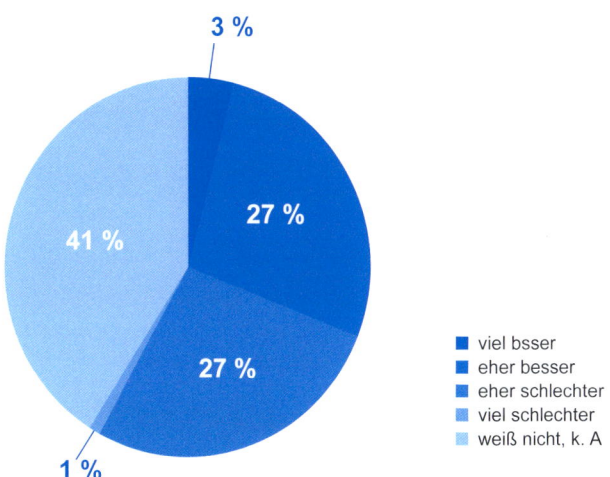

Frage: Und wie war – verglichen mit der heutigen Bildungspolitik in NRW – die Bildungspolitik in NRW vor dem Regierungswechsel, also zu Zeiten der CDU/FDP-Regierung?
N=500 Befragte

Relativ positiv schätzen Eltern hingegen die Chancengleichheit in Nordrhein-Westfalen im Vergleich zu anderen Bundesländern ein (ohne Abbildung): 37 % halten das Bildungssystem für „eher gerechter" als in anderen Bundesländern, 22 % für „eher ungerechter". Insgesamt 41 % trauen sich kein Urteil zu.

Es kann festgehalten werden, dass die Bildungspolitik für Eltern in Nordrhein-Westfalen eine hohe Priorität hat. Dabei wird die rot-grüne Bildungspolitik Ende 2016 ambivalent eingeschätzt: Die Bildungspolitik in Nordrhein-Westfalen wird zwar kritischer gesehen als in anderen Bundesländern, dennoch sind die Eltern mehrheitlich der Meinung, dass es in Nordrhein-Westfalen gerechter zugehe. Keinerlei Unterschiede zeigen sich bei dem Vergleich der rot-grünen Landesregierung mit der schwarz-gelben Vorgängerregierung. Alarmierend ist dabei der große Anteil von Eltern, die auf die Fragen mit „weiß nicht" geantwortet haben. Dies lässt auf eine gewisse Politikverdrossenheit der Eltern schließen. Die Gründe dafür (z. B. Frustration aufgrund nicht eingehaltener Wahlversprechen, Gleichheit der Parteien oder mangelndes Wissen) können auf Basis unserer Daten nicht weiter aufgeklärt werden.

5.3 Die Elternsicht auf bildungspolitische Maßnahmen

Der Fokus soll im Weiteren auf ausgewählten bildungspolitischen Maßnahmen liegen. Im Einzelnen: die Beschulung von Flüchtlingskindern, Inklusion, Ganztag, Zeitpunkt des Übergangs auf die weiterführende Schule sowie die Regelung der Schulzeit bis zum Abitur (G8/G9). Es handelt sich hierbei um Maßnahmen, die auch in anderen Bundesländern bildungspolitisch relevant sind. Insbesondere zwei der aufgeführten Themen (Inklusion, G8/G9) haben aber – wie bereits gesagt – im Wahlkampf in Nordrhein-Westfalen für heftige Diskussionen gesorgt.

5.3.1 Integration von Flüchtlingskindern

Die schulische *Integration von Flüchtlingskindern* stellt auch Nordrhein-Westfalen vor große Herausforderungen. Ein Konsens besteht dahingehend, dass die Integration nur durch Bildung gelingen kann. Zugewanderte Kinder und Jugendliche, die aufgrund ihrer Sprachkenntnisse noch nicht in der Lage sind, durchgehend am Regelunterricht teilzunehmen, werden in Nordrhein-Westfalen (wie auch in anderen Bundesländern) in sogenannten Vorbereitungs- bzw. Auffangklassen unterrichtet. Ziel ist es dabei, sie so schnell wie möglich in die Regelklassen zu integrieren. Vor diesem Hintergrund haben wir Ende 2016 die Eltern in Nordrhein-Westfalen nach deren Erfahrungen mit Flüchtlingskindern an der Schule ihres Kindes befragt.

Die überwiegende Mehrheit der befragten Eltern verfügt hier über eigene Erfahrungen (siehe Tabelle 5.2): 76 % der Eltern geben an, dass die Schule ihres ältesten schulpflichtigen Kindes von Flüchtlingskindern besucht wird. Ergänzend kann festgehalten werden (ohne Abbildung oder Tabelle), dass dies vor allem für Eltern mit Kindern an Grundschulen (86 %) gilt, die sich in dieser Hinsicht von Eltern mit Kindern am Gymnasium am deutlichsten unterscheiden (62 %). Von den Eltern, die Erfahrungen mit Flüchtlingskindern an der Schule ihres Kindes haben, berichten 48 % auch von besonderen Maßnahmen zur Unterstützung von Flüchtlingskindern.

Bezieht man die bundesweiten Ergebnisse der JAKO-O Bildungsstudie 2017 mit ein, so zeigt sich, dass in Nordrhein-Westfalen vergleichsweise viele Eltern davon berichten, dass die Schule ihres Kindes von Flüchtlingskindern besucht wird (76 % gegenüber 63 %) und dass es dort besondere Maßnahmen zur Unterstützung gab (48 % gegenüber 38 %).

Tab. 5.2 Flüchtlingskinder an der Schule des Kindes und besondere Maßnahmen zur Unterstützung (NRW 2016, bundesweit 2017)

Aussage	Nrw 2016 (N=500)	Bundesweit 2017 (N=2.000)
Die Schule meines ältesten schulpflichtigen Kindes wird auch von Flüchtlingskindern besucht.	76 %	63 %
An der Schule meines ältesten schulpflichtigen Kindes hat es besondere Aktivitäten zur Unterstützung von Flüchtlingskindern gegeben.	48 %[A)]	38 %

a) Hier gehen nur die Eltern ein (n=382), die angegeben haben, dass die Schule ihres ältesten schulpflichtigen Kindes auch von Flüchtlingskindern besucht wird.

Fragen: 1) Wird die Schule Ihres ältesten schulpflichtigen Kindes auch von Flüchtlingskindern besucht?
2) Hat es in der Schule Ihres ältesten schulpflichtigen Kindes besondere Aktivitäten zur Unterstützung der Flüchtlingskinder gegeben?

Zusätzliche Maßnahmen zur Integration von zugewanderten Kindern und Jugendlichen werden von der großen Mehrheit der Eltern in Nordrhein-Westfalen befürwortet (siehe Abbildung 5.3): 78 % der Eltern äußern sich positiv darüber, dass Nordrhein-Westfalen zusätzliche Lehrer/innen eingestellt hat, um Flüchtlingskinder zu unterrichten. Besonders hoch liegt – wie weitere Analysen zeigen – die Zustimmung bei Eltern mit Abitur oder einem Hochschulabschluss (85 %) und bei alleinerziehenden Eltern (87 %). Gleichzeitig merken 46 % der Eltern kritisch an, dass die aktuelle Landesregierung noch zu wenig tue, um Flüchtlingskinder mit guter Schulbildung zu versorgen. Das sagen häufiger Eltern mit Abitur oder einem Hochschulabschluss (52 %), seltener hingegen Eltern mit Migrationshintergrund (36 %). Bezieht man auch die bundesweiten Ergebnisse der JAKO-O Bildungsstudie 2017 mit ein (ohne Abbildung), so zeigt sich, dass die Einstellung zusätzlicher Lehrer/innen bundesweit – mit 81 % – ähnlich stark befürwortet wird wie in Nordrhein-Westfalen. Dass der Staat zu wenig unternimmt, um Flüchtlingskinder mit guter Schulbildung zu versorgen, sagen bundesweit 39 % der Eltern. Im Vergleich dazu sind Eltern aus Nordrhein-Westfalen also etwas kritischer.

Abb. 5.3 Bewertung von Maßnahmen zur Integration von Flüchtlingskindern in der Schule (NRW 2016)

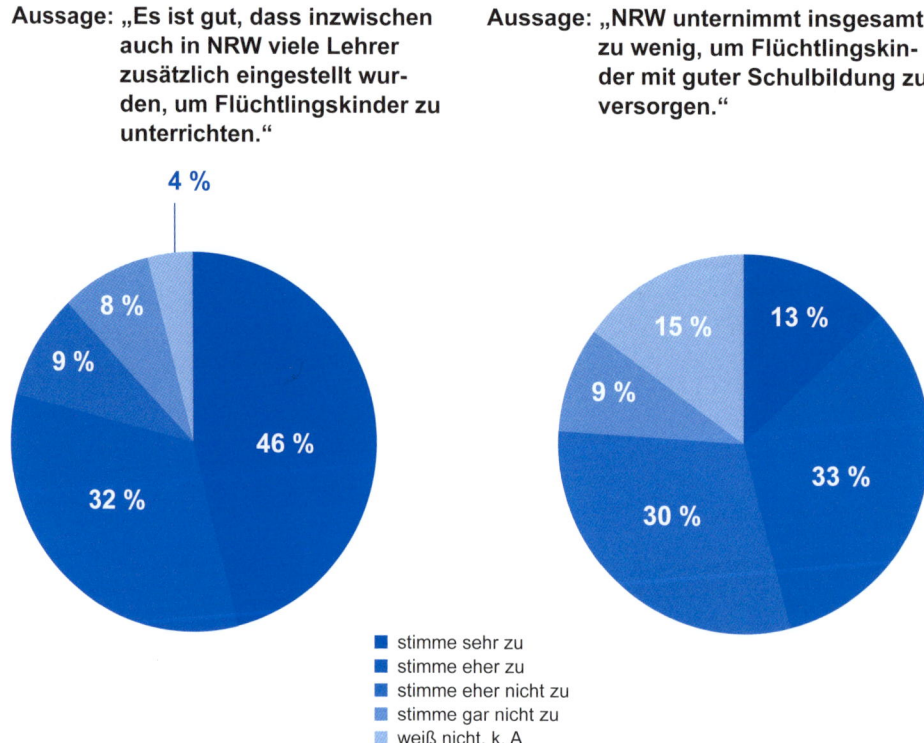

Frage: Ich lese Ihnen jetzt zwei Aussagen zur Integration von Flüchtlingskindern an Schulen vor. Bitte sagen Sie mir jeweils, ob Sie der Aussage sehr zustimmen, eher zustimmen, eher nicht zustimmen oder gar nicht zustimmen.
N=500 Befragte

Abschließend lässt sich also festhalten, dass – auf Basis der uns vorliegenden Daten – in Nordrhein-Westfalen mehr zugewanderte Kinder und Jugendliche beschult werden als im bundesweiten Durchschnitt. Gleichzeitig berichten mehr Eltern von besonderen Aktivitäten zur Unterstützung von Flüchtlingskindern an der Schule. Darüber hinaus unterstützt die Mehrheit der Eltern in Nordrhein-Westfalen Maßnahmen zur schulischen Integration von Flüchtlingskindern. Verglichen mit den bundesweiten Ergebnissen sind in Nordrhein-Westfalen aber mehr Eltern der Meinung, die Landesregierung tue noch zu wenig.

5.3.2 Inklusion und gemeinsame Beschulung

Weitere Herausforderungen sind mit der gemeinsamen Beschulung von Kindern mit und ohne Behinderung verbunden. Die *Inklusion* wird, wie auch in allen anderen Bundesländern, in Nordrhein-Westfalen vorangetrieben. Im Schuljahr 2016/17 lag die Inklusionsquote in Nordrhein-Westfalen, also der Anteil der Schüler/innen mit sonderpädagogischem Förderbedarf im gemeinsamen Unterricht an allgemeinen Schulen, bei 40,5 % (Ministerium für Schule und Weiterbildung des Landes Nordrhein-Westfalen 2017). Aufgrund anhaltender Kritik an der Umsetzung ist die Inklusion – wie weiter oben bereits angedeutet – im Wahlkampfendspurt zu einem Schlüsselthema geworden. Vor diesem Hintergrund ist die Frage interessant, wie Eltern in Nordrhein-Westfalen zum gemeinsamen Lernen von Schüler/innen mit und ohne Behinderung stehen. Hier zeigt sich, dass sich mit 89 % eine deutliche Mehrheit der Eltern für ein gemeinsames Lernen mit körperlich beeinträchtigten Kindern ausspricht (siehe Abbildung 5.4). Und immerhin 65 % können sich ein gemeinsames Lernen mit Kindern vorstellen, die Lernschwierigkeiten haben. Deutlich reservierter sind die Eltern, wenn es um das gemeinsame Lernen mit verhaltensauffälligen Kindern geht (40 %) oder Kindern mit geistiger Beeinträchtigung (35 %). Auffällig ist, dass in Nordrhein-Westfalen die Zustimmungswerte mit einer Ausnahme (körperlich behinderte Kinder) um einige Prozentpunkte hinter den bundesweiten Ergebnissen aus dem Jahr 2017 liegen. Dies mag eine Folge der öffentlichen Diskussion zu diesem Thema in Nordrhein-Westfalen Ende 2016 sein. Jedenfalls deu-

Abb. 5.4 Befürwortung gemeinsamen Lernens von nicht behinderten Kindern und Kindern mit unterschiedlichen Beeinträchtigungen (NRW 2016, bundesweit 2017)

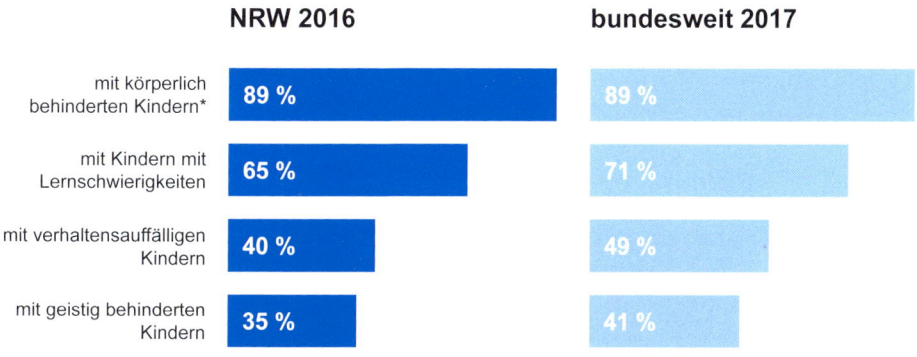

*bundesweit 2017: mit körperlich beeinträchtigten Kindern

Frage: Gegenwärtig wird intensiv diskutiert, dass alle Kinder – auch die mit Behinderungen und Beeinträchtigungen – gemeinsam in einer Klasse lernen sollen. Wie würden gerne von Ihnen wissen: Mit welchen Kindern sollen nicht behinderte Kinder in der Schule lernen?
N=500 Befragte (NRW), N=2.000 (bundesweit)

ten die Prozentwertunterschiede darauf hin, dass die Befürworter von Inklusion in Nordrhein-Westfalen bei Eltern noch erhebliche Überzeugungsarbeit zu leisten haben.

Der Aussage, dass die Realisierung der Inklusion schneller gehen und die Landesregierung deutlich mehr Mittel zur Verfügung stellen müsse, stimmen 66 % der befragten Eltern in Nordrhein-Westfalen zu (ohne Abbildung). Besonders viel Zustimmung erhält diese Aussage von Eltern mit einem niedrigen Bildungsabschluss (83 %). Ein „behutsames" Vorgehen der Landesregierung wird dagegen nur von 26 % der Eltern unterstützt. Demnach teilen also Eltern häufig vorgetragene Klagen über die Unterfinanzierung von Inklusion, ein vorübergehender „Stopp" scheint für sie aber keine Option zu sein.

5.3.3 Ausbau der Ganztagsschulen

Auch in Nordrhein-Westfalen wird das *Angebot an Ganztagsschulen* kräftig ausgebaut mit dem Ziel, die Bildung, die Vereinbarkeit von Familie und Beruf sowie die Chancengleichheit zu verbessern. Ausgehend von aktuellen Zahlen der amtlichen Statistik (vgl. KMK 2016) besuchen 2015 insgesamt 39,3 % aller Schüler/innen an allgemeinbildenden Schulen in Deutschland eine Ganztagsschule. Im Ländervergleich liegt Nordrhein-Westfalen im Mittelfeld: hier besuchen 46,3 % der Schüler/innen eine Ganztagsschule (dagegen sind es z. B. in Bayern 16,0 % und in Berlin 65,8 %).

Stimmt nun der derzeitige Versorgungsstand mit dem Bedarf der Eltern überein? Das ist eher nicht der Fall (siehe Tabelle 5.3): 72 % der Eltern in Nordrhein-Westfalen wünschen sich für ihr Kind eine Ganztagsschule (davon 30 % eine mit verbindlichem Nachmittagsprogramm und 42 % eine mit freiwilligem Nachmittagsprogramm), nur 27 % wünschen sich eine Halbtagsschule. Wie weiterführende Analysen zeigen (ohne Abbildung), ist der Wunsch nach einer Ganztagsschule unter Alleinerziehenden (82 %) und Eltern mit Migrationshintergrund (82 %) am stärksten verbreitet. Die Wünsche der Eltern in Nordrhein-Westfalen entsprechen dem bundesweiten Ergebnis aus dem Jahr 2017 – mit der Einschränkung, dass sich in Nordrhein-Westfalen etwas mehr Eltern ein verbindliches Ganztagsangebot wünschen.

Fragt man Eltern danach, welche Schule ihr Kind aktuell tatsächlich besucht, geben 49 % der Eltern eine Ganztagsschule an (davon 30 % eine mit verbindlichem Nachmittagsprogramm und 19 % eine mit freiwilligem Nachmittagsprogramm) und 50 % eine Halbtagsschule. Wenn sich 72 % der befragten Eltern für ihr Kind einen Platz an einer Ganztagsschule wünschen, aber nur 49 % von einem Platz an einer Ganztagsschule berichten, dann klafft hier eine deutliche Versorgungslücke (insgesamt 23 Prozentpunkte). Das Angebot an Ganztagsschulen in Nordrhein-Westfalen muss also auch weiterhin kräftig ausgebaut werden.

Tab. 5.3 Ganztagsschulwunsch der Eltern für das Kind und Realisierung des Wunsches (NRW 2016, bundesweit 2017)

Organisationsform	Bevorzugte Organisationsform (NRW 2016) (N=500)	Bevorzugte Organisationsform (bundesweit 2017) (N=2.000)	Aktuell besuchte Organisationsform (NRW 2016) (N=500)
Halbtagsschule	27 %	25 %	50 %
Ganztagsschule mit verbindlichem Nachmittagsprogramm	30 %	24 %	30 %
Ganztagsschule mit freiwilligem Nachmittagsprogramm	42 %	48 %	19 %

Fragen: 1) Auf welche Schule würden Sie Ihr ältestes schulpflichtiges Kind schicken, wenn Sie die Möglichkeiten hätten?
2) Welche Schule besucht Ihr ältestes schulpflichtiges Kind?
N=500 Befragte (NRW), N=2.000 (bundesweit)

5.3.4 Aufteilung der Schüler/innen auf verschiedene Schulformen

Die Frage, wann die *Aufteilung der Schüler/innen auf die verschiedenen Schulformen der Sekundarstufe I* erfolgen soll, ist in Nordrhein-Westfalen hoch umstritten. Speziell Bündnis 90/Die Grünen befürworteten nach dem Wechsel der Landesregierung 2010 die Einführung der Gemeinschaftsschule, an der Schüler/innen länger gemeinsam lernen und nicht bereits nach Klasse 4 auf die verschiedenen Schulformen aufgeteilt werden. Wie weiter oben dargelegt, mündete die heftig geführte Auseinandersetzung 2011 in einem Schulkonsens der großen Parteien, der die Gründung von Sekundarschulen vorsah, an denen mindestens bis zur 6. Klasse integriert unterrichtet wird. Zugleich wurde die Neugründung von integrierten Gesamtschulen erleichtert. Dies hat eine Dynamik in der Schulentwicklung in Gang gesetzt. Seit 2011 wurden innerhalb von drei Jahren 84 neue Sekundarschulen und 57 neue Gesamtschulen gegründet (Ministerium für Schule und Weiterbildung in Nordrhein-Westfalen 2017). Dies lässt darauf schließen, dass längeres gemeinsames Lernen bei Eltern in Nordrhein-Westfalen auf Zustimmung stößt. Vor diesem Hintergrund ist die Frage interessant, wann nach Meinung der Eltern die Aufteilung auf verschiedene Schulformen erfolgen soll. Unsere Ergebnisse zeigen, dass die Mehrheit der Eltern ein längeres gemeinsames Lernen tatsächlich befürwortet (siehe Abbildung 5.5): 53 % sprechen sich für eine Aufteilung nach der 6. Klasse aus, 6 % für eine Aufteilung sogar erst nach der 9. Klasse. Dieses Ergebnis ist (mit insgesamt 59 %) zwar recht eindeutig, es reicht aber nicht ganz an das bundesweite Ergebnis heran (hier befürworten insgesamt 67 % eine spätere Aufteilung).

Abb. 5.5 Zeitpunkt der Verteilung der Schüler/innen auf die weiterführenden Schulformen (NRW 2016, bundesweit 2017)

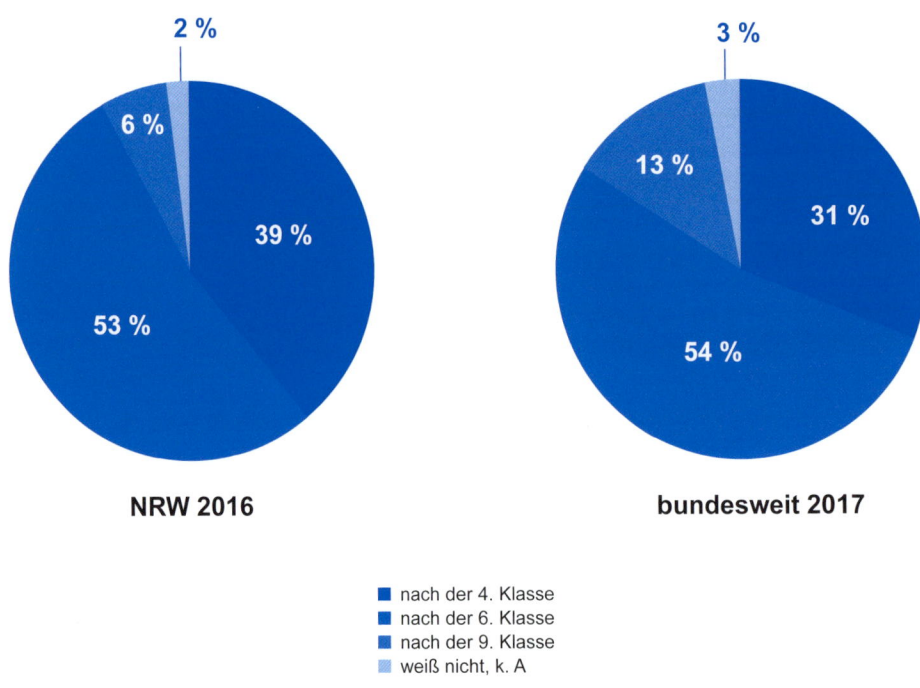

Frage: Derzeit werden die Schüler nach der 4. Klasse auf die verschiedenen Schulformen verteilt. Was halten Sie persönlich für die richtige Klasse, ab der die Aufteilung erfolgen sollte?
N=500 Befragte (NRW), N=2.000 (bundesweit)

Hier schließt sich noch die Frage an, wer am Ende der Grundschulzeit entscheidet, welche weiterführende Schulform ein Kind besucht. Der „Elternwille" wurde 2011 unter der rot-grünen Landesregierung im Schulgesetz verankert. Dies stößt bei den Eltern mehrheitlich auf Zustimmung (ohne Abbildung): 63 % halten es für „sehr richtig" oder für „eher richtig", dass Eltern über die weiterführende Schulform entscheiden.

5.3.5 Dauer der gymnasialen Schulzeit bis zum Abitur

Die Frage, wann die Aufteilung der Schüler/innen auf die verschiedenen Schulformen erfolgen soll, leitet zu der Frage nach der Dauer der Schulzeit am Gymnasium über. Konkret: *G8 oder G9*. Diese heiß umstrittene Frage hat in Nordrhein-Westfalen 2016 zu unterschiedlichen Vorschlägen geführt (siehe Ausführungen weiter oben). Im Prinzip halten – zum Zeitpunkt unserer Befragung – alle an G8 fest, zusätzlich sollen

aber auch Möglichkeiten eingeräumt werden, das Abitur nach neun Jahren abzulegen. Dabei unterscheiden sich die Parteien vor allem bei der Frage, wer die Wahl hat: die Schulen oder die Schüler/innen bzw. deren Eltern. Vor diesem Hintergrund haben wir den Eltern in der Befragung vier Varianten angeboten, aus denen die Eltern eine Variante auswählen sollten:
- G8 an allen Gymnasien (die gegenwärtige Regelung bleibt bestehen)
- vollständige Rückkehr zu G9 (G8 wird wieder abgeschafft)
- Schüler/innen an Gymnasien wählen vor Eintritt in die Oberstufe zwischen G8 und G9 (Gymnasien sollen Oberstufe so organisieren, dass ein „Abitur im eigenen Takt" möglich ist)
- das einzelne Gymnasium legt fest, ob G8 oder G9 angeboten wird

Für die Beibehaltung der gegenwärtigen Regelung, also G8 an allen Gymnasien (und G9 an Gesamtschulen), sprechen sich lediglich 8 % der Befragten aus (siehe Abbildung 5.6). Das heißt: G8 hat bei den Eltern nach wie vor keine Unterstützung. Für die Gegenposition, d. h. die vollständige Rückkehr zu G9 an allen Gymnasien, sprechen sich 40 % der Eltern aus. Während sich in der 3. JAKO-O Bildungsstudie im Jahr 2014 bundesweit noch 79 % Eltern für eine solche Rückkehr zu G9 aussprachen (vgl. Tillmann 2014, S. 13), scheint diese Position in Nordrhein-Westfalen inzwischen nicht mehr mehrheitsfähig zu sein. Vielmehr erhält die Wahlvariante des „Abiturs im eigenen Takt" mit 39 % eine ebenso hohe Zustimmung. Dabei sollen – gemäß der Vorstellungen der SPD, die diese Variante eingebracht hat – die Gymnasien ihre Oberstufe so organisieren, dass man sie in zwei Jahren (G8) oder in drei Jahren (G9) durchlaufen kann. Die andere Wahlvariante, bei der jedes Gymnasium entscheiden soll, ob der Bildungsgang acht oder neun Jahre dauert, stößt hingegen nur bei 9 % der Eltern auf Zustimmung. Möglicherweise antizipieren Eltern bei dieser Wahlvariante, die von der CDU und der FDP eingebracht wurde, Probleme (z. B. unheilvolle Konkurrenz von G8- und G9-Gymnasien oder Hürden bei einem Schulwechsel).

Es kann festgehalten werden, dass viele Eltern in Nordrhein-Westfalen G8 an Gymnasien akzeptieren würden, wenn die Familien selbst entscheiden dürfen, ob ihr Kind darin einbezogen wird. Inzwischen, d. h. nach der Landtagswahl im Mai 2017, haben sich jedoch die Positionen der Parteien zu dieser Frage mitunter deutlich verschoben. Der Koalitionsvertrag der neuen schwarz-gelben Landesregierung sieht vor, ab dem Schuljahr 2019/20 flächendeckend zum neunjährigen Abitur (G9) zurückkehren. Gleichzeitig sollen jedoch Gymnasien, die das achtjährige Abitur beibehalten wollen, die Möglichkeit erhalten, das G8-Model zu beantragen.

Abb. 5.6 Regelungen für die Dauer der Schulzeit bis zum Abitur (NRW 2016, bundesweit 2014)

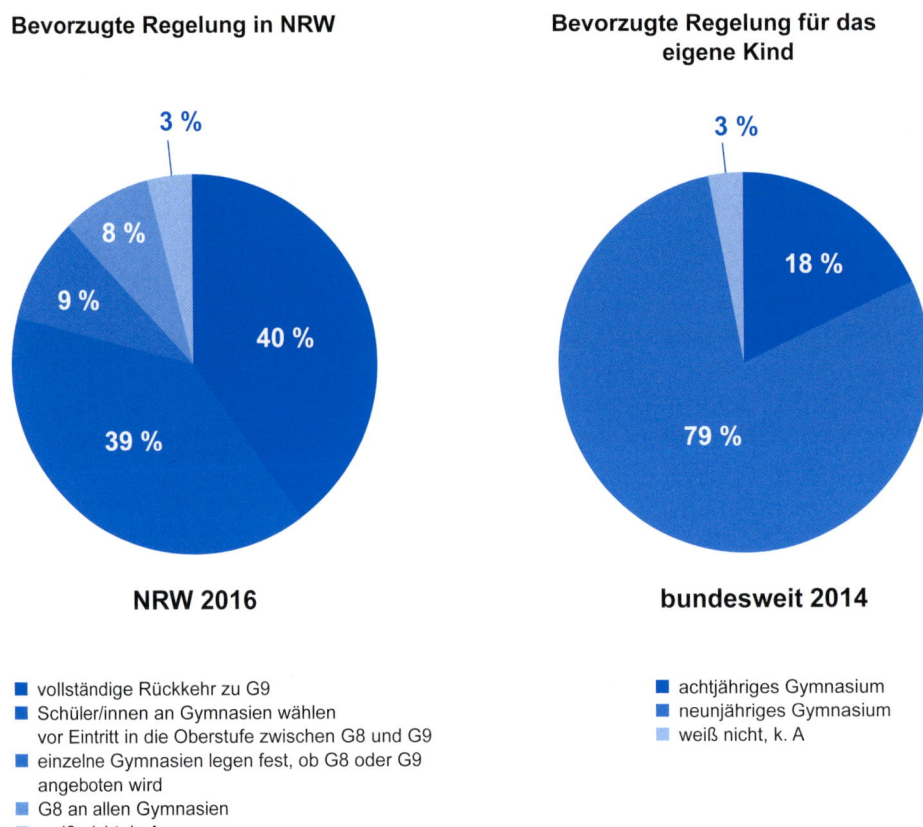

Fragen: 1) Die Frage, ob das Abitur nach acht Jahren, also nach Besuch der Klassen 5 bis 12, oder nach neun Jahren, als nach Besuch der Klassen 5 bis 13, abgelegt werden soll, ist in letzter Zeit heftig diskutiert worden. Dabei vertreten Parteien und Verbände verschiedene Positionen. Welche der folgenden Regelungen würden Sie bevorzugen?
2) Wenn Sie sich entscheiden müssten: Würden Sie für Ihr Kind das acht- oder das neunjährige Gymnasium wählen?
N=500 Befragte (NRW), N=3.001 (bundesweit)

5.4 Fazit

In Nordrhein-Westfalen hat sich im Vorfeld der letzten Landtagswahl am 14. Mai 2017 die Bildungspolitik als wichtiges Wahlkampfthema herauskristallisiert. Der Ausgang der Wahl, das Scheitern der rot-grünen Landesregierung, wurde folglich auch der Bildungspolitik angelastet („Bildungspolitik in NRW: Sechs, setzen!", SPIEGEL vom 15.05.2017). Das Urteil der Eltern fällt auf Basis der uns vorliegenden repräsentativen Daten differenzierter und bisweilen auch positiver aus. Letzteres trifft dabei auch auf die Positionen zu, für die die Koalition aus SPD und Bündnis 90/ Die Grünen eingestanden ist: z. B. längeres gemeinsames Lernen über Klasse 4 hinaus oder die Beibehaltung von G8 bei gleichzeitigen Wahlmöglichkeiten für die Schüler/innen. Gleichzeitig lassen sich den Daten Hinweise in Richtung Landesregierung entnehmen, die für eine Intensivierung von Anstrengungen sprechen: insbesondere im Bereich der Beschulung von Flüchtlingskindern, der Inklusion von beeinträchtigten Schüler/innen sowie der Gewährleistung eines Ganztagsangebots.

Literatur

Kulturministerkonferenz (KMK) (2016) (Hrsg.): Allgemeinbildende Schulen in Ganztagsform in den Ländern in der Bundesrepublik Deutschland. Statistik 2011 bis 2015. IV C – DST 1933-4 (20).

Ministerium für Schule und Weiterbildung des Landes Nordrhein-Westfalen (2011): Schule NRW. Amtsblatt des Ministeriums für Schule und Weiterbildung. Sonderausgabe zum Schulkonsens und zur Sekundarschule. Düsseldorf.

Ministerium für Schule und Weiterbildung des Landes Nordrhein-Westfalen (2017): Statistik-TELEGRAMM 2016/17. Schuleckdaten 2016/17. Zeitreihen 2007/08 bis 2016/17. Statistische Übersicht (Nr. 393 – 1). Auflage. März 2017.

Schulte, M. (2017): Sie werden sich schon einigen. Parteienstreit über Schulzeit und Gymnasium. In: Neue Deutsche Schule (Zeitschrift der GEW NRW), H. 1, S. 14-15.

Tillmann, K.-J. (2014): Der Blick der Eltern auf die Bildungspolitik – Kontinuitäten und Veränderungen. In: Killus, D./ Tillmann, K.-J. (Hrsg.): Eltern zwischen Erwartungen, Kritik und Engagement. Ein Trendbericht zu Schule und Bildungspolitik in Deutschland. 3. JAKO-O Bildungsstudie. Münster u. a.: Waxmann, S. 21-46.

Klaus-Jürgen Tillmann

6 Meinungstrends der Eltern über Schule und Schulreformen – die JAKO-O Bildungsstudien von 2010 bis 2017

Zentrale Ergebnisse im Überblick

- Seit 2010 wurden Eltern insgesamt viermal nach ihrer Meinung zum Schulsystem, zur Schule und den Lehrer/innen ihrer Kinder sowie zu ihren Unterstützungsleistungen angesichts schulischer Anforderungen befragt.
- Auffallend ist, dass die Meinung der Eltern zu mehreren Aspekten – über einen Zeitraum von sieben Jahren – stabil positiv sind. Dies zeigt sich bei der Bewertung der Lehr-, Lern- und Erziehungssituation in den Schulen (z. B. Klassengemeinschaft oder technische und räumliche Ausstattung) oder der Kompetenzen von Lehrer/innen (z. B. in fachlicher und didaktisch-methodischer Hinsicht). Darüber hinaus nimmt eine große Mehrheit der Eltern wahr (jeweils rund 80 %), dass ihr Kind gerne zur Schule geht.
- Des Weiteren zeigen sich stabile bildungspolitische Positionen der Eltern. So lehnt eine Mehrheit der Eltern durchweg die Vorverlagerung schulischen Lernens in den Vorschulbereich ab (ca. 80 %). Wenig Zustimmung erhält, über die verschiedenen Befragungszeitpunkte hinweg, auch die Aufteilung der Kinder auf weiterführende Schulen bereits nach der 4. Klasse (2010: 26 %, 2017: 31 %). Die Mehrheit der Eltern befürwortet vielmehr eine Aufteilung nach der 6. Klasse. Stabil ist schließlich auch der Wunsch vieler Eltern nach einem Ganztagsschulplatz für ihr Kind (2014: 70 %, 2017: 72 %). Dem Wunsch der Eltern steht allerdings eine deutliche „Versorgungslücke" gegenüber.
- Stabil sind auch die Ergebnisse zu den Belastungen, die Eltern bei ihren Kindern und sich selbst wahrnehmen: Obwohl die überwiegende Mehrheit der Eltern ihr Kind als gerade richtig gefördert ansieht, gibt es eine nennenswerte Gruppe von Eltern, die ihr Kind angesichts schulischer Anforderungen für überfordert hält (rund 10 %) und für regelmäßige Nachhilfe sorgt (rund 15 %). Dies geht einher mit vielfältigen Unterstützungsleistungen durch die Eltern beim häuslichen Lernen.
- Neben diesen stabilen Ergebnissen gibt es weitere Ergebnisse, die auf Veränderungen schließen lassen: Der Aussage, dass Eltern vieles von dem leisten müssen, was Aufgabe der Schule ist, stimmen immer weniger Eltern zu (2010: 66 %, 2017: 53 %). Darüber hinaus nehmen Eltern wahr, dass sich die Qualität an Ganztagsschulen leicht verbessert hat (z. B. bezogen auf die individuelle Förderung oder die Hausaufgabenbetreuung).
- Schließlich gibt es zwei weitere, besonders positive Trends: Deutschland wird von immer mehr Eltern als kinderfreundliches Land erlebt (2010: 48 %, 2017: 62 %) und das Bildungssystem wird zunehmend als gerechter wahrgenommen (2010: 51 %, 2017: 65 %).

Seit 2010 werden im Rahmen der JAKO-O Bildungsstudie die Eltern regelmäßig alle zwei bzw. drei Jahre nach ihrer Sichtweise zur Situation an der Schule ihres Kindes befragt – aber auch zur Bewertung bildungspolitischer Aktivitäten. Dabei haben wir jedes Jahr mit neuen Fragen auch aktuelle Probleme in die Studie aufgenommen, so z. B. 2017 den Umgang mit Flüchtlingskindern (vgl. hierzu den Beitrag von Daschner, Kapitel 7). Der größere Teil der Fragen bezieht sich jedoch auf dauerhaft relevante Aspekte (so z.B. zur Kompetenz der Lehrer/innen, zur Belastung der Eltern, zur Bewertung von Ganztagsschulen), die bei jeder Befragung mit den gleichen Fragen ermittelt wurden. Dies gibt uns die Möglichkeiten, Ergebnisse in der Zeitreihe zu betrachten und präzise darzustellen, ob und in welchem Maße Elternmeinungen stabil bleiben oder sich aber ändern. Hier sind wir nicht mehr auf Vermutungen oder populäre Slogans („Die Schule wird immer schlechter") angewiesen, sondern können im Rahmen eines repräsentativen Bildes von Elternmeinungen Veränderungen und Nicht-Veränderungen belegen. Gefragt haben wir jeweils eine bundesweit repräsentative Stichprobe von Eltern in den Jahren 2010, 2012, 2014 und 2017, sodass wir inzwischen Trends über sieben Jahre nachzeichnen können. Dies lässt sich an dieser Stelle nicht für alle von uns erhobenen Daten mitteilen, sondern nur für eine Auswahl:

Zunächst stellen wir dar, wie die Eltern die Arbeit der Schulen und der Lehrer/innen „vor Ort" sehen. Was wird positiv, was wird eher kritisch bewertet? Und was hat sich da seit 2010 verändert? Sodann nehmen wir wichtige Reformaktivitäten in den Blick (u. a. Frühförderung, Ganztagsschule, gymnasiale Schulzeit), um auch hier nach eventuellen Veränderungen in der Sichtweise der Eltern zu fahnden. Wo hat sich die Akzeptanz der Eltern erhöht, wo verringert? Daran anschließend fragen wir, wie stark sich Schüler/innen und Eltern durch die Schule belastet oder gar überlastet fühlen. In einem abschließenden Fazit stellen wir vor allem die Aspekte heraus, bei denen sich die Elternbewertungen über die Jahre verbessert haben.

6.1 Kompetente Lehrer/innen und gute schulische Arbeit: kontinuierliche Positivbewertung der Schule „vor Ort"

Die Befragung gibt uns die Möglichkeit, die Eltern nach der konkreten Schulsituation zu befragen, mit der es ihr eigenes Kind zu tun hat. Wir richten hier unseren Blick somit nicht auf das Schulsystem allgemein, sondern auf die Schulen und ihre Lehrer/innen, die die Eltern „vor Ort" erleben. Hier haben wir sowohl nach den Lernbedingungen als auch nach der Arbeit der Lehrer/innen gefragt.

6.1.1 Lernbedingungen an den Schulen

Zunächst wurden die Eltern gebeten, die Lernsituation und die Lernbedingungen in der Klasse ihres ältesten schulpflichtigen Kindes einzuschätzen: Wie wird die Klassengröße bewertet, wie der Unterrichtsausfall, wie sieht es mit der Klassengemeinschaft aus, wie mit der technischen und räumlichen Ausstattung? Die Antworten der Eltern zu vier Befragungszeitpunkten (seit 2010) zeigt Abbildung 6.1.

Abb. 6.1 Lehr-, Lern- und Erziehungssituation in der Schule des Kindes (Trend von 2010 bis 2017)

Mehrfachnennungen möglich

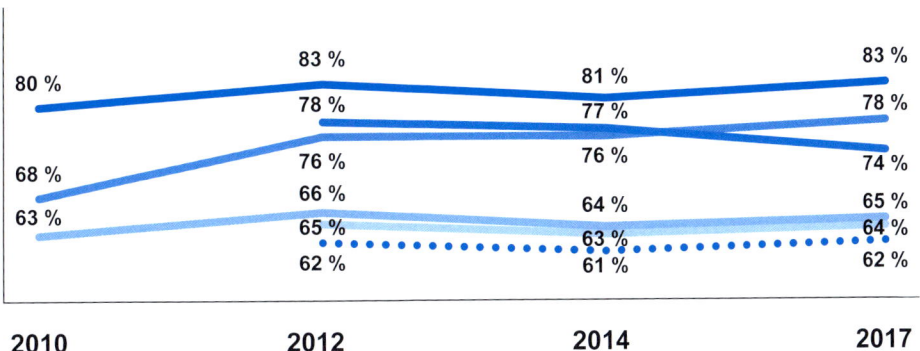

- gute Klassengemeinschaft
- gute technische und räumliche Ausstattung
- akzeptable Klassengröße
- kaum Unterrichtsausfall
- Schule hat eigene Profile
- vielfältige Aktivitäten über den Unterricht hinaus

Frage: Und wie beurteilen Sie die Lehr-, Lern- und Erziehungssituation in der Schule Ihres ältesten schulpflichtigen Kindes? Was trifft da zu?
N=3.000 Befragte (2010), N=3.000 Befragte (2012), N=3.001 Befragte (2014),
N=2.000 Befragte (2017)

Diese Bewertung fällt insgesamt recht positiv aus. Dies gilt – ausgehend von den aktuellsten Daten (2017) – vor allem für die guten sozialen Beziehungen in den Klassen (83 %) und die Klassengröße (78 %). Auch die technische und räumliche Ausstattung wird insgesamt positiv gesehen (74 %). Die im Vergleich niedrigsten Prozentwerte entfallen auf das Angebot von Aktivitäten, die über den Unterricht hinausgehen (62 %), aber auch auf die Antwortvorgabe „Schulprofil" (64 %) und „kaum Unterrichtsausfall" (65 %).

Betrachtet man diese Ergebnisse im Trend seit 2010 (teils 2012), so finden wir eine überwiegend positive Einschätzung, die seit Jahren relativ stabil bleibt. Lediglich die technisch-räumliche Ausstattung wird 2017 leicht schlechter bewertet (74 %) als 2012 (78 %). Zugleich zeigt die relativ geringe Zustimmung bei drei Merkmalen (zu allen Zeitpunkten), dass die Eltern hier Verbesserungsbedarf sehen: Unterrichtsausfall, Schulprofil und außerunterrichtliche Aktivitäten sind hier die „Baustellen".

6.1.2 Bewertung der Lehrerarbeit

Seit 2012 fragen wir die Eltern, wie sie die Arbeit der Lehrer/innen beurteilen, die ihr eigenes Kind unterrichten. Auch hier geht es also um die konkreten Erfahrungen der Eltern. Dazu haben wir zehn berufliche Kompetenzen formuliert und die Eltern gebeten, Aussagen über das Vorhandensein dieser Kompetenzen bei den Lehrer/innen zu machen. Abbildung 6.2 zeigt die Ergebnisse.

Abb. 6.2   Kompetenzen der Lehrkräfte des Kindes (Trend von 2012 bis 2017)

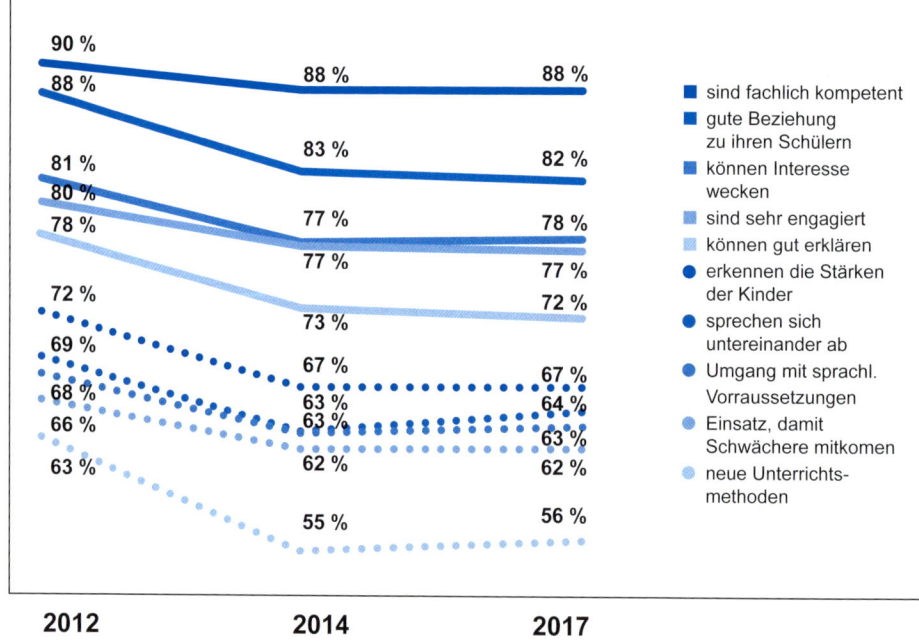

Frage: Inwieweit stimmen Sie den folgenden Aussagen über die Lehrkräfte an der Schule Ihres ältesten schulpflichtigen Kindes zu?
N=3.000 Befragte (2012), N=3.001 Befragte (2014), N=2.000 Befragte (2017)

Insgesamt findet sich eine sehr positive Bewertung der Lehrer/innen durch die Eltern. Sehr gute Werte erhalten die Lehrer/innen – 2017 – bei den Aussagen „sie sind fachlich kompetent" (88%), „sie setzen sich für gute Beziehungen zu ihren Schülern ein" (82%), „sie können das Interesse ihrer Schüler wecken" (78%) und „sie sind engagiert" (77%). Reservierter urteilen Eltern, wenn es um den Umgang mit Unterschieden bei den Kindern geht. Nur jeweils gut 60% stimmen den Aussagen zu: „sie können mit unterschiedlichen sprachlichen Voraussetzungen gut umgehen" (63%) und „sie tun alles, damit auch die Schwächeren mitkommen" (62%). Dass die Lehrer/innen „die Stärken der Kinder erkennen und fördern" wird nur von 67 % der Eltern bestätigt. Hierbei – und beim Einsatz neuer Unterrichtsmethoden (56 %) – sehen die Eltern erhebliche Entwicklungsbedarfe. Betrachtet man die Antworten der Eltern im Zeitverlauf, so fällt die hohe Kontinuität auf: In der Rangreihe der Kompetenzen hat es seit 2012 keine Veränderungen gegeben. Allerdings fällt auf, dass bei all diesen Kompetenzen die Positivbewertung durch die Eltern über die Jahre leicht zurückgegangen ist.

Unterschiede in den Bewertungen zeigen sich vor allem zwischen den Schulformen. Denn der besonders positiven Bewertung der Lehrerarbeit an Grundschulen steht eine deutlich reserviertere Bewertung an den Schulen der Sekundarstufe, insbesondere an den Gymnasien, gegenüber. Abbildung 6.3 zeigt die Bewertungsunterschiede zwischen Grundschule und Gymnasium.

Abb. 6.3 Kompetenzen der Lehrkräfte – Auswahl: Umgang mit Heterogenität (2017)

Anteile „trifft zu"

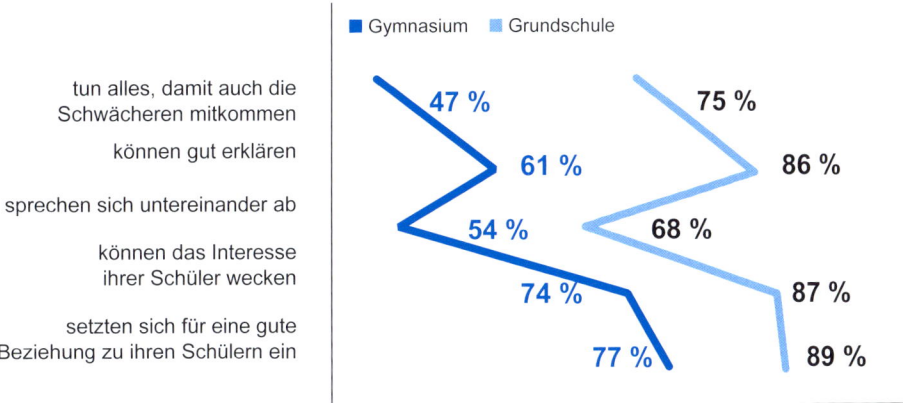

Frage: Welche Aussagen beschreiben Ihrer Meinung nach überwiegend die Lehrer ihres ältesten schulpflichtigen Kindes?
N=2.000 Befragte

Maximale Differenzen zugunsten der Grundschule zeigen sich bei der Aussage „sie tun alles, damit auch die Schwächeren mitkommen" (75 % versus 47 %) und „sie können gut erklären" (86 % versus 61 %). Aber auch bei den Aussagen „sie sprechen sich untereinander gut ab", „sie können das Interesse ihrer Schüler wecken" und „sie setzen sich für eine gute Beziehung zu ihren Schülern ein" sind die Unterschiede erheblich (Prozentwertdifferenzen zwischen 12 % und 14 %). Deutlich wird damit, dass die Eltern von Grundschüler/innen eine wesentlich stärkere Hinwendung der Lehrer/innen zu den Problemen und Bedürfnissen der Kinder erleben als das in den stark fachorientierten Schulen der Sekundarstufe, insbesondere am Gymnasium, der Fall ist. Obwohl die Heterogenität der Schülerschaft auch am Gymnasium zunehmend größer wird, gelingt es in der Wahrnehmung der Eltern den Lehrer/innen an dieser Schulform offenbar noch nicht hinreichend, darauf auch didaktisch angemessen zu reagieren.

6.1.3 Gehen Schüler/innen gern zur Schule?

Nachdem wir aus Elternsicht ein relativ positives Bild der Schule gezeichnet haben, das recht gute Lernbedingungen und überwiegend engagierte und kompetente Lehrer/innen einschließt, stellt sich die Frage, ob die Schüler/innen gern zur Schule gehen.

Nun haben wir keine Schüler/innen, sondern nur Eltern befragt. Aber diese Eltern haben wir seit 2010 insgesamt viermal gebeten, einzuschätzen, ob ihr Kind gern zur Schule geht. Auch diese Ergebnisse zeichnen ein positives Bild (siehe Abbildung 6.4). 2017 erklären 82 % der Eltern, dass ihr Kind „eher gern" zur Schule gehe. Nur 17 % sagen, ihr Kind gehe „eher ungern" zur Schule. Dieser Wert ist seit 2010 stabil geblieben.

Damit finden wir insgesamt ein Bild, das in einem gewissen Kontrast zu einer weit verbreiteten Schulkritik steht: Die Eltern sind mit den Lernbedingungen in der Schule

Abb. 6.4 Schulfreude des Kindes (Trend von 2010 bis 2017)

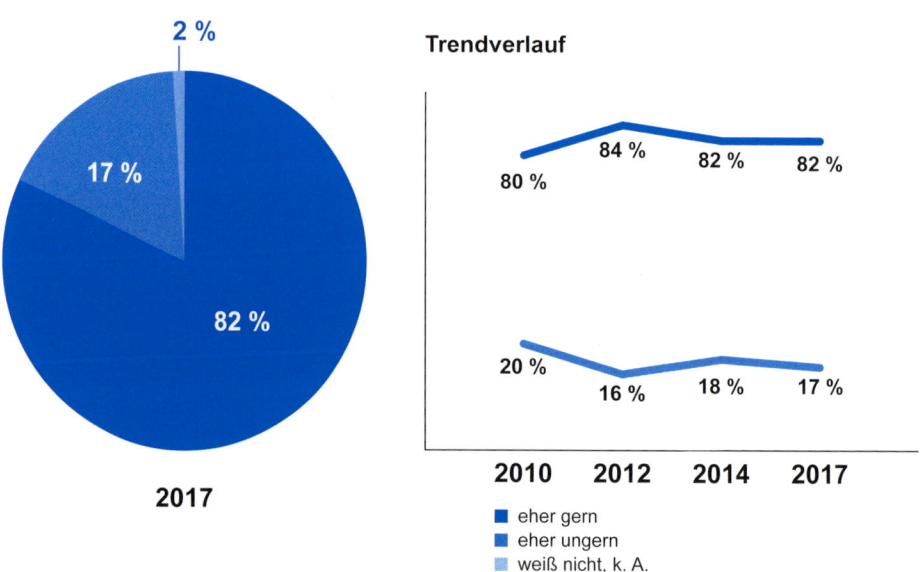

Frage: Geht Ihr ältestes schulpflichtiges Kind alles in allem eher gern oder eher ungern in die Schule?
N=3.000 Befragte (2010), N=3.000 Befragte (2012), N=3.001 Befragte (2014),
N=2.000 Befragte (2017)

und der alltäglichen Arbeit „ihrer" Lehrer/innen ganz überwiegend sehr zufrieden (sehen aber auch Verbesserungsbedarfe). Und die Schüler/innen gehen zu mehr als 80 % gern zur Schule.

6.2 Von der Vorschulförderung bis zu G8/G9: stabile bildungspolitische Positionen der Eltern

Im folgenden Abschnitt beschäftigen wir uns nicht mit der pädagogischen Alltagsarbeit an den Schulen, sondern mit bildungspolitischen Reformvorstellungen. Bildungsexperten sehen an verschiedenen Stellen Schwachpunkte in unserem Schulsystem und entwickeln von dort aus Vorschläge zu seiner Reform. Etliche solcher Reformmaßnahmen befinden sich bereits im Stadium der Umsetzung (z. B. Ganztagsschulen, G8/G9), sodass viele Eltern damit schon Erfahrungen sammeln konnten. Anderen Maßnahmen stellen bisher lediglich Konzepte dar (z. B. späterer Übergang in die Sekundarstufe), auf die sich die Eltern eher theoretisch beziehen können. Auch hier präsentieren wir wieder Ergebnisse im zeitlichen Verlauf: Wir zeigen, ob und in welchem Ausmaß sich die Einstellungen der Eltern zu bestimmten Reformmaßnahmen seit 2010 verändert haben. Die bedeutende Reformmaßnahme der Inklusion wird nicht hier, sondern in einem gesonderten Kapitel behandelt (vgl. hierzu den Beitrag von Paseka, Kapitel 8).

6.2.1 Frühförderung

Für die Bemühungen, das Lernen im Kindergartenalter stärker als bisher als Vorbereitung auf die Grundschule zu verstehen, hat sich der Begriff der „Frühförderung" eingebürgert. Er bezieht sich nicht nur auf Aktivitäten im Kindergarten, sondern auch auf Lernanstrengungen im familiären Bereich. Dazu gehören neben gezielten Sprachtrainings auch die Vermittlung erster Kenntnisse über Buchstaben und Zahlen sowie die Förderung von Arbeitstechniken und Arbeitshaltungen (vgl. Faust 2013, S. 37). Während in der Fachliteratur die Kooperation zwischen Kindergarten und Grundschule durchgängig positiv bewertet wird, wird die Frage nach der Vorverlagerung schulischen Lernens äußerst kritisch gesehen. Viele Pädagogen sehen dabei die Gefahr, dass die spiel- und bedürfnisorientierten Formen des Lernens im Kindergarten zurückgedrängt werden zugunsten schulvorbereitender Arbeitsformen, die den Bedürfnissen der Kinder dieses Alters nicht entsprechen. Hierzu haben wir 2012, 2014 und 2017 die Bewertung der Eltern ermittelt.

Bei der Formulierung der Frage hat eine Rolle gespielt, dass in den letzten Jahren immer mehr Trainingsprogramme auf den Markt gekommen sind, um schulisches Lernen bereits im Vorschulalter zu praktizieren. Die darauf bezogene Frage bzw. die Aussage hat dazu eine deutliche Gegenposition formuliert: „Vorschulkinder brauchen nicht noch mehr Förderung, sie brauchen vor allen Dingen Zeit und Gelegenheit zum Spielen als Grundlage zur Persönlichkeits- und Lernentwicklung."

Seit 2012 finden wir kontinuierlich hohe Zustimmungswerte zu dieser Aussage (siehe Abbildung 6.5): 2012 stimmten 82 % der Eltern zu, 2017 waren es 79 %. Wir

Abb. 6.5 Bewertung der Frühförderung (Trend von 2012 bis 2017)

Aussage: „Vorschulkinder brauchen nicht noch mehr Förderung, sie brauchen vor allen Dingen Zeit und Gelegenheit zum Spielen als Grundlage zur Persönlichkeits- und Lernentwicklung."

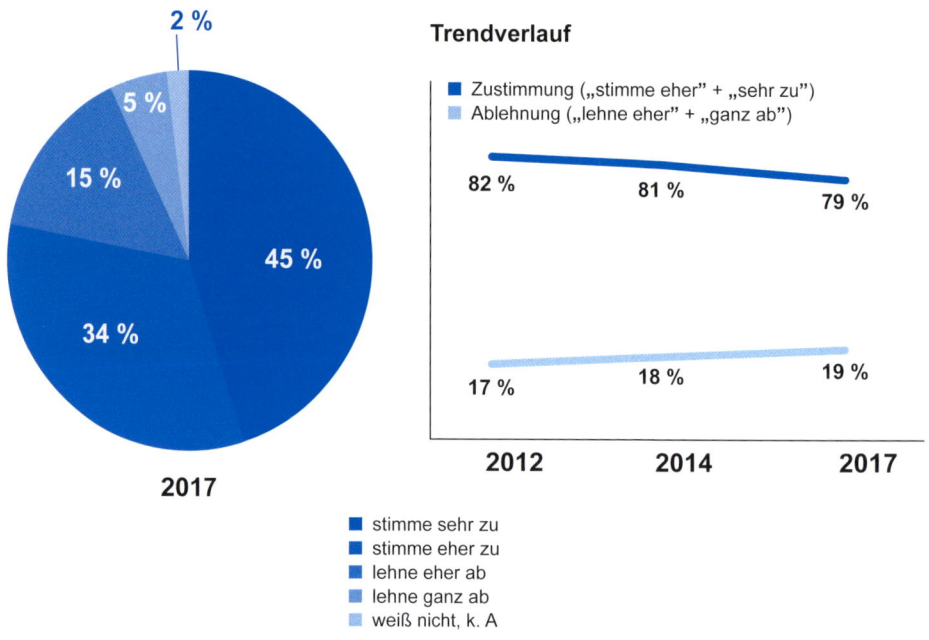

Frage: Inwieweit stimmen Sie der folgende Aussage zu? Stimmen Sie sehr zu, eher zu oder lehnen sie diese Aussage eher oder ganz ab?
N=3.000 (2012), N=3.001 Befragte (2014), N=2.000 Befragte (2017)

finden hier somit ein eindeutiges und auch zeitlich stabiles Meinungsbild: Die große Mehrheit der Eltern möchte nicht, dass die Kinder im Vorschulalter systematischen „Lerntrainings" ausgesetzt werden. Sie wollen kein Vorziehen schulischen Lernens, sondern eine spielerisch ausgerichtete Kindheit. Schaut man sich die Ergebnisse in den verschiedenen Subgruppen an – vom Alter der Befragten über die Berufstätigkeit bis hin zum Bundesland – so finden sich (seit 2012) kaum Abweichungen (ohne Abbildung). Anders formuliert: Bei der Ablehnung schulischer Lernformen im Vorschulbereich handelt sich um eine Art „common sense", der in allen Elterngruppen vertreten wird. Dass eine spielerisch ausgerichtete Kindheit und Förderung nicht unbedingt im Gegensatz zueinander stehen müssen, führt Eikenbusch aus (vgl. hierzu Kapitel 12).

6.2.2 Übergang in die Sekundarstufe

Im internationalen Vergleich kennzeichnet sich das deutsche Schulsystem durch eine frühe Aufteilung der Schüler/innen auf die verschiedenen Schulformen der Sekundarstufe, die unterschiedliche Leistungsansprüche vertreten. Während in den meisten entwickelten Staaten (so auch in den PISA-„Siegerländern" Finnland, Kanada und Japan) die Kinder frühestens nach der 8. Klasse leistungsmäßig aufgeteilt werden, geschieht das in Deutschland in 14 Bundesländern bereits nach der 4. Klasse (in Berlin und Brandenburg nach der 6. Klasse). Damit entscheidet sich in allen Bundesländern in relativ frühem Alter, ob das Kind in ein Gymnasium eintreten wird (und damit den direkten Weg zum Abitur anstrebt) – oder ob es eine der anderen Schulformen besuchen wird (z. B. Hauptschule, Realschule, Sekundarschule), die eher auf einen mittleren Bildungsabschluss und eine anschließende berufliche Ausbildung ausgerichtet sind.

Bereits im Rahmen der 1. JAKO-O Bildungsstudie haben wir dargestellt, dass in Deutschland dieser Übergang von einer gemeinsamen Grundschule in ein gegliedertes Sekundarschulwesen bildungspolitisch hoch umstritten ist (Tillmann 2011). Die Verteidiger des gegliederten Schulsystems sehen darin ein im Prinzip angemessenes Verfahren, um Schüler/innen nach ihrer Leistungsfähigkeit zuzuordnen und dann anschließend auf je unterschiedlichem Niveau zu fördern. Die Kritiker verweisen hingegen auf die hohen sozialen und psychischen Kosten, die mit einer solchen frühen Aufteilung auf unterschiedliche Schulformen verbunden sind. Dabei wird die frühe Sortierung als Einfallstor der sozialen Auslese angesehen. Diese Debatte ist in Deutschland mehr als einhundert Jahre alt: Sie wurde zum ersten Mal ausführlich nach dem 1. Weltkrieg auf der Reichsschulkonferenz (1920) geführt, dort wurde die vierjährige Grundschule für ganz Deutschland eingeführt. Die letzte heftige Diskussion fand 2009 in Hamburg statt, als die schwarz-grüne Landesregierung die sechsjährige Grundschule einführen wollte und an einem Volksentscheid scheiterte.

Gegenwärtig gibt es in keinem Bundesland Bestrebungen, die vierjährige Grundschule zu verlängern. Doch die Frage bleibt bildungspolitisch bedeutsam, auch weil damit die Einstellung zur Chancengleichheit angesprochen wird. Deshalb haben wir seit 2010 zu vier verschiedenen Zeitpunkten (bis 2017) die Eltern gefragt „Was halten Sie persönlich für die richtige Klasse, ab der die Aufteilung erfolgen soll?" und ihnen dazu drei Antwortmöglichkeiten angeboten: nach der 4., der 6. und der 9. Klasse.

Abbildung 6.6 zeigt, dass eine große Mehrheit der Eltern die frühe Aufteilung der Grundschulkinder schon nach der 4. Klasse ablehnt – und das stabil seit 2010. In all diesen Jahren spricht sich eine deutliche Mehrheit der Eltern dafür aus, diese Aufteilung erst nach der 6. Klasse vorzunehmen (2010: 58 %, 2017: 54 %). Die Befürworter der gängigen Praxis (Aufteilung nach der 4. Klasse) befinden sich in all diesen Jahren in der Minderheit, wenngleich ihr Anteil von 2014 auf 2017 von 24 % auf 31 % gestiegen ist. Dennoch gilt ganz eindeutig: Die nur vierjährige Grundschule findet bei den Eltern keine Mehrheit. Die Mehrheit möchte die sechsjährige Grundschule; eine weitere Minderheit von 13 % (2010: 15 %) will die Aufteilung sogar bis an das Ende der 9. Klasse hinausschieben. Die Detailanalysen seit 2010 zeigen: Eltern mit höherem Bildungsabschluss und Eltern aus Ostdeutschland sprechen sich besonders stark für einen späteren Übergang aus (ohne Abbildung).

Abb. 6.6 Zeitpunkt der Verteilung der Schüler/innen auf die weiterführenden Schulformen (Trend von 2010 bis 2017)

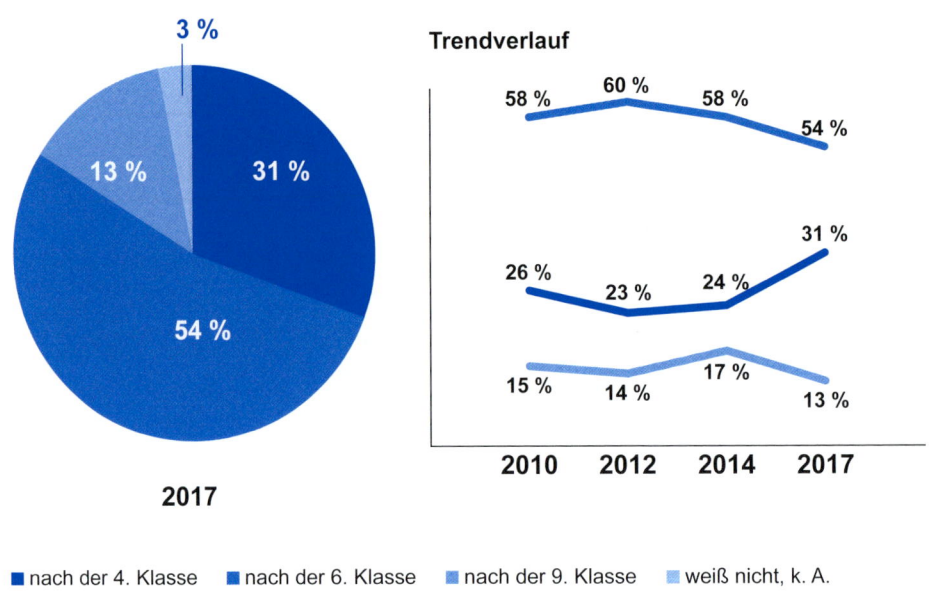

■ nach der 4. Klasse ■ nach der 6. Klasse ■ nach der 9. Klasse ■ weiß nicht, k. A.

Frage: Derzeit werden die Schüler zumeist nach der 4. Klasse auf die verschiedenen Schulformen verteilt. Was halten Sie persönlich für die richtige Klasse, ab der die Aufteilung erfolgen sollte?
N=3.000 Befragte (2010), N=3.000 Befragte (2012), N=3.001 Befragte (2014), N=2.000 Befragte (2017)

6.2.3 Entwicklung von Ganztagsschulen

Im Unterschied zu anderen Staaten (z. B. Frankreich) waren Halbtagsschulen in Deutschland lange Zeit Normalität. Als Reaktion auf den „PISA-Schock" (2001) wurde das Angebot an Ganztagsschulen kräftig ausgebaut mit dem Ziel, die Qualität der Bildung, die Vereinbarkeit von Familie und Beruf sowie die Chancengleichheit zu verbessern. 2015 besuchen bundesweit insgesamt 39,3 % aller Schüler/innen an allgemeinbildenden Schulen in Deutschland eine Ganztagsschule (KMK 2016). Dabei gibt es erhebliche Länderunterschiede: Besonders viele Ganztagsschüler/innen gibt es in Berlin (65,8 %), Nordrhein-Westfalen liegt mit 46,3 % im Mittelfeld, in Bayern gibt es besonders wenige Ganztagsschüler/innen (16,0 %) (ebd.). Hierzu haben wir 2014 und 2017 die Eltern befragt, ob sie sich für ihr Kind eine Ganztagsschule wünschen. Abbildung 6.7 zeigt die Diskrepanz zwischen Ganztagsschulwünschen und gegenwärtiger Versorgung. Dabei ist das Ergebnis eindeutig: 2017 wünschen sich 72 % der Eltern (2014: 70 %) für ihr Kind eine Ganztagsschule – davon 24 % eine mit verbindlichem und 48 % eine mit freiwilligem Nachmittagsprogramm.

Abb. 6.7 Ganztagsschulwunsch der Eltern für das Kind und Realisierung des Wunsches (2014, 2017)

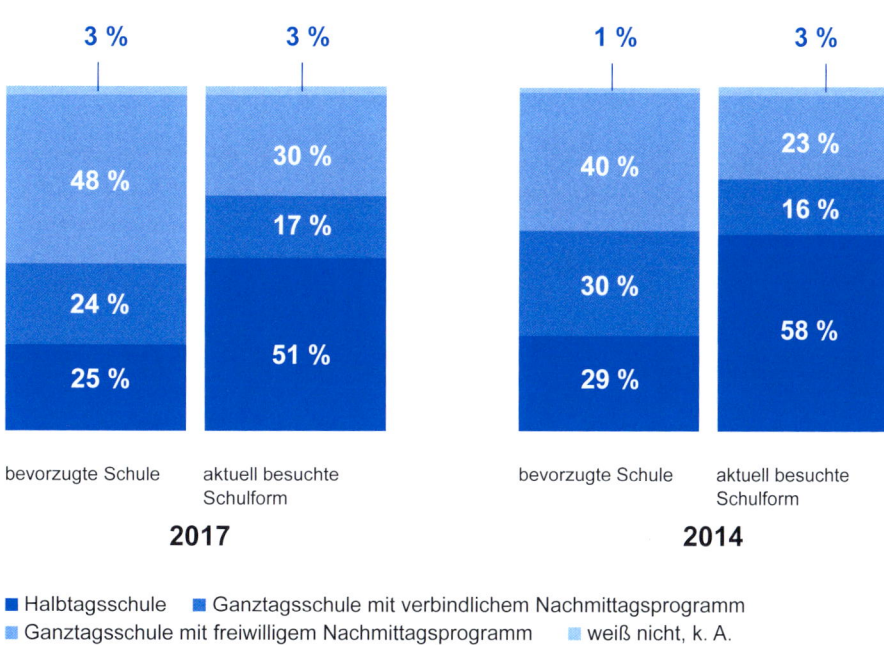

- Halbtagsschule
- Ganztagsschule mit verbindlichem Nachmittagsprogramm
- Ganztagsschule mit freiwilligem Nachmittagsprogramm
- weiß nicht, k. A.

Frage: Auf welche Schule würden Sie Ihr ältestes schulpflichtiges Kind schicken? Welche Schule besucht Ihr Kind?
N=3.001 Befragte (2014), N=2.000 Befragte (2017)

Das bedeutet, dass mit den vorhandenen Ganztagsschulen der Bedarf bei weitem nicht gedeckt werden kann. Dabei ist der Wunsch nach einer Ganztagsschule – wie weitere Analysen zeigen (ohne Abbildung) – besonders weit verbreitet unter alleinerziehenden Eltern und unter Eltern, die beide berufstätig sind (jeweils ca. 80 %). Für die Halbtagsschule votiert nach den aktuellsten Daten mit 25 % inzwischen nur noch eine Minderheit – aber 51 % aller Kinder besuchen 2017 eine solche Schule (2014: 58 %). Aus all dem folgt, dass auch weiterhin große Anstrengungen unternommen werden müssen, um den Ganztagsschulsektor auszubauen.

Doch der Wunsch der Eltern bezieht sich nicht nur auf mehr Ganztagsschulen, sondern auch auf Schulen, die nicht einfach Aufbewahrungsorte sind, sondern in denen mit hoher pädagogischer Qualität gearbeitet wird. 47 % aller von uns 2017 befragten Eltern haben ein Kind auf einer Ganztagsschule. Wie sehen diese Eltern die pädagogische Praxis der gegenwärtigen Ganztagsschulen? In Abbildung 6.8 sind deren durchaus kritische Aussagen zusammengefasst.

2017 meinen 37 % der Eltern, dass die versprochene individuelle Förderung wesentlich verbesserungsbedürftig ist, jeweils 25 % sehen das so bei der Hausaufgabenbetreuung, bei den Gesprächen zwischen Eltern und Pädagog/innen oder der inhaltlichen Verknüpfung von Unterricht und außerunterrichtlichen Angeboten. Kurz:

Abb. 6.8   Verbesserungsbedarf an der Ganztagsschule des Kindes (2014, 2017)

Anteile „viel Verbesserungsbedarf" + „dringender Verbesserungsbedarf"

	dringender Verbesserungsbedarf	viel Verbesserungsbedarf	2017 gesamt	2014 gesamt
Individuelle Förderung	14 %	24 %	37 %	42 %
Hausaufgabenbetreuung	10 %	15 %	25 %	30 %
Gespräche zwischen Eltern und Pädagogen über das eigene Kind	8 %	18 %	25 %	26 %
inhaltliche Verknüpfung von Unterricht und außerunterrichtlichen Angeboten	6 %	19 %	25 %	30 %
Qualität der außerunterrichtlichen Angebote	6 %	16 %	22 %	28 %
Einbeziehung der Eltern in die inhaltliche Gestaltung der Schule	6 %	16 %	22 %	28 %
verlässliche Betreuungszeiten	9 %	11 %	19 %	20 %

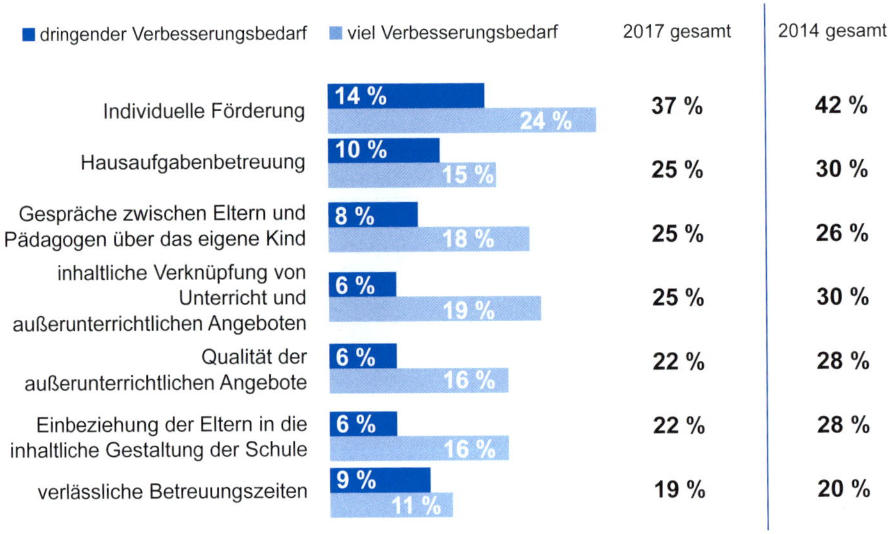

Frage: Was müsste in der Ganztagsschule, die Ihr ältestes schulpflichtiges Kind besucht, verbessert werden? Besteht kein, wenig, viel oder dringender Verbesserungsbedarf? N=1.183 Befragte (2014), N=923 Befragte (2017) – Filter: Eltern, deren ältestes schulpflichtiges Kind eine Ganztagsschule besucht

Viele Eltern sehen bei den gegenwärtigen Ganztagsschulen erhebliche Qualitätsdefizite. Positiv ist allerdings zu vermerken, dass sich diese Bewertung zwischen 2014 und 2017 deutlich verbessert hat. Als Beispiel: Während 2014 noch 30 % der Eltern die Hausaufgabenbetreuung als unzureichend kritisierten, waren es 2017 nur 25 %. Es kann festgehalten werden, dass es nicht nur darum geht, die Zahl der Ganztagsschulen zu erhöhen. Nicht weniger wichtig ist es, ihre pädagogische Qualität zu verbessern.

6.2.4 Verkürzung der gymnasialen Schulzeit

Es gibt kaum eine Schulreform, die in den letzten Jahren öffentlich so kontrovers diskutiert wurde wie die Verkürzung der gymnasialen Schulzeit in den westdeutschen Bundesländern von neun (G9) auf acht Jahre (G8). Die Geschichte und die Argumente dieser Reform haben wir im Buch zur 3. JAKO-O Bildungsstudie ausführlich dargestellt (Tillmann 2014), sodass das hier nicht detailliert wiederholt werden muss (vgl. auch Köller 2017). Bei den Befragungen 2012 und 2014 haben wir die Elternmeinungen zu G8 ermittelt und sind jeweils auf eine massive Ablehnung gestoßen (siehe Abbildung 6.9).

Abb. 6.9 Entscheidung für acht- oder neunjähriges Gymnasium (2012, 2014)

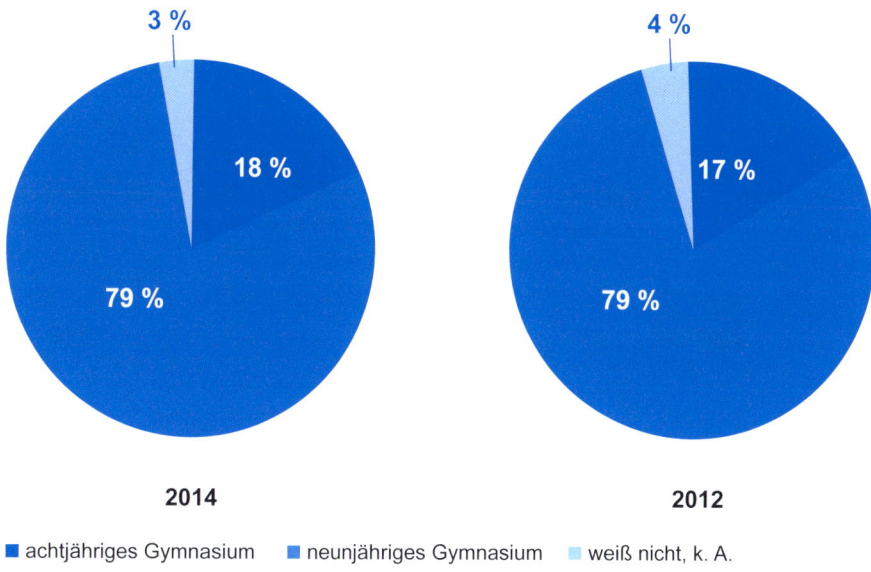

- achtjähriges Gymnasium
- neunjähriges Gymnasium
- weiß nicht, k. A.

Frage: **Wenn Sie sich entscheiden müssten: Würden Sie für Ihr Kind das acht- oder das neunjährige Gymnasium wählen?**
N=3.000 Befragte (2012), N=3.001 Befragte (2014)

Jeweils 79 % der Eltern haben sich für eine Beibehaltung von G9 ausgesprochen, und damit der G8-Reform eine massive Abfuhr erteilt. Als wir die Befragung 2014 durchgeführt haben, war in allen Bundesländern das achtjährige Gymnasium realisiert – die Elternkritik bezog sich damals auf eine real vorhandene Reform. Als wir Ende 2016 die Befragung für 2017 planten, war die bildungspolitische Landschaft kräftig in Bewegung geraten: Wegen der massiven Elternablehnung kehrten immer mehr Bundesländer ganz oder teilweise zu G9 zurück (z. B. Niedersachsen), andere blieben bei G8 (z. B. Bremen). Inzwischen (Juli 2017) haben weitere Bundesländer den Rückzug auf G9 angetreten (z. B. Bayern, Nordrhein-Westfalen). Angesichts dieser unklaren Lage und den großen Unterschieden zwischen den Bundeländern haben wir 2017 nicht erneut bundesweit nach der Alternative zwischen G8 und G9 gefragt, sondern hierzu differenziert in den Regionalstudien gefragt (vgl. hierzu den Beitrag von Tillmann zu Baden-Württemberg, Kapitel 4, und den Beitrag von Killus zu Nordrhein-Westfalen, Kapitel 5).

Bundesweit haben wir analysiert, ob sich die massive Kritik der Eltern an der hohen Stressbelastung durch G8 empirisch absichern lässt. Denn viele Eltern haben die bedingungslose Rückkehr zum neunjährigen Gymnasium gefordert und dies damit begründet, dass Schüler/innen in einem G8-Bildungsgang gestresster seien als diejenigen in einem G9-Bildungsgang. Weil wir Eltern bundesweit befragt haben, ist es möglich, mit unseren Daten die Wahrnehmungen von „G8-Eltern" mit denen von „G9-Eltern" zu vergleichen. Hinweise darauf, dass sich G8 auf die Kinder und Jugendlichen ungünstig auswirkt, lassen sich unseren Daten aus 2017 nicht entnehmen. Dies lässt sich an zwei Befunden festmachen: So ist der Anteil der Eltern, die ihr ältestes schulpflichtiges Kind angesichts schulischer Anforderungen für eher überfordert halten, in beiden Vergleichsgruppen – mit jeweils 8 % bzw. 11 % – gleich niedrig (siehe Abbildung 6.10).

Abb. 6.10 Über- oder Unterforderung des Kindes nach G8- und G9-Bildungsgang (2017)

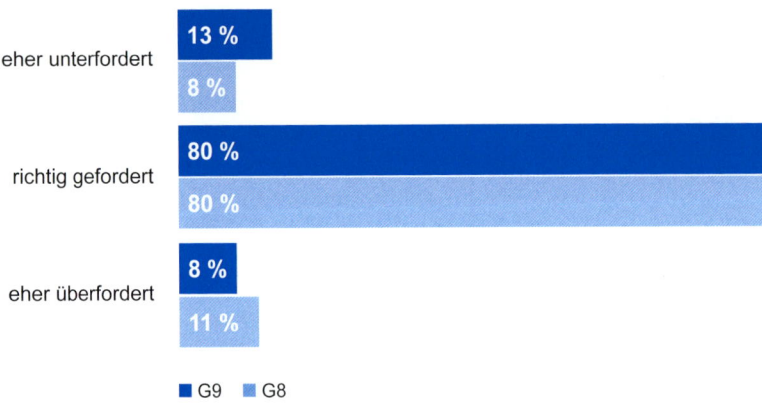

Frage: Halten Sie Ihr Kind in der Schule für eher überfordert, für gerade richtig gefordert oder für eher unterfordert?
784 Eltern, deren Kind einen G9-Bildungsgang (n=152) oder einen G8-Bildungsgang (n=632) besucht

Gleich ist auch der Anteil der Schüler/innen, die nach Angaben der Eltern regelmäßig (d. h. mindestens einmal pro Woche) Nachhilfe erhalten: der liegt in beiden Vergleichsgruppen bei 14 % (siehe Abbildung 6.11).

Abb. 6.11 Häufigkeit von Nachhilfe für das Kind nach G8- und G9-Bildungsgang (2017)

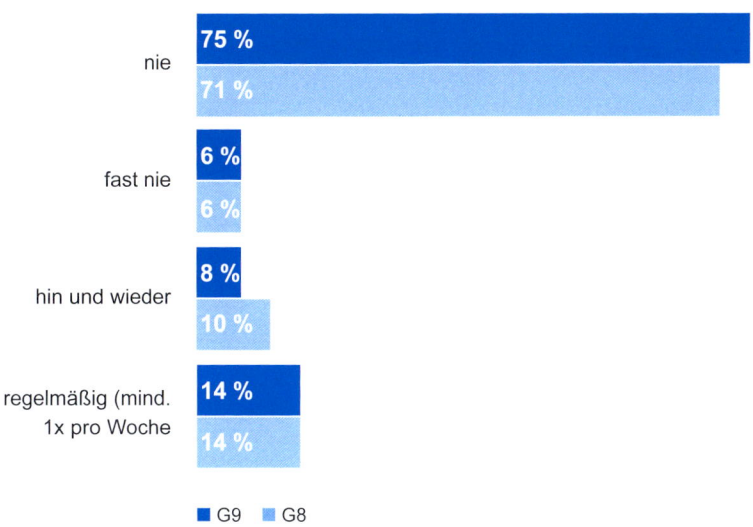

Frage: Bekommt Ihr Kind Nachhilfe durch einen Nachhilfelehrer oder durch einen Schüler? 784 Eltern, deren Kind einen G9-Bildungsgang (n=152) oder einen G8-Bildungsgang (n=632) besucht

Häufig vorgetragene Vorbehalte gegenüber G8 können auf Basis der vorliegenden Daten also nicht bestätigt werden. Unsere Ergebnisse finden somit Entsprechung in den hierzu vorliegenden Forschungsbefunden, die Köller (2017) referiert. Danach gibt es keine gravierenden Unterschiede zwischen G8- und G9-Schüler/innen – nicht bei der Stressbelastung, nicht bei den fachlichen Leistungen und nicht im Freizeitverhalten. Die Kritik an G8 kann sich also nicht auf empirisch gesicherte Befunde stützen. Politisch hochwirksam war und ist sie dennoch.

6.3 Die Belastung von Schüler/innen und Eltern durch die Schule – Die Kritik bleibt stabil

Schule ist zum einen eine Einrichtung, die den Heranwachsenden soziale Kontakte und vielfältige Erfahrungen bietet. Aber sie ist eben auch eine Einrichtung, die Leistungen einfordert, diese bewertet und die immer auch das Risiko enthält, an diesen Anforderungen zu scheitern. Für Eltern ist die Schule die Einrichtung, in der das eigene Kind vielfältige Lernerfahrungen macht – und in der es erfolgreich sein muss. Viele Eltern begleiten das schulische Lernen ihres Kindes mit der Absicht, diesen Erfolg zu sichern. Vor diesem Hintergrund haben wir gefragt, ob und in welchem Maße schulische Anforderungen und Praktiken als Belastung und Stress erlebt werden – und zwar sowohl bei Schüler/innen als auch bei Eltern. Dabei stützen wir uns immer auf Befragungsergebnisse bei Eltern.

Schüler/innen
Was die Schüler/innen angeht, haben wir die Eltern zunächst gefragt, ob sie ihr Kind in der Schule für „eher überfordert", für „gerade richtig gefordert" oder für „unterfordert" ansehen (siehe Abbildung 6.12).

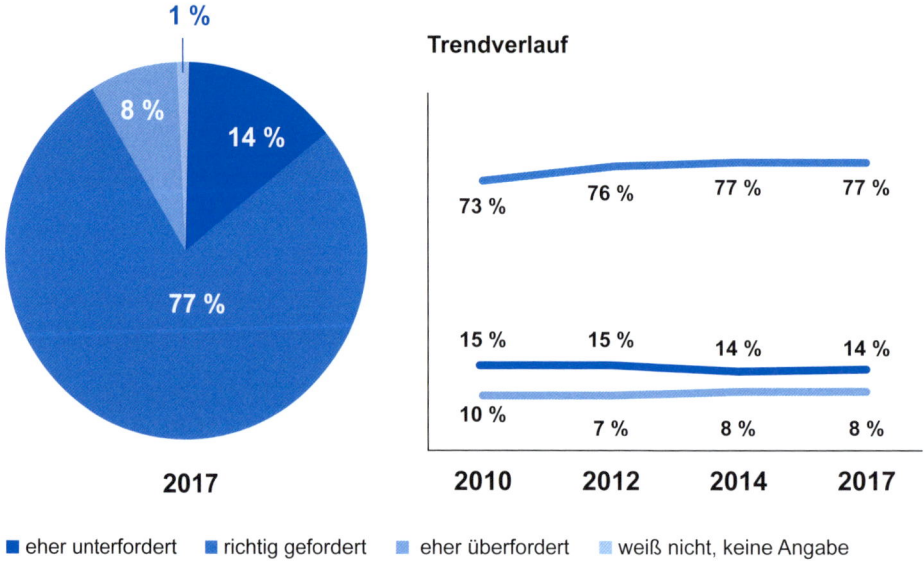

Abb. 6.12   Über- oder Unterforderung des Kindes (Trend von 2010 bis 2017)

■ eher unterfordert   ■ richtig gefordert   ■ eher überfordert   ■ weiß nicht, keine Angabe

Frage: Halten Sie Ihr ältestes schulpflichtiges Kind in der Schule für eher überfordert, für gerade richtig gefordert oder für eher unterfordert?
N=3.000 Befragte (2010), N=3.000 Befragte (2012), N=3.001 Befragte (2014),
N=2.000 Befragte (2017)

Das Ergebnis ist sehr erfreulich: 77 % (2017) der Eltern sind der Meinung, dass ihr Kind „gerade richtig gefordert" wird. Nur 8 % halten ihr Kind für überfordert, 14 % für unterfordert. Diese Werte sind seit 2010 stabil und sprechen dafür, dass in den Schulen ganz überwiegend ein angemessenes Anforderungsniveau herrscht. Weiter vorn haben wir dargestellt, dass das auch für Gymnasialschüler/innen in G8-Bildungsgängen gilt: 80 % dieser Eltern halten ihr Kind für richtig gefordert, nur 11 % für überfordert (siehe Abbildung 6.10).

Als ein weiteres Kriterium für die Angemessenheit der schulischen Anforderungen kann das Ausmaß gelten, in dem die Schüler/innen Nachhilfe nehmen (siehe Abbildung 6.13). Auch hier haben wir seit 2010 die Eltern regelmäßig befragt. Bedeutsam ist hier der Anteil der Kinder, die regelmäßig (mindestens einmal pro

Woche) Nachhilfe erhalten. Dieser Anteil liegt seit 2010 stabil bei 14% bzw. 15%, ist also über die Jahre weder gestiegen noch gesunken. Das bedeutet zugleich, dass etwa 85% der Heranwachsenden keine regelmäßige Nachhilfe erhalten. Bei 12% (2017) erfolgt eine gelegentliche Unterstützung. Nun ist ein Anteil von rund 15% Nachhilfeschüler/innen durchaus problematisch, denn er zeigt, dass ein deutlicher Anteil der Schüler/innen die schulischen Anforderungen nicht ohne systematische externe Hilfe bewältigen kann. Zugleich zeigen die Daten aber auch, dass der übergroße Teil der Schüler/innen damit kein Problem hat und folglich nicht auf eine solche Hilfe angewiesen ist.

Abb. 6.13   Häufigkeit von Nachhilfe für das Kind (Trend von 2010 bis 2017)

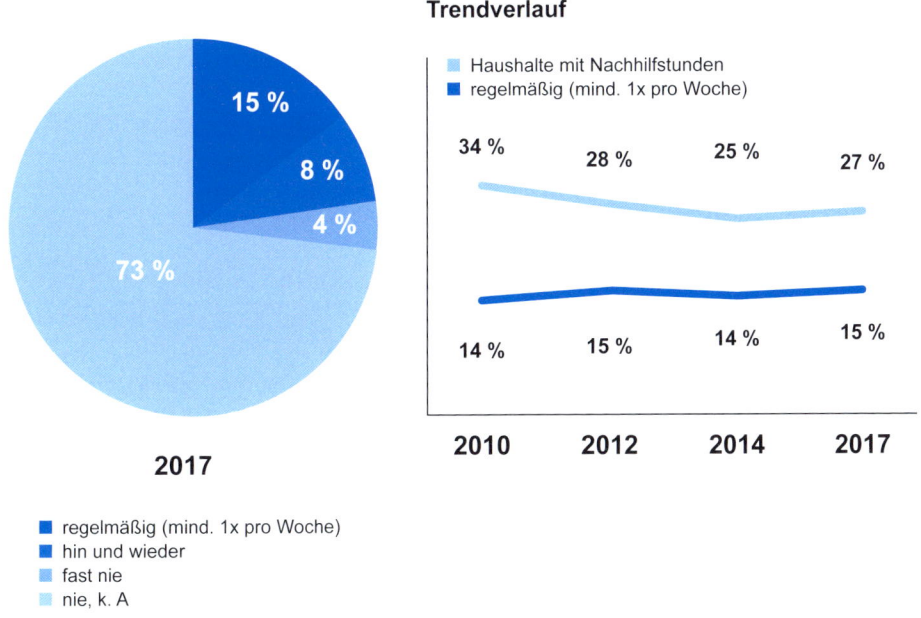

Frage: Bekommt oder bekam Ihr ältestes schulpflichtiges Kind Nachhilfe durch einen Nachhilfelehrer oder durch einen Schüler?
N=3.000 Befragte (2010), N=3.000 Befragte (2012), N=3.001 Befragte (2014), N=2.000 Befragte (2017)

Nimmt man das weiter vorn schon präsentierte Ergebnis hinzu, dass 82% (2017) der Kinder nach Aussagen ihrer Eltern gern zur Schule gehen (siehe Abbildung 6.4), so halten sich die schulische Belastung und der schulische Stress offensichtlich in Grenzen. Sicher wird es solche Stress-Situationen geben, doch sie bestimmen bei der großen Mehrheit der Schüler/innen nicht das grundsätzliche Verhältnis zur Schule.

Eltern

Wenn man die Frage nach Stress und Belastungen für die Eltern in den Blick nimmt, so stellt sich zunächst die Frage, welche Unterstützungsleistungen sie für das schulische Lernen ihrer Kinder erbringen (müssen). Dies haben wir detailliert seit 2010 bzw. 2012 erhoben (siehe Abbildung 6.14).

Die Ergebnisse zeigen, dass die Eltern das schulische Lernen der Kinder in vielfältiger Weise unterstützen. Zu 2017: 91% sorgen für Ruhe bei den Schulaufgaben, 77% helfen gezielt vor Klassenarbeiten, 67% kontrollieren die Hausaufgaben, 62% erarbeiten mit ihren Kindern den schulischen Lernstoff, 60% sind zu Hause, wenn das Kind aus der Schule kommt. Das ist eine erhebliche, auch zeitlich umfangreiche Lernunterstützung, die in den letzten Jahren kaum weniger geworden ist. Dass Eltern inzwischen nicht mehr so oft die Hausaufgaben kontrollieren (2010: 74%, 2017: 67%), mag an dem gestiegenen Anteil von Ganztagsschulen liegen.

Diese tagtägliche Hilfeleistung, die die Schule den Eltern abverlangt, wird von ihnen durchaus kritisch gesehen. So wird die Aussage „Eltern müssen vieles von dem leisten, was eigentlich Aufgabe der Schule ist" seit 2010 von einer Mehrheit der Eltern geteilt (siehe Abbildung 6.15). Allerdings zeigen die Daten, dass diese kritische Zustimmung deutlich rückläufig ist (von 66% in 2010 auf 53% in 2017). Dass die Kritik an der mangelnden Aufgabenerfüllung der Schule abnimmt, hat etwas mit der wachsenden Zahl von Ganztagsschulen zu tun, wie die nachfolgenden Daten nachweisen (ohne Abbildung): In Halbtagsschule stimmen 2017 die Eltern zu 57% dieser kritischen Aussage zu, an Ganztagsschulen sind es „nur" 47%.

Parallel dazu haben wir ermittelt, ob die Eltern sich verpflichtet fühlen, sich „intensiv um die schulischen Leistungen meiner Kinder zu kümmern" (siehe ebenfalls Abbildung 6.15). Zu dieser Aussage finden wir seit 2010 eine massive Zustimmung von zuletzt (2017) 87%, nur 12% lehnen die Aussage ab. Dass dahinter ein hoher Druck auf die Eltern steht, lässt sich gut vermuten. Erfreulich ist allerdings, dass diese Zustimmung seit 2010 Jahr für Jahr ein wenig zurückgeht.

Aus all diesen schulischen Anforderungen und aus den weiteren Erziehungsaufgaben kann sich so etwas wie ein Überforderungssyndrom ergeben: Etliche Eltern haben von sich den Eindruck, den Anforderungen, die sich aus der Erziehung ihres Kindes ergeben, nicht hinreichend gewachsen zu sein. Um dies genauer zu ermitteln haben wir gefragt: „Fühlen Sie sich mit den Aufgaben als Elternteil eines schulpflichtigen Kindes fast immer, häufig, selten oder nie überfordert?". Abbildung 6.16 zeigt die Antworten.

Abb. 6.14 Unterstützungsleistungen der Eltern im Zusammenhang mit dem Schulbesuch des Kindes (Trend von 2010 bis 2017)

Mehrfachnennungen möglich

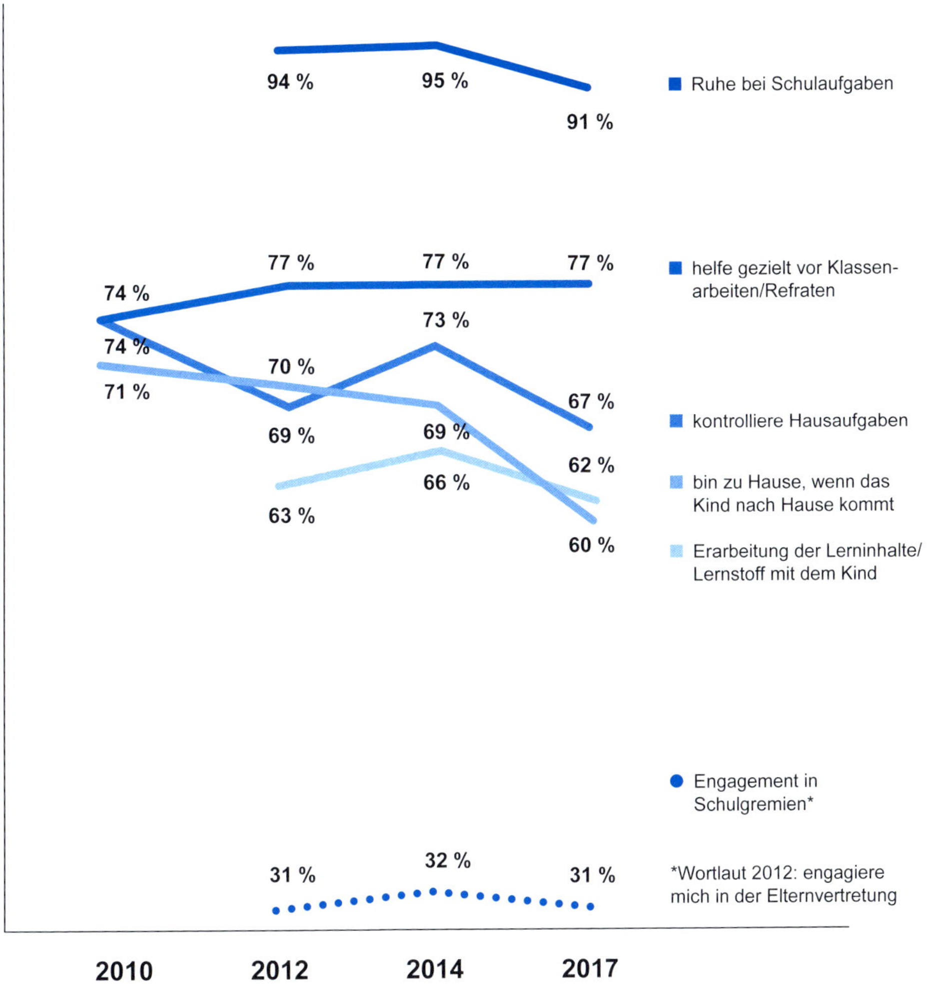

Frage: Was von dem Folgenden tun Sie im Zusammenhang mit dem Schulbesuch Ihres ältesten schulpflichtigen Kindes?
N=3.000 Befragte (2010), N=3.000 Befragte (2012), N=3.001 Befragte (2014), N=2.000 Befragte (2017)

76 | Klaus-Jürgen Tillmann

Abb. 6.15   Erfüllung von Aufgaben durch die Schule aus Sicht der Eltern (Trend von 2010 bis 2017)

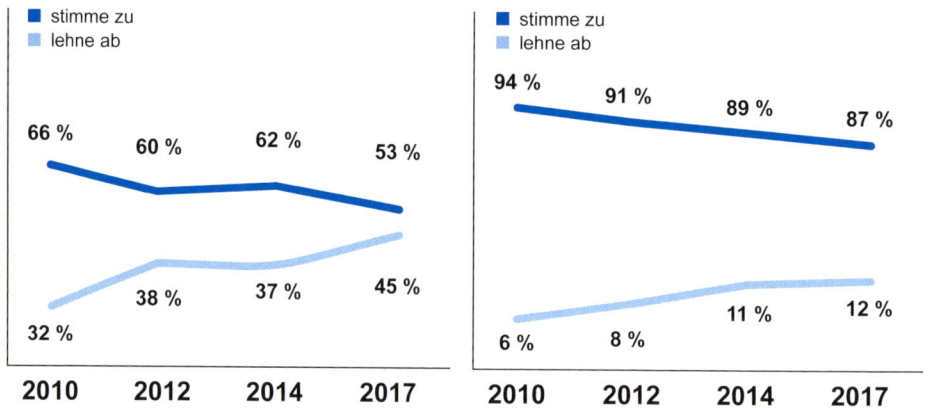

Aussage: „Eltern müssen vieles von dem leisten, was eigentich Aufgabe der Schulen ist."

Aussage: „Ich fühle mich verpflichtet, mich intensiv um die schulischen Leistungen meines Kinds zu kümmern."

Frage: Stimmen Sie der folgenden Aussage zu oder lehnen Sie diese ab?
N=3.000 Befragte (2010), N=3.000 Befragte (2012), N=3.001 Befragte (2014),
N=2.000 Befragte (2017)

Abb. 6.16   Überforderung der Eltern als Elternteil eines schulpflichtigen Kindes (2010, 2017)

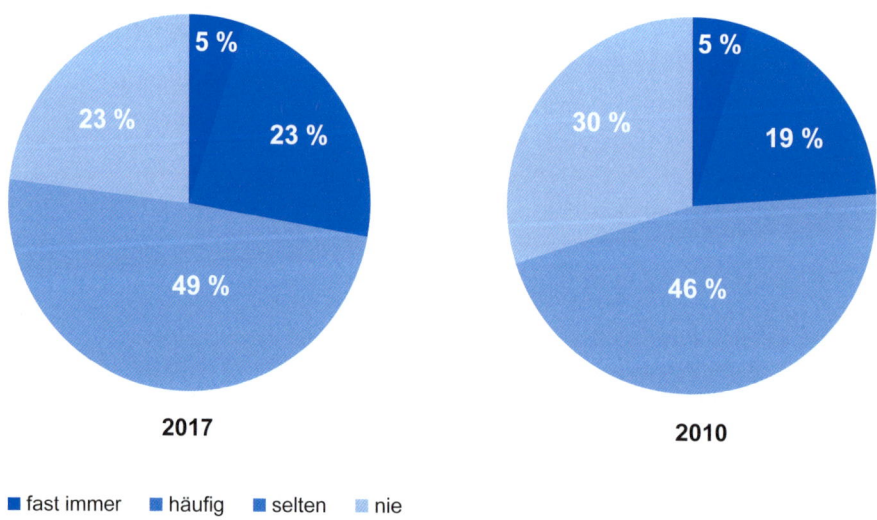

Frage: Fühlen Sie sich mit den Aufgaben als Elternteil eines schulpflichtigen Kindes fast immer, häufig, selten oder nie überfordert?
N=3.000 Befragte (2010), N=2.000 Befragte (2017)

Danach erklären 2017 insgesamt 28 % der Eltern, dass sie sich mit den Erziehungsaufgaben „fast immer" oder „häufig" überfordern fühlen. Das ist seit 2010 ein Anstieg um vier Prozentpunkte. Besonders häufig erklären alleinerziehende Eltern (35 %) und Eltern von 13- bis 16-Jährigen (32 %) ihre Überforderung (ohne Abbildung). Mit diesen Ergebnissen wird deutlich, dass ein erheblicher Teil der Eltern unter massivem Druck steht und die Erziehungsaufgaben nur noch mit eingeschränkter Souveränität wahrnehmen kann. Solche Eltern finden wir in allen Schulformen und in allen sozialen Schichten.

6.4 Fazit: kritische Sicht und positive Entwicklungen

Bildung und Schule sind Themen, die eine große öffentliche Aufmerksamkeit genießen. Oft sind sie Streitthema (nicht nur in Wahlkampfzeiten) und meist erhalten Bildungspolitiker/innen, Schulen und Lehrer/innen eher kritische Beurteilungen, mitunter werden ihnen auch mäßige bis schlechte Noten gegeben.

Nun haben Eltern von schulpflichtigen Kindern ein großes Expertenwissen über den schulischen Alltag und über die Auswirkungen bildungspolitischer Konzepte. Denn sie bekommen Tag für Tag mit, was an Schulen gelingt und was nicht läuft. Deshalb kann unsere Elternumfrage als kompetentes Korrektiv gelten, wenn es darum geht, allzu flotte Urteile über „die Schule" und „die Bildung" zurechtzurücken. Seit 2010 haben wir Eltern nun insgesamt viermal nach ihrer Meinung zum Schulsystem, zu Schulen und Lehrer/innen ihrer Kinder sowie zu ihren Unterstützungsleistungen befragt. Auffallend ist zunächst einmal, dass die Meinungen und Einschätzungen der Eltern über die von uns beobachteten sieben Jahren weitgehend stabil geblieben sind: Das gilt für die Wertschätzung der Lehrer/innen genauso wie für den Wunsch nach Ganztagsschulen und für die Befürwortung der Inklusion. In gleicher Stabilität halten die Eltern an bestimmten kritischen Positionen fest: Sie lehnen G8 ab und wünschen einen späteren Übergang von der Grundschule in die Sekundarstufe. Sie finden, dass die Schule ihnen zu viele Aufgaben zuschiebt – und sie bemängeln den zu hohen Unterrichtsausfall.

Wenn man sich also die bisherigen Befragungen im Trend von 2010 bis 2017 anschaut, kann man kaum größere Veränderungen, sondern eher stabile Einschätzungen feststellen. Allerdings gibt es hier Ausnahmen – einige von ihnen haben wir schon referiert:
– Die Kritik an der mangelnden Aufgabenerfüllung der Schule nimmt ab: Eltern sind 2017 weniger stark als 2010 der Meinung, dass sie wesentliche Aufgaben der Schule erledigen müssen.
– Die Kritik an der Qualität der Ganztagsschulen nimmt ab: Eltern sind 2017 weniger stark als 2014 der Meinung, dass die Ganztagsschulen zu viele pädagogische Defizite aufweisen.
– Die Kritik an der Klassengröße nimmt ab: Eltern sind 2017 deutlich häufiger als 2010 der Meinung, dass ihre Kinder in einer Klasse mit akzeptabler Größe lernen.

Es lassen sich also an etlichen Stellen positive Trends ausmachen. Diesen Hinweis wollen wir verstärken, indem nun zwei weitere, besonders auffällige Trends präsentieren:

Eltern erleben alltäglich, wie freundlich bzw. weniger freundlich die Umwelt auf Kinder und deren Verhalten reagiert: In der U-Bahn, im Laden, im Restaurant, bei einem Besuch im Museum. Vor diesem Hintergrund haben wir die Eltern seit 2010 kontinuierlich gefragt, ob sie Deutschland insgesamt für ein kinderfreundliches Land halten – und sind dabei zu erstaunlichen Ergebnissen gekommen (siehe Abbildung 6.17).

Abb. 6.17   Deutschland – ein kinderfreundliches Land? (Trend von 2010 bis 2017)

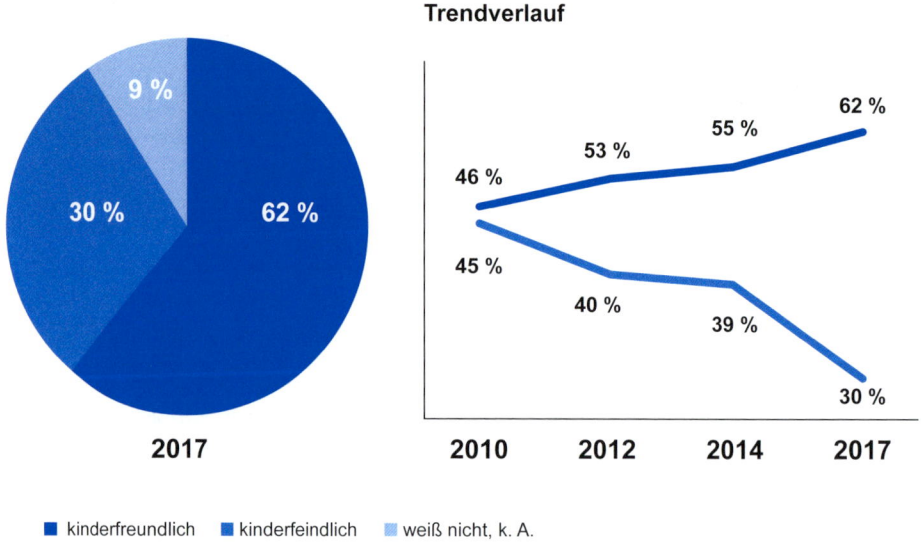

■ kinderfreundlich   ■ kinderfeindlich   ■ weiß nicht, k. A.

Frage: Ist Deutschland für Sie ein kinderfreundliches oder ein kinderfeindliches Land?
N=3.000 Befragte (2010), N=3.000 Befragte (2012), N=3.001 Befragte (2014),
N=2.000 Befragte (2017)

Im Jahr 2010 haben sich die Einschätzungen der Eltern in etwa die Waage gehalten: 48 % hielten damals Deutschland für eine kinderfreundliches Land, 45 % für ein kinderfeindliches Land. Die Folgebefragungen (2012, 2014, 2017) zeigen nun einen eindeutigen und ungebrochen positiven Trend. Inzwischen (2017) sind 62 % der Meinung, Deutschland sei ein kinderfreundliches Land – und nur noch 30 % halten es für kinderfeindlich. Eine solche weitgehende und kontinuierliche Veränderung (+14 Prozentpunkte) von Elternmeinungen haben wir an keiner anderen Stelle unserer Studie gefunden. Man kann vermuten, dass sich auch der zwischenzeitliche Ausbau von Kinderkrippen und Ganztagsschulen hier ausgewirkt hat. Doch welche tatsächlichen Veränderungen im öffentlichen Umgang mit Kindern damit verbunden sind, können wir anhand unser Daten nicht sagen.

Und bei einem zweiten Aspekt der Lernumwelt von Kindern haben wir ebenfalls einen deutlich positiven Trend feststellen können: Bei der Einschätzung der Bildungsgerechtigkeit unseres Bildungssystems (siehe Abbildung 6.18).

Dass für den Bildungserfolg an deutschen Schulen die soziale Herkunft von erheblicher Bedeutung ist, konnte in empirischen Studien (so insbesondere bei PISA) immer wieder nachgewiesen worden. Vor allem der Zugang zum Abitur hängt nicht nur von den individuellen Leistungen, sondern in erheblichem Maße auch vom Elternhaus und seinem kulturellen Milieu ab (vgl. hierzu den Beitrag von Killus, Kapitel 9).

Uns interessiert nun, ob und in welchem Maße auch die Eltern das Bildungssystem als sozial gerecht bzw. ungerecht empfinden. Deshalb haben wir seit 2010 kontinuierlich gefragt: „Für wie gerecht halten Sie alles in allem die Bildungschancen für die Kinder in Deutschland?" 2010 fanden wir ein gespaltenes Votum: 51 % hielten das Bildungssystem für „sehr gerecht" bzw. „eher gerecht", 48 % schätzen es als „sehr ungerecht" oder „eher ungerecht" ein. Dieses Votum wurde 2012 repliziert. Seitdem finden wir jedoch einen Trend zu einer deutlich besseren Bewertung. 2017 finden nur noch 34 % das Bildungssystem ungerecht, 65 % hingegen gerecht. Das ist eine massive Veränderung von plus 14 Prozentpunkten. Kurz: Das Bildungssystem wird von zunehmend mehr Eltern als gerecht empfunden. Dabei bestehen Unterschiede zwischen den Bundesländern: In Bayern halten 72 % der Eltern das Bildungssystem für gerecht, in Baden-Württemberg 69 %, in Nordrhein-Westfalen 62 % (ohne Abbildung).

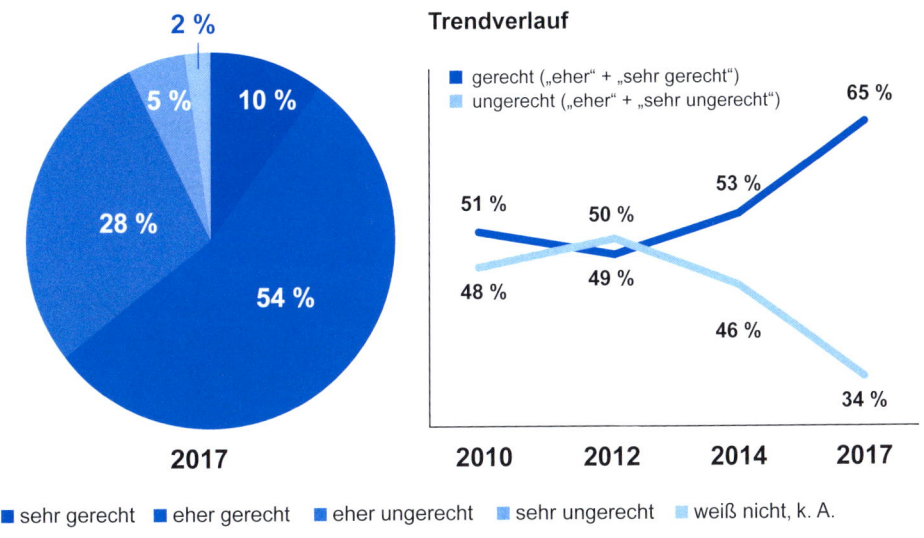

Abb. 6.18 Bildungschancen der Kinder in Deutschland (Trend von 2010 bis 2017)

Frage: Für wie gerecht halten Sie alles in allem die Bildungschancen für Kinder in Deutschland?
N=3.000 Befragte (2010), N=3.000 Befragte (2012), N=3.001 Befragte (2014),
N=2.000 Befragte (2017)

Prozentwerte für kleinere Bundesländer (z. B. Berlin, Hamburg) können hier nicht angegeben werden, da die Zahl der Befragten in unserer Stichprobe dafür zu gering ist (so n=70 für Berlin, 2017).

Hier stellt sich die Frage, ob die positiven Veränderungen der Elterneinschätzungen sich auf einen tatsächlichen Abbau der sozialen Auslese stützen können. Die vorliegende Forschung (insbesondere PISA) verweist lediglich auf sehr bescheidene Positiventwicklungen in der sozialen Realität (vgl. Müller/Ehmke 2013, S. 260ff.). Wo die Ursachen für diesen Meinungstrend bei den Eltern liegen, können wir daher nur vermuten: Vielleicht hängt das mit den (gegenüber 2010) wesentlich besseren Chancen zusammen, einen beruflichen Ausbildungsplatz zu erhalten, vielleicht spielt aber auch der steigende Anteil mittlerer Schulabschlüsse eine Rolle?

Es überrascht somit, dass die Meinungen von Eltern in vielen Bereichen deutlich positiver ausfallen als man das angesichts häufig vorgetragener Klagen hätte erwarten können. Kann man sich damit zufrieden geben? Eher nein. Denn trotz positiver Ergebnisse und Entwicklungen zeigt sich nach wie vor noch deutlicher Handlungsbedarf:
- Angesicht des weiterhin engen Zusammenhangs zwischen Herkunft und Schulerfolg ist das deutsche Schulsystem noch weit davon entfernt, gerecht zu sein – auch wenn viele Eltern das anders sehen.
- In diesem Zusammenhang ist der Ausbau von Ganztagsschulen zu sehen. Allerdings klafft hier noch eine deutliche „Versorgungslücke", denn nicht alle Eltern, die sich für ihr Kind einen Platz an einer Ganztagsschule wünschen, bekommen auch einen.
- An mehreren Stellen zeigt sich die Notwendigkeit, angemessenere und produktivere Formen für den Umgang mit Heterogenität zu finden: Eltern von Ganztagsschüler/innen sehen den dringendsten Verbesserungsbedarf im Bereich der „individuellen Förderung". Und auch die Erfahrungen mit inklusivem Lernen (vgl. hierzu den Beitrag von Paseka, Kapitel 8) lassen auf weiteren Entwicklungsbedarf schließen (z. B. Aufstockung und Qualifizierung des pädagogischen Personals). Schließlich sehen Eltern die größten Kompetenzdefizite bei den Lehrer/innen, wenn es um den Umgang mit Verschiedenheit bei den Schüler/innen geht.
- Auch darf nicht übersehen werden, dass ein erheblicher Teil der Eltern (28%) sich in ihren Erziehungsaufgaben kontinuierlich überfordert fühlt. Hier sind dringend Unterstützungsmaßnahmen erforderlich.

Es zeigt sich somit, dass trotz der zunehmenden Zufriedenheit der Eltern mit Schule und Lehrer/innen an zentralen Stellen des Schulsystems langfristige „Baustellen" weiter bestehen bleiben. Damit wird auf die pädagogischen und bildungspolitischen Aufgaben der nächsten Jahre verwiesen.

Literatur

Faust, G. (2013): Übergang in das Schulsystem hinein. Vom Kindergarten in die Grundschule. In: Bellenberg, G./Forell, M. (Hrsg.): Bildungsübergänge gestalten. Münster u. a.: Waxmann, S. 33-44.

Köller, O. (2017): Verkürzung der Gymnasialzeit in Deutschland. Folgen der G8-Reform in den Ländern der Bundesrepublik. Essen: Stiftung Mercator.

Kultusministerkonferenz (KMK) (2016): Allgemeinbildende Schulen in Ganztagsform in den Ländern in der Bundesrepublik Deutschland. Statistik 2011 bis 2015. Berlin (Manuskript).

Müller, K./Ehmke, T. (2013): Soziale Herkunft als Bedingung der Kompetenzentwicklung. In: Prenzel, M./Sälzer, C./Klieme, E./ Köller, O. (Hrsg.): PISA 2012. Fortschritte und Herausforderungen in Deutschland. Münster u. a.: Waxmann, S. 245-274.

Tillmann, K.-J. (2011): Kritisch und aufgeschlossen – der Blick der Eltern auf die Bildungspolitik. In: Killus, D./Tillmann, K.-J. (Hrsg.): Der Blick der Eltern auf das deutsche Schulsystem. 1. JAKO-O Bildungsstudie. Münster u. a.: Waxmann, S. 35-58.

Tillmann, K.-J. (2014): Der Blick der Eltern auf die Bildungspolitik – Kontinuitäten und Veränderungen. In: Killus, D./Tillmann, K.-J. (Hrsg.): Eltern zwischen Erwartungen, Kritik und Engagement. Ein Trendbericht zu Schule und Bildungspolitik in Deutschland. 3. JAKO-O Bildungsstudie. Münster u. a.: Waxmann, S. 21-46.

Peter Daschner

7 Flüchtlingskinder an deutschen Schulen – Die besondere Problemlage seit 2015

Zentrale Ergebnisse im Überblick

- Die Situation von Flüchtlingskindern an deutschen Schulen wurde in der aktuellen JAKO-O Bildungsstudie (erstmalig) ausführlich behandelt. Hierzu zählen generelle Einstellungen der Eltern gegenüber der Beschulung von Flüchtlingskindern sowie konkrete Erfahrungen, die Eltern in den Schulen „vor Ort" gesammelt haben.
- Die Ergebnisse lassen auf eine große Solidarität der Eltern mit ins Land geflüchteten Kindern und Jugendlichen schließen: Die überwiegende Mehrheit befürwortet, dass Flüchtlingskinder schnellstmöglich die Schule besuchen (95 %), dafür zusätzliche Lehrer/innen eingestellt werden (81 %) und Flüchtlingskinder zunächst in gesonderten Klassen unterrichtet werden, um Deutsch zu lernen (73 %). Eine nennenswerte Gruppe von Eltern (39 %) merkt kritisch an, dass der Staat noch zu wenig tue, um Flüchtlingskinder mit guter Schulbildung zu versorgen.
- Annähernd zwei Drittel der befragten Eltern berichten, dass an der Schule des eigenen Kindes inzwischen Flüchtlingskinder unterrichtet werden (63 %). Davon berichten 38 % über besondere Aktivitäten zur Unterstützung von Flüchtlingskindern. Wiederum 38 % der Eltern haben hier konkret mitgewirkt.
- Nach den Aussagen der Eltern ist die Zahl der Schulen, die Einschränkungen des Schulbetriebs hinnehmen mussten (z. B. durch Belegung von Sporthallen), sehr gering (14 %).
- Die Ergebnisse lassen sich dahingehend zusammenfassen, dass die Mehrheit der Eltern die Integration von Flüchtlingskindern für wichtig hält, weitere staatliche Anstrengungen einfordert und bereit ist, sich selber in einem beträchtlichen Maße zu engagieren.

Die Zahl der in Deutschland schutz- und asylsuchenden Menschen stellt auch die Bildungspolitik und die Schulen vor große Herausforderungen. Ein Konsens besteht dahingehend, dass die Integration nur durch Bildung gelingen kann. Schulpflichtige Kinder von Flüchtlingen werden deshalb in die allgemeinbildenden Schulen aufgenommen und erhalten häufig zunächst in gesonderten Klassen einen Unterricht, der insbesondere auf den Erwerb sprachlicher Kompetenzen ausgerichtet ist. So schnell wie möglich sollen diese Kinder und Jugendlichen aber in die Regelklassen aufgenommen werden. Um wie viele zusätzliche Schülerinnen und Schüler es sich dabei handelt, kann nur schwer gesagt werden. Zu unsicher sind die hierzu vorliegenden Statistiken. Eine vorsichtige Schätzung von Klaus Klemm (2016) geht davon aus, dass aus dem Flüchtlingsjahrgang 2015 – bundesweit – etwa 150.000 Kinder und Jugendliche eine allgemeinbildende Schule der Primar- oder der Sekundarstufe I besuchen werden. Hinzu kommt die Zahl der Kinder, die 2016 an unsere Schulen gekommen sind. Damit wird der Hintergrund skizziert, vor dem Anfang 2017 die Eltern nach ihren generellen Einstellungen zum Thema Beschulung von Flüchtlingskindern sowie ihren konkreten Erfahrungen mit Flüchtlingskindern an den Schulen ihrer Kinder befragt wurden.

Die Situation von Flüchtlingskindern an deutschen Schulen haben wir in der aktuellen Studie aus dem Jahr 2017 besonders ausführlich behandelt. Bei der Befragung antworteten die Eltern auf folgende acht Fragen bzw. Aussagen:
1. Auch Flüchtlingskinder sind in Deutschland schulpflichtig. Sie sollen deshalb so bald wie möglich eine Schule besuchen.
2. Es ist gut, dass inzwischen viele Lehrer/innen eingestellt wurden, um Flüchtlingskinder zu unterrichten.
3. Flüchtlingskinder sollten zunächst einmal in gesonderten Klassen unterrichtet werden, um Deutsch zu lernen.
4. Der Staat tut viel zu wenig, um Flüchtlingskinder mit guter Schulbildung zu versorgen.
5. Wird die Schule Ihres (ältesten schulpflichtigen) Kindes auch von Flüchtlingskindern besucht?
6. Hat es in der Schule Ihres (ältesten schulpflichtigen) Kindes besondere Aktivitäten zur Unterstützung der Flüchtlingskinder gegeben?
7. Haben sich die Eltern der Klasse Ihres (ältesten schulpflichtigen) Kindes an solchen Aktivitäten beteiligt?
8. Hat es in der Schule Ihres (ältesten schulpflichtigen) Kindes wegen der Versorgung von Flüchtlingen Einschränkungen des Schulbetriebs gegeben, z. B. Belegung von Turnhallen mit Flüchtlingen?

Bei den Aussagen 1 bis 4 geht es um eher generelle Einstellungen der Eltern zur Beschulung von Flüchtlingskindern. Mit den dabei angesprochenen Themen befassen wir uns im ersten Abschnitt dieses Beitrags. Die Erfahrungen, die die Eltern an den Schulen „vor Ort" gesammelt haben (Fragen 5 bis 8), behandeln wir weiter unten im zweiten Abschnitt.

7.1 Elterneinstelllungen zu Flüchtlingen an deutschen Schulen – Ergebnisse, Erwartungen, Bewertungen

Wie die Eltern die ersten vier Aussagen eingeschätzt haben, zeigt Abbildung 7.1. Die große Mehrheit von 95 % der Eltern befürwortet („eher" oder „sehr"), dass Flüchtlingskinder so schnell wie möglich die Schule besuchen (Aussage 1). Wie Politiker und Wissenschaftler sehen also auch Eltern die Wichtigkeit von Bildung zur Integration von Flüchtlingen. Dies ist ein sehr ermutigendes Ergebnis. Dementsprechend begrüßen es auch 81 % der Eltern, dass die Landesregierungen dafür zusätzliche Lehrer/innen eingestellt haben (Aussage 2). Dass Flüchtlingskinder in der Regel zunächst in gesonderten Klassen unterrichtet werden, um Deutsch zu lernen, findet die Zustimmung von 73 % der Eltern. Die Wichtigkeit der deutschen Sprache für Schulerfolg und Integration ist also im Bewusstsein einer deutlichen Mehrheit vorhanden (Aussage 3). Wie wichtig für viele Eltern die Integration von jungen

Abb. 7.1 Einstellungen gegenüber der Beschulung von Flüchtlingskindern (2017)

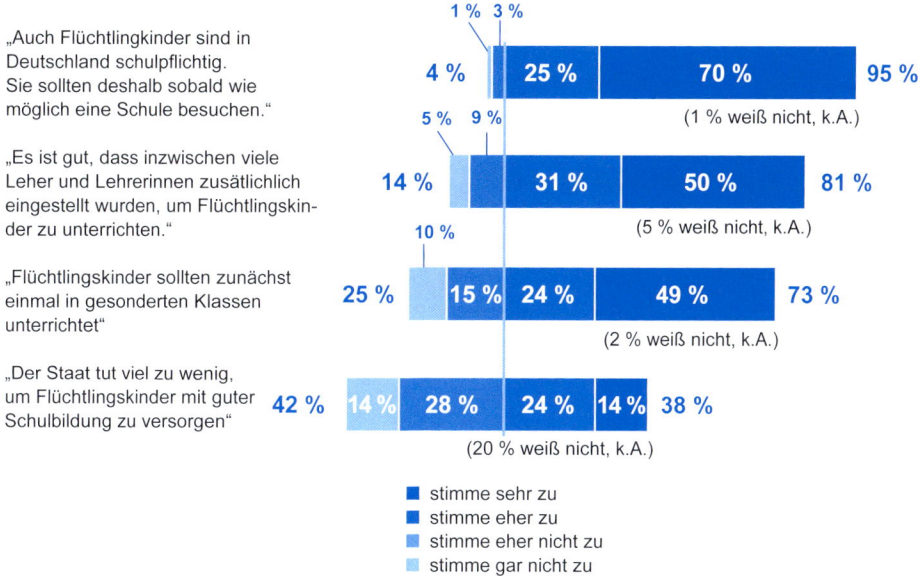

Frage: Sagen Sie mir bitte zu den folgenden Aussagen, wie sehr Sie diesen zustimmen?
N=2.000 Befragte

Flüchtlingen ist, zeigt auch die Einschätzung von Aussage 4, bei der immerhin 38 % der Eltern kritisch anmerken, dass der Staat an dieser Stelle noch zu wenig unternehme.

Diese Ergebnisse zeigen eine große Solidarität der Eltern mit den ins Land geflüchteten Kindern. Deutlich wird auch eine Grundhaltung der Humanität und Akzeptanz in der Elternschaft. Blickt man jedoch genauer auf die statistischen Ergebnisse, d. h. auf die Differenzierung der befragten Elternschaft nach Kriterien wie Bildungsgrad, Haushaltseinkommen, Migrationshintergrund, Schulform des eigenen Kindes und Bundesland, so zeigen sich Unterschiede im Detail.

7.1.1 Schulpflicht

Die Sicht der Eltern
Insgesamt ist die Zustimmung sehr hoch (95 %), dass Flüchtlingskinder so früh wie möglich eine Schule besuchen sollen. Interessant ist, dass sich bei dieser Frage kaum Gruppenunterschiede zeigen. Weder die soziale Situation, der Bildungsgrad, der Migrationshintergrund noch die besuchten Schulen der Kinder oder das Bundesland lassen bei dieser Frage eine signifikante Differenzierung erkennen (ohne Abbildung). Man kann hier wirklich von einem gesellschaftlichen Konsens sprechen, den die Eltern schulpflichtiger Kinder in Deutschland gegenüber Flüchtlingen teilen.

Ein etwas anderes Ergebnis wird deutlich aus der repräsentativen Umfrage, die das Meinungsforschungsinstitut Forsa im Auftrag des Deutschen Kinderhilfswerks 2017 zu einer ähnlichen Frage durchgeführt hat. Zwar sieht die sehr große Mehrheit der Bevölkerung in Deutschland in einem ausreichenden Zugang von Flüchtlingskindern zur Sprachförderung den größten Handlungsbedarf (90 %), bei der Frage allerdings, ob Flüchtlingskinder sofort die gleichen Möglichkeiten haben sollten wie in Deutschland geborene Kinder, fällt das Ergebnis anders aus: Nur 42 % der Befragten sind dafür, 52 % dagegen meinen, dass man Flüchtlingskindern nicht sofort die gleichen Möglichkeiten bieten kann wie deutschen Kindern. Bei Personen, in deren Haushalt Kinder leben, sind es 48 % (Deutsches Kinderhilfswerk 2017). Die Zustimmungsrate zu dieser Frage ist in den letzten beiden Jahren, in denen für das Kinderhilfswerk entsprechende Daten erhoben wurden, deutlich gefallen. Diese Zahlen seien aus kinderrechtlicher Sicht ein deutliches Warnsignal, meint Thomas Krüger, der Präsident des Deutschen Kinderhilfswerks. Er sieht darin einen Handlungsauftrag für eine Bildungsoffensive in Sachen Kinderrechte.

Vergleicht man die Ergebnisse der beiden Befragungen, so ergibt sich, dass die Teilgruppe ‚Eltern' insgesamt eine andere Haltung geflüchteten Kindern und Jugendlichen gegenüber einnimmt, mehr Verständnis für deren Situation aufbringt und deren Bedürfnisse als Kinder mit denen deutscher Kinder gleich setzt. Die Zustimmung zur Gleichbehandlung bei Eltern ist in unserer Untersuchung allerdings deutlich höher als in der Untersuchung des Kinderhilfswerks. Ein Grund dafür mag an der interpretationsfähigen Fragestellung der Forsa-Umfrage liegen.

Wie ist der Zugang zum Schulbesuch für Flüchtlinge in Deutschland geregelt?
Grundgesetz, UN-Kinderrechtskonvention und EU-Recht garantieren für alle Minderjährigen, auch für asylsuchende Kinder, das Recht auf Bildung. Die Konkretisierung ist in den Schulgesetzen der Bundesländer geregelt. Hier gibt es Unterschiede:

In Sachsen und Sachsen-Anhalt gibt es lediglich ein Schulbesuchsrecht für Flüchtlinge, jedoch keine Schulpflicht. Diese gibt es in allen anderen 14 Bundesländern, allerdings mit deutlichen Unterschieden. In Baden-Württemberg, Bayern und Thüringen gilt eine Warteregelung (drei bzw. sechs Monate nach Zuzug). Brandenburg, Hessen, Mecklenburg-Vorpommern, Niedersachsen, Nordrhein-Westfalen und Rheinland-Pfalz haben eine De-facto-Warteregelung, weil dort die Schulpflicht erst einsetzt, wenn die Asylbewerber einer Gemeinde zugewiesen worden sind. Eine Schulpflicht, die sofort nach der Registrierung einsetzt, gibt es nur in den Stadtstaaten Berlin, Bremen und Hamburg sowie im Saarland und in Schleswig-Holstein (vgl. Massumi/von Drewitz 2015, S. 38f.).

Neben diesen gesetzlichen Unterschieden bei der Schulpflicht gibt es noch andere Hindernisse beim möglichst frühzeitigen Schulzugang eines gerade angekommenen Kindes. „Dürfen Kinder, die keine Aufenthaltspapiere haben, in Deutschland zur Schule gehen?" Eine im Oktober 2015 von der Universität Bremen (Funck/Karakasoglu/Vogel 2015) vorgelegte Studie belegt nach Abfrage von 100 Grundschulen im Bundesgebiet: Bei 62 % der Schulen wurde eine Aufnahme abgelehnt. In einigen Schulen und Behörden wurde sogar angenommen, dass die Polizei informiert werden müsse. Dabei wurde bereits 2011 vom Bundestag beschlossen, dass Schulen und andere Bildungs- und Erziehungseinrichtungen keine Daten mehr an Ausländerbehörden weitergeben müssen (Art. 87, Abs. 1, Aufenthaltsgesetz). Was als großer humanitärer Erfolg zugunsten des Kindeswohls und des Rechts auf Bildung gefeiert wurde, war damals offensichtlich bei der Mehrheit der Schulsekretariate und Schulleitungen noch nicht angekommen. Mehrere zehntausend Kinder und Jugendliche können davon betroffen gewesen sein – kein guter Start in die gewünschte Integration. Allerdings: Diese Studie beschreibt einen Realitätsausschnitt zum Höhepunkt der Zuwanderung im Jahr 2015. Inzwischen sind die Verfahren geklärt, der außerordentliche Druck auf Grund der eklatanten Zahlen hat nachgelassen und die Sensibilität für die Flüchtlingsfamilien und ihre Kinder ist bei den zuständigen Verwaltungen deutlich gewachsen.

Zum Ende des Schuljahres 2016/17, knapp zwei Jahre nach dem Höhepunkt der Zuwanderung, lässt sich resümieren, dass die nahezu flächendeckende Einführung von Willkommens- oder Vorbereitungsklassen als schnelle Antwort auf diese außerordentliche Herausforderung das Recht auf Bildung für jedes Kind und jeden Jugendlichen in einem hohen Maße realisiert hat (vgl. Matysiak 2017, S. 91).

7.1.2 Neue Schüler/innen – mehr Lehrer/innen

Die Sicht der Eltern
Der besondere staatliche Aufwand zur Beschulung geflüchteter Kinder wird von Eltern bei der JAKO-O Befragung insgesamt stark begrüßt (Gesamt: 81 %). Im Detail ergeben sich Unterschiede:
- Eltern mit Hauptschulabschluss beantworten diese Frage mit 75 % positiv, während Eltern mit Abitur oder Hochschulabschluss dies mit 87 % deutlicher tun.
- 65 % der Eltern mit einem geringen Einkommen (unter 1000 Euro) begrüßen die zusätzliche Lehrereinstellung, Eltern mit hohem Einkommen (über 3000 Euro) tun dies zu 85 %.
- Türkische Eltern begrüßen diese Maßnahmen mit 94 %, aus Russland stammende Eltern zu 75 %.
- In Bayern loben 87 % der Eltern diese Maßnahmen, während es in Hessen, Thüringen und Sachsen 75 % tun.

Die Wichtigkeit schulischer Förderung wird bei Eltern mit hohem Bildungsgrad besonders betont. Diese entspricht auch dem Ergebnis zur ersten Aussage und spiegelt den Erfahrungshorizont dieser Eltern. Eltern mit geringem Einkommen bewerten staatliche Maßnahmen etwas anders. Möglicherweise spielt hier eine potenzielle Konkurrenz zu Zugewanderten auf dem Arbeits- oder Wohnungsmarkt eine Rolle.

Das Ergebnis, dass fast alle befragten türkischen Eltern die staatlichen Investitionen begrüßen, korreliert mit den Ergebnissen der 2015 erstellten Studie „Große Vielfalt, weniger Chancen" der Universität Düsseldorf (Barz u. a. 2015). Hier wird festgestellt, dass Eltern mit Migrationshintergrund hohe Bildungsziele haben und viel Zeit und auch Ressourcen investieren, um die Schullaufbahn ihres Nachwuchses zu unterstützen. Im gut gebildeten Milieu der Zugewanderten gibt es darüber hinaus eine hohe Sensibilität für die Bildungsbenachteiligung von Migrant/innen. Eine besondere Empathie auch für die Lage von geflüchteten Kindern liegt hier nahe.

Lehrerbedarf und Kosten

Bereits im Oktober 2015 umriss die Kultusministerkonferenz (KMK) die Quantitäten: Von den 890.000 Flüchtlingen für 2015 seien 20 bis 30 % schulpflichtig (vgl. Daschner 2017, S. 12ff.). Das erfordere insgesamt über 20.000 zusätzliche Lehrer/innen, Baumaßnahmen, etc. mit einem Mehrbedarf von mindestens 2,3 Milliarden Euro für den Schulbereich. Die GEW rechnete für ca. 300.000 zusätzliche Kinder in Kitas und Schulen einen Bedarf von 24.000 Lehrer/innen und 14.000 Erzieher/innen mit jährlichen Kosten von 3 Milliarden Euro (vgl. Tagesspiegel 09.10.2015).

Eine genauere Bedarfsschätzung auf der Basis von Daten des gesamten Jahres 2015 findet sich im Bildungsbericht 2016, der ein eigenes Kapitel zum Thema Bildung und Migration enthält (vgl. Autorengruppe Bildungsberichterstattung 2016, S. 161-206). Allein für die Befriedigung der Bedarfe aus der Zuwanderung des Jahres 2015 ergeben sich folgende Größenordnungen:
– Kindertagesbetreuung:
  7.000 bis 9.400 Erzieher/innen
– Grundschule und Sekundarbereich I:
  10.000 bis 14.000 Lehrer/innen und 600 bis 800 Sozialpädagog/innen

Die Personalkosten dafür belaufen sich auf 840 Millionen bis 1,12 Milliarden Euro für das Jahr 2016. Rechnet man die Personalkosten für die Berufliche Bildung (ohne Kosten für die Betriebe) hinzu, ergibt sich ein weiterer Bedarf im staatlichen Bildungs- und Ausbildungsbereich von 15.000 bis 20.000 Stellen.

Die Gesamtkosten für die Flüchtlinge im Bereich frühkindliche Bildung, Schule und Berufsbildung für das Jahr 2016 liegen demnach zwischen 2,2 und 3 Milliarden Euro (ebd., S. 202). Damit werden die auf Grundlage eines anderen Schätzverfahrens erhobenen Daten von KMK (untere Marge) und GEW (obere Marge) im Wesentlichen bestätigt.

Das eine aber sind der Lehrerbedarf und die Haushaltsmittel, die durch Nachtragshaushalte der Länder bereitgestellt werden, das andere ist die Situation auf dem Lehrerarbeitsmarkt. Einige Bundesländer sehen sich bereits aufgrund der genannten Mehrbedarfe und hoher Pensionierungszahlen zu Notmaßnahmen gezwungen. Beispiel Baden-Württemberg: Hier werden Pensionäre zurückgeholt bzw. die Pensionsgrenze bis zum 69. Lebensjahr (freiwillig) ausgedehnt. Beurlaubte Lehrer/innen werden in den Schuldienst zurückgebeten, Quer- und Seiteneinstiege in das Referendariat begünstigt. Dass dieser Zustand länger anhalten wird, signalisiert eine neue Bertelsmann-Lehrerbedarfsprognose von Klaus Klemm und Dirk Zorn. Danach wird es voraussichtlich bereits 2025 nicht 7,2 Millionen Schüler/innen geben, wie von der KMK 2013 prognostiziert, sondern 8,3 Millionen. Damit würde der Lehrerbedarf in den Grundschulen um 24.000 Lehrer/innen steigen und dazu seien 2.300 Grundschulen mehr nötig als heute (derzeit ca. 15.000). In der Sekundarstufe I brauchte es zeitversetzt im Jahr 2030 insgesamt 27.000 Lehrer/innen zusätzlich. Die steigenden Schülerzahlen führten zu geschätzten Mehrausgaben für Personal und Schulgebäude im Jahr 2030 in Höhe von etwa 4,7 Milliarden Euro (Klemm/Zorn 2017).

7.1.3 Vorbereitungsklassen

Die Sicht der Eltern
Die Mehrheit der Eltern (73 %) spricht sich dafür aus, Flüchtlingskinder zunächst separat zu beschulen. Im Einzelnen differieren die Ansichten.
- Eltern in Ostdeutschland begrüßen die getrennte Anfangsbeschulung mit 81 %, Eltern in Westdeutschland mit 71 %.
- In Rheinland-Pfalz und im Saarland sehen nur 56 % der Eltern die getrennte Anfangsbeschulung positiv, in Thüringen und Sachsen sind es 84 %.

In Ostdeutschland zeigt sich eine etwas größere Distanz zu Flüchtlingen, die darin begründet sein mag, dass weniger Erfahrungen mit Migrant/innen und Flüchtlingskindern vorliegen. Unterschiedliche Beschulungsprogramme in den Bundesländern und damit unterschiedliche Erfahrungen werden zudem der Grund für die Variation der Ergebnisse sein.

Formen der Beschulung in den Bundesländern
In allen Bundesländern gibt es besondere Klassen für Flüchtlingskinder (die Klassen haben verschiedenen Bezeichnungen: Internationale Vorbereitungsklassen, Willkommensklassen, Auffangklassen, …), in denen diese vor allem eine intensive Sprachförderung erfahren, um später am Regelunterricht teilnehmen zu können. Modelle dieser Art bilden den „Normalfall" und werden insbesondere in der Sekundarschule und in städtischen Schulen praktiziert, wo es genügend zugezogene Kinder und Jugendliche gibt, um spezielle Klassen bilden zu können. Daneben gibt es aber auch die Verschränkung mit dem Regelunterricht von Anfang an in sog. integrativen oder teilintegrativen Modellen wie etwa in Rheinland-Pfalz oder Bremen. Dem Inklusionsgedanken am weitesten folgend praktizieren etwa im Kreis Unna (Nordrhein-Westfalen) alle 125 Schulen ein sog. „Go-in-Konzept" (Kreis Unna o. J.), nach dem geflüchtete Kinder und Jugendliche von der ersten Stunde an am Regelunterricht teilnehmen. An maximal acht Stunden wöchentlich erhalten sie parallel zum normalen Unterricht eine besondere Sprachförderung. Wie in anderen Regionen außerhalb der Großstädte sprechen natürlich auch pragmatische Gründe gegen die Einrichtung von speziellen Vorbereitungsklassen, für die große Zuwanderungszahlen Voraussetzung sind. Im Durchschnitt sind drei zugewanderte Kinder in einer Regelklasse, in keiner Klasse mehr als fünf. Zu weiteren Säulen des „Go-In-Konzepts" gehören eine Potenzialeinschätzung jedes neu aufgenommenen Kindes sowie die Weiterqualifizierung der Lehrer/innen für eine durchgängige Sprachbildung und individuelle Förderung. Das „Go-In-Projekt" wird von der Universität Bielefeld evaluiert.

In der Regel werden die separat beschulten Kinder und Jugendlichen nach spätestens einem Jahr in der Vorbereitungsklasse in den Regelunterricht überführt. Überprüfungen des Leistungsstandes bzw. eine Aufnahmeschwelle gibt es im Grundschulbereich nicht. Ist die Vorbereitungsklasse an einer Sekundarschule angesiedelt, so entscheidet am Ende des Schuljahres die Zeugniskonferenz der Flüchtlingsklasse auf der Basis des Leistungsstandes und der Lernpotenziale des jeweiligen Jugendlichen, in welche weiterführende Schule und Regelklasse er oder sie gehen kann. Dort erhalten sie weiter zusätzlichen Deutschunterricht.

Insgesamt spricht vieles dafür, die Kinder in den Vorbereitungsklassen nicht zu lange von ihren Mitschüler/innen im Regelunterricht fern zu halten. Weniger sprachintensive Fächer wie Sport, Musik, Kunst, zum Teil auch Mathematik, bieten sich für einen gemeinsamen Unterricht an.

Die Position, dass Schüler/innen von Anfang an in Regelklassen beschult werden sollen, wird auch in der Studie des Berliner Instituts für empirische Integrations- und Migrationsforschung vertreten. Die im Dezember 2016 veröffentlichten Studie „Mit Segregation zur Inklusion" beurteilt die Arbeit in Berliner Willkommensklassen kritisch. Kritisiert wird vor allem die hohe Schülerfluktuation, der Mangel an verbindlichen Curricula und damit die Beliebigkeit des unterrichteten Stoffes, der Mangel an geeignetem Material und die Ungeregeltheit des Übergangs in die Regelklassen (Berliner Institut für empirische Integrations- und Migrationsforschung 2016).

Tatsächlich gibt es in manchen Bundesländern keine vereinheitlichten curricularen Vorgaben und Kompetenzziele, die Schulen haben weitgehende Gestaltungsfreiheit. Im Gegensatz zu den Ergebnissen der Berliner Studie aber zeigen viele Erfahrungsberichte, dass die Schulen ihren Gestaltungsspielraum mit gutem Erfolg nutzen. Der Bildungsexperte der OECD, Andreas Schleicher, lobt Deutschland für seine Arbeit in der Flüchtlingsbeschulung, propagiert aber ebenfalls die schnelle Integration der Flüchtlingskinder in den Regelunterricht.

7.1.4 Tut der Staat zu wenig?

Die Sicht der Eltern
Die Meinungen zur Frage, ob der Staat zu wenig für die Flüchtlingskinder tue, differieren in unserer Befragung. Gruppenunterschiede sind kaum zu erkennen. Insgesamt gesehen liegen hier aber pro und contra nah beisammen (39 % stimmen zu, 42 % lehnen ab).
– Dass der Staat zu wenig für Flüchtlingskinder tue, sagen nur 27 % der russischen Eltern, aber fast die Hälfte der türkischen Eltern (48 %). Türkische Eltern legen viel Wert auf staatliche Investitionen ins Bildungswesen, dies bestätigt die schon bei Aussage 2 festgestellte Tendenz.
– In Baden-Württemberg meinen 45 % der Eltern, der Staat tue zu wenig, in Berlin sind es 51 %, in Thüringen und Sachsen meinen dies nur 23 % der Eltern.

Bemerkenswert erscheint der relativ hohe Anteil der Eltern, die die Bildungspolitik in der Pflicht sehen, ihre Anstrengungen gegenüber den Flüchtlingen weiter zu verstärken. Dies steht in deutlichem Kontrast zur häufig in Medienkommentaren und sozialen Netzwerken geäußerten Ansicht, staatliche Leistungen sollten in erster Linie den deutschen Staatsbürger/innen zugutekommen.

Beispiel Hamburg
Bei der Frage, ob der Staat zu wenig tut, um Flüchtlingskinder mit guter Schulbildung zu versorgen, muss das Hauptkriterium die Personalausstattung sein. Lehrer/innen, Erzieher/innen sowie sozialpädagogische Fachkräfte sind es, die in erster Linie die Bildungs- und Integrationsprozesse zugewanderter Schüler/innen beeinflussen. Die

zusätzlichen Bedarfe für dieses pädagogische Personal für das Jahr 2016 und darüber hinaus sind weiter oben dargestellt.

Es ist anzuerkennen, dass die dafür nötigen Mittel von den Ländern und Kommunen durch ergänzende Haushaltsbeschlüsse aufgebracht wurden, ohne die jeweils geltenden Standards wie z. B. Gruppen- und Klassenfrequenzen strukturell zu verschlechtern. Die Schülerzahlen in den Basisklassen (für noch nicht alphabetisierte Kinder) oder in den Vorbereitungsklassen sind – Beispiel Hamburg – auf 10 bzw. 15 begrenzt. In einer Antwort auf eine parlamentarische Anfrage hat der Hamburger Senat die gesamten Mehrkosten für die ca. 51.000 Flüchtlinge in 2016 genau aufgelistet (Hamburgische Bürgerschaft 2017). Demnach belaufen sich die staatlichen Kosten auf 897 Millionen Euro bei einem Gesamthaushalt der Stadt von 12 Milliarden Euro. Allein auf die Unterbringung von 13.000 Flüchtlingen in den Erstaufnahmeeinrichtungen entfallen 375 Millionen Euro, auf den Bildungsbereich 76 Millionen Euro.

7.2 Flüchtlingskinder an der eigenen Schule – die Erfahrungen „vor Ort"

Bei den Fragen 5 bis 8 stehen nicht so sehr die grundlegenden Einstellungen, sondern vielmehr die konkreten Erfahrungen der Eltern mit Flüchtlingskindern in den Schulen bzw. Klassen ihrer Kinder im Fokus.

An den meisten deutschen Schulen werden laut Aussage der Eltern inzwischen Flüchtlinge unterrichtet (siehe Abbildung 7.2): das geben 63 % der Eltern an (Frage 5). Besondere Aktivitäten zu ihrer Unterstützung gab es in 38 % der Schulen, die Flüchtlingskinder aufgenommen haben (Frage 6). An ebenfalls 38 % dieser Schulen haben sich Eltern bei solchen Maßnahmen aktiv beteiligt (Frage 7). Weitere Analysen (siehe weiter unten, Abbildung 7.3) zeigen: Von Einschränkungen des Schulbetriebs – etwa durch die Belegung von Sporthallen – berichten lediglich 14 % der Eltern (Frage 8).

Abb. 7.2 Erfahrungen mit Flüchtlingskindern an der Schule des Kindes (2017)

Frage: „Wird die Schule Ihres ältesten schulpflichtigen Kindes auch von Flüchtlingskindern besucht?"

Frage: „Hat es in dieser Schule besondere Aktivitäten zur Unterstützung der Flüchtlingskinder gegeben? Haben sich die Eltern der Klasse Ihres ältesten schulpflichtigen Kindes an solchen Aktivitäten beteiligt?"

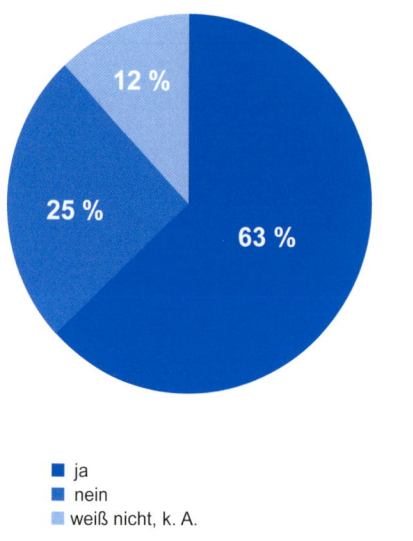

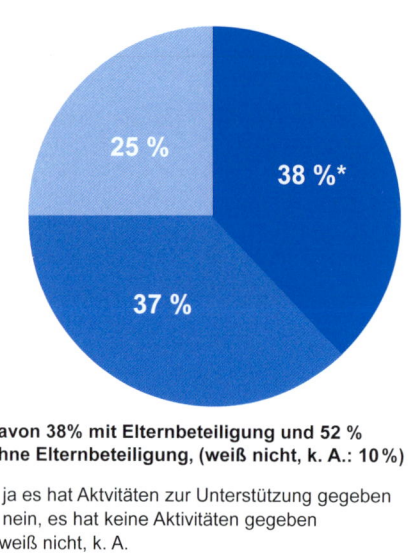

*davon 38% mit Elternbeteiligung und 52 % ohne Elternbeteiligung, (weiß nicht, k. A.: 10 %)

- ja
- nein
- weiß nicht, k. A.

- ja es hat Aktivitäten zur Unterstützung gegeben
- nein, es hat keine Aktivitäten gegeben
- weiß nicht, k. A.

N=2.000 Befragte

7.2.1 Wo gibt es wie viele Flüchtlinge?

Wie Abbildung 7.2 zeigt, werden nach Angaben der Eltern in knapp zwei Dritteln der Schulen (63 %) Flüchtlingskinder unterrichtet. Die Antworten zeigen Unterschiede zwischen Ostdeutschland und Westdeutschland: In Westdeutschland werden 65 % der Schulen nach Aussage der Eltern von Flüchtlingskindern besucht, in Ostdeutschland sind es 52 %. Auch zwischen den Schulformen gibt es Unterschiede:
- Mit 72 % werden die Schulen mit türkischen Kindern auffallend häufig von Flüchtlingen besucht.
- In Bremen, Hamburg, Schleswig-Holstein und Niedersachsen finden sich an 74 % der Schulen Flüchtlingskinder, in Thüringen und Sachsen an 45 %.
- 51 % der Gymnasien beschulen Flüchtlinge, 85 % der Hauptschulen, 76 % der Gesamtschulen, 56 % der Realschulen und 70 % der Grundschulen.

Die geringere Zahl an Flüchtlingen in den neuen Bundesländern schlägt sich auch in der Zusammensetzung der Schülerschaft nieder. Deutlich wird auch, dass Flüchtlinge nicht gleichmäßig auf die Quartiere verteilt sind. In Städten und den Stadtstaaten ist der Anteil der Flüchtlinge höher als auf dem Land. Dass Flüchtlingskinder, wenn sie im Regelschulwesen angekommen sind, eher auf Hauptschulen und Gesamtschulen gehen als auf Gymnasien, liegt auch am schulspezifischen Lerntempo und am Individualisierungsgrad der Schulform bzw. ihren ressourcengestützten Fördermöglichkeiten.

Insgesamt lässt sich feststellen, dass schon allein wegen der großen Zuwanderungszahlen in 2015 und 2016 eine deutliche Mehrheit aller ca. 33.000 Schulen in Deutschland von geflüchteten Kindern und Jugendlichen besucht wird. Wenn auch Grund-, Haupt- und Gesamtschulen davon am meisten betroffen sind, werden auch in der Hälfte der Gymnasien Flüchtlingskinder beschult. In Hamburg sind es über zwei Drittel aller Gymnasien, weil es erklärter Wille der Politik ist, ähnlich wie bei den Flüchtlingsunterkünften, eine möglichst ausgeglichene Verteilung der Flüchtlinge über die Stadtteile und Schulformen hinweg zu ermöglichen.

7.2.2 Besondere Unterstützungsleistungen für Flüchtlingskinder

Abbildung 7.2 zeigt auch, dass bestimmte Schulen hier besonders aktiv sind (Gesamt: 38 %).
– Eltern mit niedrigem Einkommen sagen zu 18 %, dass die Schule ihres Kindes Sondermaßnahmen zur Integration von Flüchtlingen ergriffen hat, an den Schulen von Eltern mit hohem Einkommen sind es 43 %.
– In Bayern berichten 31 % der Eltern von Sonderaktivitäten, in Rheinland-Pfalz und im Saarland 49 %.
– 46 % der Gymnasien mit Flüchtlingen unternehmen laut Elternaussagen besondere Aktivitäten, 45 % der Gesamtschulen, 34 % der Hauptschulen und 35 % der Grundschulen.

An Schulen mit sozial schwächerer Schülerschaft, die gleichzeitig mehr Flüchtlinge beschulen, finden weniger Aktivitäten statt als an Schulen mit sozial besser gestellter Schülerschaft. Dies mag an den Ressourcen und Fördermöglichkeiten größerer Schulen liegen, aber eventuell auch an einer besseren Kommunikation über Elternbriefe oder Newsletter.

Die Beantwortung der Frage nach den besonderen Aktivitäten zur Unterstützung der Flüchtlinge setzt – über den subjektiven Eindruck hinausgehend – relativ viel schulisches Insiderwissen voraus. Deshalb bedeutet der Prozentsatz von 38 % nicht, dass an den 62 % der übrigen Schulen mit Flüchtlingskindern nichts Spezifisches für diese geschähe. So sind die Vorbereitungs- bzw. Willkommensklassen, die fast alle zugewanderten Kinder und Jugendlichen besuchen, bereits eine spezielle Einrichtung mit besonders niedrigen Klassenfrequenzen (vgl. Aussage 3). Das gilt auch für die Lehrer/innen, die vielfach eine besondere Qualifikation für Deutsch als Zweitsprache aufweisen bzw. in Fortbildungen nachträglich erwerben.

Dazu gibt es spezifische Mentorenprogramme mit Fokus auf die Eltern von Flüchtlingskindern, um sie mit dem deutschen Schulsystem vertraut zu machen, oder für Schüler/innen beim Übergang von den Vorbereitungsklassen in die Regelklassen (vgl. das Projekt „Weichenstellung" der ZEIT-Stiftung).

Wichtig für die Planung von effektiven Unterstützungsleistungen für Flüchtlingskinder im Bildungsbereich wären sicher auch die Wünsche der Betroffenen selbst oder ihrer Eltern. Dazu gibt es noch keine systematischen Erhebungen. Die Studie „Große Vielfalt – wenig Chancen" (Barz u. a. 2015) enthält zwar keine Aussagen von kürzlich Geflüchteten. Sie hat aber die unterschiedlichen Lebensweisen und Alltagskulturen von Migrant/innen in Deutschland über einen längeren Zeitraum systematisch untersucht und präsentiert einen differenzierten Einblick in deren Bildungserfahrungen und -einstellungen, den man sich für Verbesserungen bei der Integrationsarbeit zu Nutze machen könnte.

Insgesamt zeigt diese Studie, dass Eltern mit Migrationshintergrund über alle Milieus hinweg hohe Bildungsziele für ihre Kinder haben. Allerdings unterscheiden sich die Ressourcen, die Eltern dafür aufbringen können, je nach ihrem sozialen und kulturellen Hintergrund. Die Eltern nehmen auch zum Teil große Unterschiede wahr zwischen dem, was sie für die Bildung ihrer Kinder für wichtig erachten, und dem, was sie dann in der Schule vorfinden (vgl. Barz u. a. 2015, S. 7).

Besonders verbesserungsbedürftig erscheinen ihnen die Beratungs- und Informationsangebote (vgl. Lengyel/Neumann 2016, speziell zur Situation des herkunftssprachlichen Unterrichts) sowie die interkulturelle Kompetenz der Lehrer/innen. Deutlich wird daraus, dass diese von Migranteneltern formulierten Bedarfe und weitere, wie z. B. die durchgängige Sprachbildung in allen Fächern und Schulstufen, eine interkulturelle Öffnung und ein Schulklima erfordern, zu dem, neben der Bildungspolitik, auch die einzelne Schule entscheidend beitragen kann.

7.2.3 Unterstützende Aktivitäten von Eltern

Wo es besondere Aktivitäten zur Unterstützung von Integrationsmaßnahmen gab (vgl. Frage 6), haben sich 38 % der Eltern der Klasse beteiligt. Dies stellt ein beachtliches Maß an Hilfe und Unterstützung dar. Es gibt auch Unterschiede bei der Elternmitarbeit in der eigenen Klasse:
- Die aktive Elternbeteiligung verläuft relativ gleichmäßig über die Schulformen.
- Eltern mit Migrationshintergrund berichten mit 31 % von Elternaktivitäten in der eigenen Klasse, Eltern ohne Migrationshintergrund dagegen mit 41 %.
- 53 % der Eltern mit niedrigem Einkommen geben eine Elternbeteiligung bei Flüchtlingsaktivitäten in der Klasse ihres Kindes an, bei Eltern mit hohem Einkommen sind es 40 %.

Zur Einschätzung der Plausibilität dieser Ergebnisse kann ein Blick auf die 3. JAKO-O Bildungsstudie nützlich sein. Insgesamt gesehen – so die Elternbefragung von 2014 (Killus/Paseka 2014) – lässt sich eine positive Bilanz ziehen, wenn es um die Elternaktivitäten in der Schule geht: „Die überwiegende Mehrheit der befragten Eltern nutzt die ‚klassischen' Möglichkeiten, um mit der Schule Kontakt aufzunehmen und sich zu informieren" (Killus 2017, S. 11). Hier sind Elternabende, Elternsprechtage bzw. Elternsprechstunden gemeint. Aber auch an Freizeitangeboten am Nachmittag, z. B. Fußball-AG, Basteln und Musizieren sowie bei der Versorgung von Schüler/innen (Kantine), nehmen Eltern teil (33 %). Ebenso ist die Mitarbeit in Arbeitsgruppen, in denen sich Lehrer/innen und Eltern gemeinsam für die pädagogische Gestaltung der Schule und des Unterrichts einsetzen, für fast ein Drittel der Eltern ein Anliegen (31 %). „Sehr viel entscheidender als der Bildungsabschluss der Eltern sind deutliche Signale der Lehrer/innen und der Schule, mit den Eltern zusammenarbeiten zu wollen" (ebd.).

In der Quantität bestätigen diese Ergebnisse von 2014 die der aktuellen Elternbefragung. Das Engagement der Eltern – so das erfreuliche und offensichtlich stabile Resultat – bezieht sich, wenn die Schule entsprechende Angebote macht, auch auf Flüchtlingskinder und deren Integration. Dies stellt ein beachtliches Maß an Hilfe und Unterstützung dar, das die Bemühungen der Schule wirkungsvoll begleitet.

7.2.4 Einschränkungen im Schulbetrieb

Mit Frage 8 wollten wir von den Eltern wissen, ob die Betreuung von Flüchtlingskindern an der Schule ihres Kindes zu Einschränkungen im Schulbetrieb geführt hat. Abbildung 7.3 zeigt die Antworten.

Abb. 7.3 Einschränkungen des Schulbetriebs durch Flüchtlinge an der Schule des Kindes (2017)

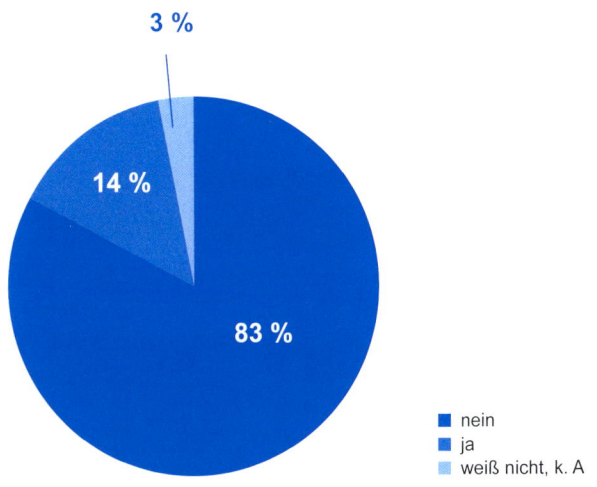

Frage: Hat es in der Schule Ihres ältesten schulpflichtigen Kindes wegen der Versorgung von Flüchtlingen Einschränkungen des Schulbetriebs gegeben, z. B. Belegung von Turnhallen mit Flüchtlingen?
N=2.000 Befragte

Insgesamt ist die Zahl der Schulen, die Einschränkungen hinnehmen müssen, gering (gesamt: 14 %). Dabei gibt es allerdings deutliche Unterschiede zwischen Bundesländern:
- In Rheinland-Pfalz und im Saarland sprechen 5 % der Eltern, in Thüringen und Sachsen 7 % und in Baden-Württemberg 8 % von Einschränkungen wegen der Versorgung von Flüchtlingen, in Nordrhein-Westfalen hingegen sind es 22 %, in Berlin 23 %.

Der Schluss liegt nahe, dass die einzelnen Bundesländer bzw. Gemeinden unterschiedlich mit dem Problem der Flüchtlingsunterbringung umgehen, aus welchen Sachzwängen auch immer. Das mag auch aus der unterschiedlichen Finanzausstattung der Kommunen resultieren bzw. der unterschiedlich großen Zahl an Flüchtlingen, die in 2015/16 unterzubringen war. Insgesamt ist die Zahl der Schulen, die Einschränkungen hinnehmen mussten, aus dem Blickwinkel der Eltern mit 14 % sehr gering. An 83 % der Schulen haben die Eltern keine Einschränkungen feststellen können.

7.3 Fazit

Unser Schulsystem erhält derzeit, 17 Jahre nach der ersten PISA-Studie, von externen Betrachtern eher erfreuliche Noten, z. B. im OECD-Jahresbericht „Bildung auf einen Blick 2015" (OECD 2015) oder im nationalen Bildungsbericht „Bildung in Deutschland 2016" von KMK und BMBF. Der Bildungsbericht spricht speziell mit Blick auf die letzten zehn Jahre Migration von „Licht und Schatten" (vgl. Autorengruppe Bildungsberichterstattung 2016, S. 204): Gestiegene Beteiligungsquoten in den Kitas und Verbesserung der Kompetenzen in der Sekundarstufe I sind hier positiv anzumerken. Aber weiterhin gibt es Defizite, die durch den Handlungs- und Lösungsdruck insbesondere seit 2015 besondere Brisanz gewonnen haben. Genannt seien hier vordringlich die Lehrerausbildung und die Lehrerfortbildung (vgl. Sachverständigenrat deutscher Stiftungen zu Integration und Migration 2016). Hier wird festgestellt, dass die Lehrer/innen in den meisten Bundesländern immer noch unzureichend auf den Unterrichtsalltag mit Flüchtlings- und Migrantenkindern vorbereitet sind. So sind in nur fünf Bundesländern (Baden-Württemberg, Berlin, Niedersachsen, Nordrhein-Westfalen und Schleswig-Holstein) Kurse zum Umgang mit sprachlicher Vielfalt im Lehramtsstudium per Gesetz verpflichtend. Auch in der Lehrerfortbildung gibt es bundesweit immer noch zu wenig Qualifizierungsangebote zu Sprachförderung und kultureller Vielfalt.

Das kann auch für die Schulentwicklung gelten, denn die Bildungs- und Integrationsarbeit mit Flüchtlingen betrifft nicht nur einzelne Lehrer/innen, sondern die ganze Schule. Und zur Schule gehören auch die Eltern. In ihrer Expertise „Elternbeteiligung in der Schule" von 2014 stellen Wiechers und Fürstenau resümierend fest: „Elternbeteiligung stellt eine Ressource zur Verbesserung des Schulerfolgs von Schülerinnen und Schülern und der Beziehung zwischen Schulen und Elternhäusern dar. Die Einbettung entsprechender Maßnahmen in die reguläre Schulentwicklung, also in eine kohärente, langfristig angelegte Gesamtstrategie, ist dabei von zentraler Bedeutung. Dadurch kann das Angebot langfristig gesichert und personenunabhängig gemacht werden. Der Abbau von Barrieren der Beteiligung von Eltern mit und ohne Migrationshintergrund in der Schule stellt dabei ein explizites Ziel dar" (Wiechers/ Fürstenau 2014, S. 9).

Eltern haben großen Anteil daran, ob schulische Bildungs- und Erziehungsprozesse gelingen. Sie sind auch in der Lage, die Integration von Flüchtlingskindern zu erleichtern. Die Befragung im Rahmen der 4. JAKO-O Bildungsstudie ergibt, dass die Elternschaft in Deutschland diese Integrationsaufgabe sehr wichtig nimmt, ihr positiv gegenübersteht, weitere staatliche Anstrengungen einfordert und sich selber dabei in einem beträchtlichen Maße aktiv beteiligt.

Literatur

Autorengruppe Bildungsberichterstattung (2016) (Hrsg.): Bildung in Deutschland 2016. Ein indikatorengestützter Bericht mit einer Analyse zu Bildung und Migration. Bielefeld: W. Bertelsmann Verlag.

Barz, H./Barth, K./Cerci-Thoms, M./Dereköy, Z./Först, M./Le, T. T./Mitchnik, I. (2015): Große Vielfalt, weniger Chancen. Eine Studie über die Bildungserfahrungen und Bildungsziele von Menschen mit Migrationshintergrund in Deutschland. Hrsg. von der Stiftung Mercator und der Vodafone Stiftung. Abrufbar unter: https://www.stiftung-mercator.de/media/downloads/3_Publikationen/Barz_Heiner_et_al_Grosse_Vielfalt_weniger_Chancen_Abschlusspublikation.pdf (Zugriff: 17.07.2017).

Berliner Institut für empirische Integrations- und Migrationsforschung (2016): „Willkommensklassen" in Berlin. Mit Segregation zur Integration? Eine Expertise für den Mediendienst Integration (von Prof. Dr. Juliane Karakayalı, Dr. Birgit zur Nieden, Dr. Çağrı Kahveci, Sophie Groß, Mareike Heller und Tutku Güleryüz). Dezember 2016. Abrufbar unter: https://mediendienst-integration.de/fileadmin/Dateien/Expertise_Willkommensklassen.pdf (Zugriff: 17.07.2017).

Daschner, P. (2017): Flüchtlinge in der Schule. Daten, Rahmenbedingungen und Perspektiven. Ein Überblick In: McElvany, N./Jungermann, A./Bos, W./Holtappels, H. G. (Hrsg.): Ankommen in der Schule. Chancen und Herausforderungen bei der Integration von Kindern und Jugendlichen mit Fluchterfahrung. Münster u. a.: Waxmann, S. 11-25.

Deutsches Kinderhilfswerk (2017): Repräsentative Umfrage zum Weltflüchtlingstag: Integration von Flüchtlingskindern führt über Sprache, Wohnraum, Kitas und Schulen. Abrufbar unter: https://www.dkhw.de/presse/schlagzeilen-archiv/schlagzeilen-details/repraesentative-umfrage-im-auftrag-des-deutschen-kinderhilfswerkes-zum-weltfluechtlingstag-2017-integ/ (Zugriff: 17.07.2017).

Funck, B. J./Karakasoglu, Y./Vogel, D. (2015): „Es darf nicht an Papieren scheitern". Theorie und Praxis der Einschulung von papierlosen Kindern in Grundschulen. Bremen: Universität Bremen. Abrufbar unter: https://www.gew-berlin.de/public/media/Nicht_an_Papieren_scheitern_2015_A4_web.pdf (Zugriff: 19.07.2017).

Hamburgische Bürgerschaft (2017): Drucksache 21/8434 vom 19.04.2017. Abrufbar unter: https://www.buergerschaft-hh.de/ParlDok/dokument/57146/hat-rot-grün-endlich-einen-überblick-über-die-flüchtlingskosten-2016-.pdf (Zugriff: 19.07.2017).

Killus, D. (2017): Was wissen wir über Eltern und Schule? In: Friedrich Jahresheft XXXV/2017. „Eltern". Hrsg.: Friedrich Verlag in Velber in Zusammenarbeit mit Klett. Mitherausgeber: Killus, D./Paseka, A./Schütz, P./Walther, U./Wischer, B.. Seelze: Friedrich Verlag, S. 10-12.

Killus, D./ Paseka, A. (2014): Elterliches Engagement für das schulische Lernen des eigenen Kindes. In: Killus, D./Tillmann, K.-J. (Hrsg.): Eltern zwischen Erwartungen, Kritik und Engagement. Ein Trendbericht zu Schule und Bildungspolitik in Deutschland. 3. JAKO-O Bildungsstudie, Münster u. a.: Waxmann, S. 131-148.

Klemm, K. (2016): Schülerinnen und Schüler aus Flüchtlingsfamilien: Eine Expertise zum Personalbedarf. Essen. (Manuskript). Abrufbar unter: http://www.bildungsbericht.de/de/bildungsberichte-seit-2006/bildungsbericht-2016/pdf-bildungsbericht-2016/bb16_expertise_klemm.pdf (Zugriff: 02.08.2017).

Klemm, K./Zorn, D. (2017): Demografische Rendite adé. Aktuelle Bevölkerungsentwicklung und Folgen für die allgemeinbildenden Schulen. Abrufbar unter: https://www.bertelsmann-stiftung.de/fileadmin/files/BSt/Publikationen/GrauePublikationen/Demographische_Rendite_ade___final.pdf (Zugriff: 19.07.2017).

Kreis Unna (o.J.): Projektskizze Schulische und sprachliche Integration von neu zugewanderten Kindern & Jugendlichen. Abrufbar unter: http://www.kreis-unna.de/fileadmin/user_upload/Kreishaus/50/pdf/Projektskizze_Go-In.pdf (Zugriff: 19.07.2017).

Lengyel, D./Neumann, U. (2016): Herkunftssprachlicher Unterricht in Hamburg aus Elternsicht, Projektbericht. Abrufbar unter: https://www.diver.uni-hamburg.de/-images/ 08122016-bericht-hube-ev.pdf (Zugriff: 19.07.2017).

Massumi, M./von Drewitz, N. (2015): Neu zugewanderte Kinder und Jugendliche im deutschen Schulsystem. Bestandsaufnahme und Empfehlungen. Köln: Mercator Institut für Sprachförderung und deutsch als Zweitsprache: Abrufbar unter: http://www.mercator-institut-sprachfoerderung.de/fileadmin/Redaktion/PDF/Publikationen/MI_ZfL_Studie_Zugewanderte_im_deutschen_Schulsystem_final_screen.pdf (Zugriff: 19.07.2017).

Matysiak, U. (2017): Pädagogische Integrationsarbeit. Konzepte, Strukturmerkmale und Ausbidungsanforderungen der schulischen Arbeit mit geflüchteten Jugendlichen. In: McElvany, N./Jungermann, A./Bos, W./Holtappels, H. G. (Hrsg.): Ankommen in der Schule. Chancen und Herausforderungen bei der Integration von Kindern und Jugendlichen mit Fluchterfahrung. Münster u. a.: Waxmann, S. 87-96.

OECD (2015): Bildung auf einen Blick 2015. OECD-Indikatoren. Bielefeld: W. Bertelsmann Verlag. Abrufbar unter: https://www.bmbf.de/files/OECD_Education_at_a_Glance_2015.pdf (Zugriff: 02.08.2017).

Sachverständigenrat deutscher Stiftungen für Integration und Migration (2016); Lehrerbildung in der Einwanderungsgesellschaft. Qualifizierung für den Normalfall Vielfalt. Abrufbar unter: https://www.stiftung-mercator.de/media/downloads/3_Publikationen/SVR_Mercator_Institut_Policy_Brief_Lehrerbildung_September_2016.pdf (Zugriff: 19.07.2017).

TAGESSPIEGEL (09.10.2015): Kultusministerkonferenz, 20.000 Lehrer für Flüchtlinge benötigt. Abrufbar unter: http://www.tagesspiegel.de/wissen/kultusministerkonferenz-20-000-lehrer-fuer-fluechtlinge-benoetigt/12432484.htmlt (Zugriff: 21.07.2017).

Weichenstellung für Zuwandererkinder und -jugendliche. Eine Initiative der ZEIT-Stiftung Ebelin und Gerd Bucerius. Abrufbar unter: https://www.weichenstellung.info (Zugriff: 19.07.2017).

Wiechers, L./Fürstenau, S. (2014): Elternbeteiligung in der Schule. pro DaZ: Stiftung Mercator und Universität Duisburg Essen. Abrufbar unter: https://www.uni-due.de/imperia/md/content/prodaz/wiechers_fürstenau_2014_elternbeteiligung.pdf (Zugriff: 19.07.2017).

Angelika Paseka

8 Stand der Inklusion aus Elternsicht

Zentrale Ergebnisse im Überblick

- Die zum Thema Inklusion vorliegenden Ergebnisse beziehen sich auf die Einstellung der Eltern gegenüber dem gemeinsamen Lernen von behinderten und nicht behinderten Kindern (Trendaussagen) sowie auf Erfahrungen mit der Umsetzung von Inklusion in der Schule.
- Große Zustimmung der Eltern findet der gemeinsame Unterricht mit körperlich beeinträchtigten Kindern und – dicht gefolgt – mit Kindern, die Lernschwierigkeiten aufweisen. Reservierter sind Eltern, wenn es um den gemeinsamen Unterricht mit verhaltensauffälligen oder mit geistig behinderten Kindern geht. Die jeweiligen Zustimmungswerte sind über einen Zeitraum von fünf Jahren (2012 bis 2017) recht stabil. Beispiel: Einen gemeinsamen Unterricht mit verhaltensauffälligen Kindern können sich 2012 insgesamt 46 % der befragten Eltern vorstellen, 2014 sind es 49 %. Besucht das eigene Kind eine inklusive Schule, haben also Eltern Erfahrungen mit Inklusion, wirkt sich das positiv auf die Zustimmungswerte aus.
- Der Anteil der Eltern, die angeben, dass ihr Kind eine inklusive *Schule* besucht, ist in den letzten Jahren gestiegen (2014: 27 %, 2017: 38 %). Dabei kommt ein gemeinsamer Unterricht an integrierten Schulformen (Gesamtschulen, integrierte Haupt- und Realschulen) häufiger vor als an nicht integrierten Schulformen. Geringer ist der Anteil der Eltern, die angeben, dass ihr Kind eine inklusive *Schulklasse* besucht (2017: 21 %). Das heißt: Auch an inklusiven Schulen gibt es Schulklassen, die nicht inklusiv geführt werden.
- Jeweils eine Mehrheit der Eltern nimmt wahr, dass in inklusiven Schulklassen zusätzliches pädagogisches Personal zur Verfügung steht (64 %), Eltern über pädagogische Konzepte gut informiert sind (60 %) und den unterschiedlichen Lernvoraussetzungen der Schüler/innen Rechnung getragen wird (60 %). Umgekehrt heißt das, dass ein gutes Drittel der Eltern hier noch Defizite sieht.
- Weitere Ergebnisse beziehen sich auf den Vergleich von Eltern, deren Kind einen sonderpädagogischen Förderbedarf hat, mit Eltern, deren Kind keinen sonderpädagogischen Förderbedarf hat. Dabei zeigt sich zunächst, dass Eltern mit einem beeinträchtigten Kind einem gemeinsamen Unterricht von behinderten und nicht behinderten Kindern eher zustimmen. Differenzierungen, wie sie weiter oben dargelegt wurden, zeigen sich aber auch bei diesen Eltern.
- Sehr ähnliche und überwiegend positive Ergebnisse zeigt der Vergleich der beiden Elterngruppen im Hinblick auf die Bewertung professioneller Kompetenzen von Lehrkräften, die sich auf den Umgang mit Heterogenität beziehen (z. B. die Stärken der Kinder erkennen und fördern oder mit unterschiedlichen finanziellen und sozialen Lebensumständen umgehen können).

- Sehr ähnliche und überwiegend positive Ergebnisse zeigt der Vergleich der beiden Elterngruppen im Hinblick auf die Bewertung professioneller Kompetenzen von Lehrkräften, die sich auf den Umgang mit Heterogenität beziehen (z. B. die Stärken der Kinder erkennen und fördern oder mit unterschiedlichen finanziellen und sozialen Lebensumständen umgehen können).
- Alles in allem positiv stellt sich auch das Vertrauen dar, das Eltern beider Vergleichsgruppen in die Lehrkräfte ihres Kindes setzen. Allerdings gibt es unter den Eltern, deren Kind einen sonderpägagogischen Förderbedarf hat, eine nennenswerte Gruppe von kritischen Eltern. Dass Lehrkräfte ehrlich sind, verneinen 14 % dieser Eltern (gegenüber 8 % von Eltern, deren Kind keinen Förderbedarf hat), dass Lehrkräfte hervorragende Arbeit leisten, verneinen 25 % dieser Eltern (gegenüber 14 % in der Vergleichsgruppe), und dass Eltern sich keine Sorgen machen müssen, wenn ihr Kind in der Schule ist, verneinen 14 % dieser Eltern (gegenüber 7 % in der Vergleichsgruppe).
- Von den Eltern, deren Kind einen sonderpädagogischen Förderbedarf hat, geben darüber hinaus relativ viele an, dass sie ihr Kind angesichts schulischer Anforderungen unterstützen. Entsprechend größer ist auch der Anteil derjenigen Eltern in dieser Elterngruppe, die sich als Elternteil eines schulpflichtigen Kindes „fast immer" oder „häufig" überfordert fühlen (41 % gegenüber 27 %). Gleichwohl ist unter diesen Eltern die Bereitschaft relativ groß, an der Gestaltung von Schule und Unterricht konkret mitzuwirken.

8.1 Einleitung

Inklusion ist im Frühjahr 2017 nicht nur medial ein Thema, sondern auch in den politischen Debatten rund um die Landtagswahlen in zwei Bundesländern. Ein Artikel im Spiegel dokumentiert an einigen Fällen dramatische Erfahrungen und kommt zur Erkenntnis: „Sie [die Inklusion] überfordert die Lehrer, es leiden die Kinder" (Bredow/Hackenbroch/Olbrisch 2017, S. 100). Fokken (2017) diagnostiziert einen „Schulfrust wegen Inklusion". Und der Tenor des Films „Ich.Du.Inklusion" lautet ebenfalls: Inklusion sei eine Katastrophe. Anhand von authentischen Bildern und Geschichten, wie es Lehrkräften, Kindern und deren Eltern an einer Schule in Nordrhein-Westfalen bei der Umsetzung der UN-Behindertenrechtskonvention so geht, wird behauptet, dass Inklusion nicht gelingen kann – die Rahmenbedingungen wären einfach nicht passend. Und in einigen Bundesländern wird darüber diskutiert, die bisherigen Konzepte zu Inklusion überdenken zu wollen (vgl. Medienberichterstattung aus Nordrhein-Westfalen und Schleswig-Holstein nach den Wahlen im Mai 2017, zusammenfassend Fokken 2017). Gleichzeitig sind sich alle einig: Auch Menschen mit Beeinträchtigungen haben ein Recht auf Partizipation, an Teilhabe an Bildung und am gesellschaftlichen Leben und dieses Recht sei umzusetzen. Gegen Inklusion als Menschenrecht hat wohl niemand etwas, doch bei der Umsetzung tauchen Zweifel, Frustration und Ärger auf.

Die 4. JAKO-O Bildungsstudie hat das Thema Inklusion – nach 2012 und 2014 – wieder aufgegriffen, um die Meinung von 2.000 Eltern einzufangen und daraus ein Stimmungsbild abzuleiten – jenseits von Einzelfällen. In der aktuellen Erhebungswelle wurden einige Fragen zum Themenbereich Inklusion beibehalten. So können einerseits Trendaussagen gemacht werden, andererseits ist unter Hinzuziehung von weiteren Fragen die Darstellung eines differenzierteren Bildes über die Einstellungen und Erfahrungen von Eltern zu Inklusion möglich. Zunächst sind aber einige grundsätzliche Anmerkungen zum Begriff Inklusion notwendig, denn auf konzeptioneller Ebene hat es in den vergangenen Jahren einen deutlichen Paradigmenwechsel gegeben. Im Anschluss wird der aktuelle Forschungsstand zu Inklusion wiedergegeben, denn die Forschung zu Inklusion hat sich in den vergangenen zwei Jahren beträchtlich intensiviert. Danach werden mit Hilfe der Ergebnisse der JAKO-O Bildungsstudie 2017 die folgenden Fragen beantwortet:

1) Welche grundsätzlichen Einstellungen haben Eltern zum Thema Inklusion und haben sich diese im Vergleich mit 2012 und 2014 tendenziell geändert?
2) In welchem Ausmaß ist Inklusion aus Sicht der Eltern an Schulen bereits umgesetzt? Wie zufrieden sind sie mit der personellen, materiellen und finanziellen Ausstattung an den Schulen?
3) Welche Meinung zu Inklusion und deren Umsetzung haben speziell jene Eltern, deren Kinder einen diagnostizierten sonderpädagogischen Förderbedarf haben?

8.2 Das Konzept: grundsätzliche Anmerkungen und aktuelle Entwicklungen

In der Einleitung wurde ein enger Inklusionsbegriff verwendet – entsprechend der Debatte, wie sie in Deutschland derzeit geführt wird. Während den internationalen Dokumenten, wie der Salamanca-Erklärung (1996), der UN-Behindertenrechtskonvention (UN-Konvention über die Rechte von Menschen mit Behinderungen: UN 2006/2008, Art. 24 Bildung) oder den UNESCO-Leitlinien (2009), ein weites Inklusionsverständnis zugrunde liegt, das alle Kinder und Jugendlichen einbezieht, dominiert in Deutschland tendenziell ein sonderpädagogisch akzentuierter Diskurs, der jene mit Beeinträchtigungen fokussiert (Werning 2016; siehe ebenso die Medienberichterstattung anhand der oben genannten Beispiele). Auch diesem Beitrag liegt ein enger Inklusionsbegriff zugrunde, d. h. Kinder bzw. Jugendliche mit sonderpädagogischem Förderbedarf stehen im Zentrum (siehe bereits Dedering/Horstkemper 2014).

Trotz dieser Engführung zeichnet sich auf konzeptioneller Ebene derzeit insofern ein Paradigmenwechsel ab, als sich der Fokus der Diskussion zu verschieben begonnen hat (vgl. Klemm 2015, S. 14ff.). In den früheren Phasen der Inklusionsdebatte dominierte der Blick auf die Defizite von Kindern und Jugendlichen mit sonderpädagogischem Förderbedarf. Leitende Frage war: Wie lassen sich diese am *Subjekt* festgemachten Defizite bearbeiten bzw. minimieren mit dem Ziel, diese Personen in das bestehende Schulsystem zu integrieren bzw. in weiterer Folge für den Arbeitsmarkt fit zu machen? In den neuesten Debatten richtet sich der Blick auf das *System* Schule, dessen Rahmenbedingungen und die Möglichkeiten einer (Neu-)Gestaltung. Die Leitfrage lautet: Welche – oft unsichtbaren – (Lern-)Barrieren gibt es, sodass Kinder bzw. Jugendliche mit sonderpädagogischem Förderbedarf am Lernen gehindert werden? Behinderung wird – pointiert formuliert – damit nicht den Subjekten angelastet, sondern dem System Schule. Aus den USA ist die Debatte um das „Universal

Design" auch in Deutschland angekommen. Universal Design meint die barrierefreie Gestaltung der Umwelt in ihren vielfältigen Dimensionen. In Bezug auf Schule bedeutet dies, „die Barrierefreiheit der Schule näher zu überprüfen. Hierbei ist es besonders wichtig, nicht einzelne Aspekte von Barrierefreiheit – etwa nur die Rollstuhlzugänglichkeit – zu sichern, sondern grundsätzliche Aspekte einer lernförderlichen inklusiven Lernumgebung in einem weiten Sinne von vornherein vor Augen zu haben" (Reich 2014, S. 235). Das verlangt, Informationsaufnahme, Informationsverarbeitung sowie Lern- und Motivationshilfen so zu gestalten, dass diese der Vielfalt der Schüler/innen gerecht und allen die gleichen Lernchancen ermöglicht werden. Dazu soll der Unterricht für alle Schüler/innen kognitiv anregend und aktivierend gestaltet sein und eventuelle Lernbarrieren *wären im Vorfeld aus dem Weg zu schaffen*. Ideen für die Umsetzung eines solchen „Universal Design for Learning" (UDL) sind auf konzeptioneller Ebene bereits publiziert (Bühler 2015), derzeit werden Umsetzungsmöglichkeiten in der Praxis evaluiert (u. a. Michna/Melle/Wember 2016; Schlüter/Melle/Wember 2016).

8.3 Forschungsstand zum Thema Inklusion

So wie sich auf konzeptioneller Ebene ein Perspektivenwechsel abzeichnet, hat sich auch die Forschung zur Inklusion weiter entwickelt und differenziert. Fünf Schwerpunkte lassen sich erkennen:

(1) Zum einen fragen Untersuchungen nach dem Nutzen von Inklusion für die betroffenen *Schüler/innen*. Gleich vorweg: Der Forschungsstand muss als diffus eingeschätzt werden, was sich vor allem durch die unterschiedlichen Instrumente und Untersuchungsdesigns zur Erfassung von Leistung und sozialer Integration (qualitative Fallstudien versus quantitative Querschnitt- und Längsschnitt-Befragungen) sowie die unterschiedlichen Befragungsgruppen (Schulform, Land, Stichprobengröße) erklären lässt. Insgesamt zeichnen sich leicht positive Effekte im Leistungsbereich ab, d. h. für Kinder mit sonderpädagogischem Förderbedarf lässt sich in inklusiven Unterrichtssettings eine positive Leistungsentwicklung erkennen. Bei der sozialen Integration und der Entwicklung eines positiven leistungsbezogenen Selbstkonzepts zeigen sich große Differenzen je nach Schulstandort, d. h. ob soziale Ausgrenzung und Stigmatisierungen stattfinden, hängt von den pädagogischen Konzepten am Schulstandort, der Art der Leistungsrückmeldung und der Lehrer-Schüler-Interaktion ab (zusammenfassend: Werning 2016; Klemm 2015).

(2) Zum zweiten nehmen ethnographische Studien die Praktiken von Inklusion in inklusiven *Unterrichtssettings* in den Blick. Die Herstellung von Gleichheit und Differenz wird dabei kritisch nachgezeichnet (u. a. Budde 2015). Inklusion und Exklusion haben sich dabei nicht als auszuschließende Gegensätze herauskristallisiert, sondern als zwei Seiten einer Medaille, die beide je nach situativem Kontext und pädagogischer Notwendigkeit im Interesse der Lernenden als angemessen erscheinen.

(3) Zum dritten gibt es Untersuchungen, die Inklusion als *Schulentwicklung* betrachten und fragen, wie die Organisation Schule mit den Ansprüchen umgeht. Hier gibt es Arbeiten, die die Zusammenarbeit zwischen dem pädagogischen Personal fokussieren (Heinrich/Werning 2013; Demmer/Heinrich/Lübeck 2017) und herausarbeiten, dass die Kooperation zwischen den einzelnen Professionen und deren

Professionsverständnis durchaus noch weiter zu entwickeln bzw. überhaupt erst anzubahnen ist. Studien zur Ressourcenverteilung an inklusiven Schulen lassen erkennen, dass Schulen in sehr unterschiedlicher Art und Weise vorhandene Ressourcen einsetzen und nutzen (Lambrecht u. a. 2016).

(4) Der vierte Schwerpunkt der wissenschaftlichen Untersuchungen beschäftigt sich mit den *Lehrkräften* und ihren Einstellungen zu Inklusion. Tendenziell muss eher von einer neutralen bis negativen Einstellung zu Inklusion ausgegangen werden (Gebhardt u. a. 2015). Vor allem Lehrkräfte an Gymnasien sind sich der mit Inklusion einhergehenden Spannungsfelder bewusst, z. B. hinsichtlich des Ausmaßes an Förderung oder des Umgangs mit Leistungsanforderungen (Siedenbiel 2016). Die Einstellungen sind dann positiver, wenn Lehrkräfte einschlägige Fortbildungen besucht haben, das Gefühl haben, der Herausforderung Inklusion gewachsen zu sein, bereits Erfahrungen mit inklusivem Unterricht gemacht haben und in ihren Inklusionsvorstellungen das Recht auf Bildung und Partizipation mitdenken (Hellmich/Görel 2014). Die Einstellungen hängen aber auch mit der Art der Beeinträchtigung zusammen (Gebhardt u. a. 2011). Ähnliche Ergebnisse zeichnen sich in Untersuchungen bei *Lehramtsstudierenden* ab (Kopp 2009; Bosse/Spörer 2014; Schwab/Seifert 2015; Hellmich/Görel/Schwab 2016). Für diese Gruppe ist der Forschungsstand jedoch nach wie vor eher diffus, weil die Studien je nach Befragungsgruppe bzw. Art der Befragung zu widersprüchlichen Ergebnissen kommen (Schwab/Seifert 2015).

(5) Schließlich gibt es ein fünftes Forschungsfeld, das sich mit *Eltern* beschäftigt. Dazu gibt es quantitative Befragungen von Eltern u. a. in Deutschland und Österreich, aber auch qualitative Fallstudien. Die deutschen quantitativen Untersuchungen zeigen, dass die Einstellung von Eltern gegenüber Kindern mit sonderpädagogischem Förderbedarf davon abhängt, welche Art von Beeinträchtigung diese aufweisen. Die Erfahrungen mit inklusiven Schulen scheinen insgesamt äußerst positiv, dennoch gibt es Ängste hinsichtlich einer ausreichenden Förderung von Schüler/innen ohne sonderpädagogischen Förderbedarf (Tillmann 2012: 2. JAKO-O Bildungsstudie; Dedering/Horstkemper 2014: 3. JAKO-O Bildungsstudie). Eine in Österreich durchgeführte Studie befragt Eltern mit beeinträchtigten Kindern, die eine Sonderschule oder eine Inklusionsklasse an einer Regelschule besuchen. Beide Elterngruppen lassen eine grundsätzlich positive Einstellung gegenüber der Schule erkennen, allerdings zeigen sich vielfältige Differenzen je nach Art bzw. Stärke der Beeinträchtigung des eigenen Kindes und der besuchten Schulform. Tendenziell befürworten jedoch Eltern, deren Kinder eine Beeinträchtigung haben, den inklusiven Unterricht und würden ihr Kind retrospektiv befragt mehrheitlich wieder in einer Inklusionsklasse anmelden (Gasteiger-Klicpera u. a. 2013).

Die qualitativen Fallstudien, die Eltern von Kindern mit Behinderung befragen, dokumentieren Sorgen bezogen auf das eigene Kind, denn diese Eltern befürchten emotionale Belastungen und Ausgrenzungserfahrungen und fragen sich, ob ihr Kind ausreichend betreut werden kann (Leyser/Kirk 2007). Nach Peters (2017) wünschen sich Eltern, deren Kind eine komplexe Beeinträchtigung aufweist, für ihre Kinder eine gezielte Förderung, mehr Information zu den schulischen und außerschulischen Maßnahmen, mehr Elternpartizipation und eine professionelle Kommunikation, die Lösungsansätze in den Vordergrund stellt. Peters resümiert, dass diese Eltern den

Schulen einen beträchtlichen „Vertrauensvorschuss" (ebd., S. 53) entgegenbringen, aus dem hohe Erwartungen resultieren.

Vergleichende Untersuchungen zwischen Eltern mit bzw. ohne Kind mit einer Beeinträchtigung bzw. Behinderung liegen derzeit nicht vor. In der JAKO-O Bildungsstudie 2017 wurden einerseits diese Forschungsbefunde aufgegriffen und Items kreiert, die vor allem den Fokus auf Schule und Lehrkräfte in den Blick nehmen. Andererseits wird darauf geachtet, dass sowohl Eltern mit und ohne Kinder mit sonderpädagogischem Förderbedarf in der Stichprobe repräsentiert sind, um deren vielfältige Erwartungen und Einschätzungen abbilden zu können. Damit wird ein Forschungsdesiderat aufgegriffen und erstmals ein Vergleich zwischen diesen beiden Elterngruppen möglich gemacht.

8.4 Ergebnisse der 4. JAKO-O Bildungsstudie 2017

Um die eingangs gestellten Fragen zu beantworten, werden in den folgenden drei Kapiteln unterschiedliche (Vergleichs-)Gruppen aus den JAKO-O Daten gewählt. In Kapitel 8.4.1 werden alle befragten Eltern einbezogen, um die grundsätzlichen Einstellungen zu Inklusion zu erfassen. Kapitel 8.4.2 stellt die Ansichten jener Eltern dar, deren Kinder eine inklusiv geführte Schule bzw. Schulklasse besuchen. Kapitel 8.4.3 widmet sich der Situation jener Eltern, bei deren Kind ein sonderpädagogischer Förderbedarf diagnostiziert wurde.

8.4.1 Einstellungen von Eltern zu Inklusion nach Art der Beeinträchtigung

Kinder mit Beeinträchtigung werden unterschiedlichen Förderschwerpunkten zugewiesen (vgl. Klemm 2015, S. 31f.). Die größte Gruppe entfällt auf den Förderschwerpunkt „Lernen" (38,8 %), gefolgt vom Förderschwerpunkt „Geistige Entwicklung" (16,0 %) und „Emotionale und soziale Entwicklung" (15,2 %). Mit der dritten Gruppe sind alltagssprachlich jene Kinder gemeint, die als „verhaltensauffällig" gelten. Die Gruppe der Kinder mit einer Einschränkung in der „körperlich-motorischen Entwicklung" umfasst 6,9 % der Kinder mit sonderpädagogischem Förderbedarf.[1]

Wie bereits 2012 und 2014 wurde auch 2017 abgefragt, in welchem Ausmaß sich Eltern gemeinsames Lernen mit diesen vier Gruppen von Kindern vorstellen können. Es zeichnet sich – wie in den Jahren zuvor – ein klares Ranking ab zugunsten der Kinder mit einer körperlich-motorischen Beeinträchtigung. Abbildung 8.1 veranschaulicht die Konstanz der Zustimmungswerte in den vergangenen Jahren. Demnach können sich neun von zehn Eltern den gemeinsamen Unterricht mit körperlich-motorisch beeinträchtigten Kindern vorstellen, sieben von zehn befürworten auch noch den gemeinsamen Unterricht mit Kindern mit Lernschwierigkeiten, aber nur

---

1 Die fehlenden Prozentwerte entfallen auf die Förderschwerpunkte „Sprache" (11,1 %), „Kranke" (3,6 %), „Hören" (2,2 %), „Sehen" (1,5 %) und „Sonstiges". Diese Kategorien wurden jedoch im Rahmen der vorliegenden Studie nicht abgefragt.

Abb. 8.1 Befürwortung gemeinsamen Lernens von nicht behinderten Kindern und Kindern mit unterschiedlichen Beeinträchtigungen (Trend von 2012 bis 2017)

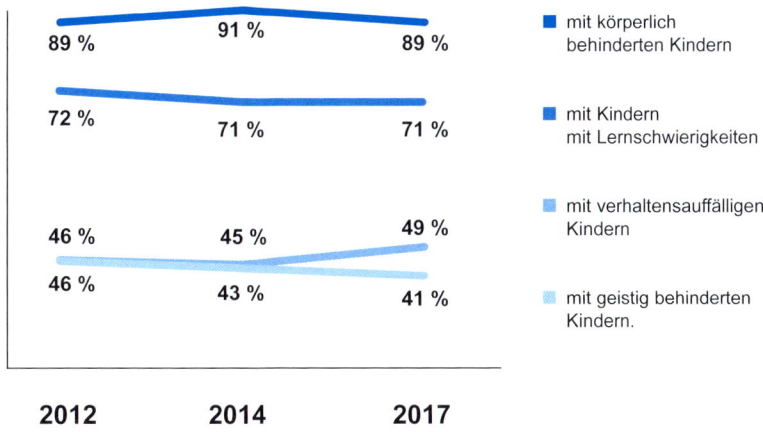

Frage: Mit welchen Kindern sollen nicht behinderte Kinder in der Schule lernen?
N=3.000 Befragte (2012), N=3.001 Befragte (2014), N=2.000 Befragte (2017)

mehr fünf von zehn Eltern plädieren für gemeinsames Lernen mit verhaltensauffälligen Kindern und gar nur mehr vier von zehn Eltern mit geistig behinderten Kindern. Trotz Konstanz des Ranking an sich variieren die Zustimmungswerte für bestimmte Gruppen von Eltern. Welche sind das? Zunächst lässt sich erkennen, dass im Westen von Deutschland die Zustimmungswerte der Eltern höher sind als im Osten Deutschlands (siehe auch Dedering/Horstkemper 2014). Differenziert man die Daten nach Regionen, zeigen sich allerdings auch im Westen und Osten durchaus unterschiedlich hohe Zustimmungswerte. So findet man die höchsten Werte im Norden Deutschlands und in Berlin, deutlich niedrigere Werte im Süd- und Nordosten[2] sowie in Nordrhein-Westfalen. Einen ersten Ansatz für eine Erklärung ermöglicht der Blick auf die Inklusionsanteile in den einzelnen Bundesländern auf Basis amtlicher Statistik (vgl. Klemm 2015, S. 6f). Der Inklusionsanteil gibt den Anteil jener Schüler/innen mit Förderbedarf an, die inklusiv unterrichtet werden, und beträgt für Deutschland 31,4%. Die Inklusionsanteile sind am höchsten in Bremen (68,5%), Schleswig-Holstein (60,5%), Hamburg (59,1%) und Berlin (54,5%). Die Zustimmungswerte sind tendenziell hingegen dort deutlich niedriger, wo auch die Inklusionsanteile niedrig sind: in den östlichen Bundesländern Sachsen-Anhalt (25,1%) und Sachsen (28,3%) sowie in Nordrhein-Westfalen (28,9%).

Offensichtlich können sich Erfahrungen mit Inklusion positiv auf die Vorstellung auswirken, dass ein gemeinsamer Unterricht mit Kindern, denen ein sonderpädagogi-

---

2 In der JAKO-O Bildungsstudie werden Bundesländer teilweise zusammengefasst. So wird der Osten Deutschlands in zwei Regionen aufgeteilt: in den Nordosten mit den Bundesländern Mecklenburg-Vorpommern, Sachsen-Anhalt und Brandenburg und in den Südosten mit den Bundesländern Thüringen und Sachsen. Der Nordwesten umfasst die Stadtstaaten Bremen und Hamburg sowie Schleswig-Holstein und Niedersachsen.

scher Förderbedarf attestiert wird, möglich ist. Um diese Vermutung zu untermauern, wurden in einem zweiten Schritt die Eltern mithilfe der Frage, ob das älteste schulpflichtige Kind eine inklusiv geführte Schule besucht oder nicht, in zwei Gruppen geteilt. Tabelle 8.1 lässt erkennen, dass jene Eltern, deren ältestes schulpflichtiges Kind eine Inklusionsschule besucht, das gemeinsame Lernen tendenziell eher befürworten, und zwar in allen vier genannten Kategorien. Mit anderen Worten: Die Erfahrung von gelebter Inklusion erhöht die Zustimmungswerte (siehe dazu die Ergebnisse für Lehrkräfte, Kapitel 8.3), allerdings ist die Zustimmung der Eltern auch dann von der Art der Behinderung abhängig.

Tab. 8.1 Befürwortung gemeinsamen Lernens von nicht behinderten Kindern und Kindern mit unterschiedlichen Beeinträchtigungen nach Region und Besuch einer inklusiven Schule durch das Kind (2017)

Kinder ohne Behinderung sollen gemeinsam lernen mit …	Gesamt (n=2000)	West (n=1.676)	Ost (n=324)	das älteste schulpflichtige Kind besucht eine inklusiv geführte Schule[a]	
				ja (n=760)	nein (n=893)
körperlich-beeinträchtigten Kindern	89 %	90 %	83 %	92 %	87 %
Kindern mit Lernschwierigkeiten	71 %	72 %	68 %	76 %	69 %
verhaltensauffälligen Kindern	49 %	50 %	43 %	55 %	43 %
geistig behinderten Kindern	41 %	42 %	35 %	45 %	39 %

[a] 347 Eltern geben an, nicht zu wissen, ob ihr Kind eine inklusiv geführte Schule besucht. Folglich gehen nur 1.653 in die Analyse ein.

Frage: Mit welchen Kindern sollen nicht behinderte Kinder in der Schule lernen?

8.4.2 Die Umsetzung von Inklusion an Schulen aus Sicht der Eltern

Mit der Ratifizierung der UN-Behindertenrechtskonvention wurde das Recht auf inklusive Beschulung zum Bundesgesetz. Damit waren alle Bundesländer gefordert, die rechtlichen Rahmenbedingungen zu schaffen, um ein inklusives Schulsystem umzusetzen. Neben den Förderschulen, die weiter bestehen bleiben, haben Kinder mit sonderpädagogischem Förderbedarf nun das Recht, auch eine Regelschule zu besuchen. Dieser Anspruch ist zwar prinzipiell umgesetzt, dennoch zeigt ein Bundesländervergleich, dass es durchaus Unterschiede gibt, z. B. betreffend Elternwahlrecht, den dafür zur Verfügung gestellten Ressourcen und Angebote an einzelnen Schulformen (vgl. Klemm 2015, S. 17f.).

Die Umsetzung von Inklusion an den verschiedenen Schulformen
Wie wird die Möglichkeit der inklusiven Beschulung von den Eltern wahrgenommen? Um dies herauszufinden, wurden die Eltern im Rahmen der JAKO-O Bildungsstudien 2014 und 2017 danach gefragt, ob in der *Schule* ihres ältesten schulpflichtigen Kindes behinderte und nicht behinderte Kinder tatsächlich gemeinsam unterrichtet werden. 38 % der Eltern bejahten 2017 diese Frage – um elf Prozentpunkte mehr als noch drei Jahre davor (siehe Abbildung 8.2).

Allerdings geht aus den Daten auch klar hervor, dass offensichtlich in manchen Schulformen das gemeinsame Lernen selbstverständlicher ist als in anderen – und an diesem Trend hat sich auch in den vergangenen drei Jahren wenig geändert. Jene Eltern, deren ältestes schulpflichtiges Kind eine Grundschule besucht, meinen zu 39 %, dass dort inklusiv unterrichtet wird. In der Sekundarstufe differieren die Werte deutlich nach Schulform. So ist ein gemeinsamer Unterricht von behinderten und nicht behinderten Kindern an Gesamtschulen bzw. Integrierten Haupt- und Realschulen deutlich häufiger anzutreffen als in den anderen Schulformen des Sekundarbereichs. Gleichzeitig haben sich die Prozentwerte für alle Schulformen deutlich nach oben entwickelt. Besonders auffällig ist – aus Sicht der Eltern – die Zunahme von gemeinsamem Lernen an Gymnasien und Hauptschulen: Hier haben sich die Anteile der Zustimmung fast verdoppelt. Dieser an sich positive Trend muss allerdings auch kritisch betrachtet werden. Liest man diese Zahlen nämlich umgekehrt, bedeutet das, dass 60 % der Grundschulen nicht inklusiv geführt werden, und analog gilt dies auch für die anderen Schulformen. Es besteht also noch deutlicher Entwicklungsbedarf, denn offensichtlich ist Inklusion noch nicht überall und für alle sichtbar angekommen.

In diese Richtung weist auch ein anderes Ergebnis: 17 % der Eltern geben an, nicht zu wissen, ob in der Schule des Kindes behinderte und nicht behinderte Kinder gemeinsam unterrichtet werden. Dieses Ergebnis lässt sich nach zwei Richtungen interpretieren: Entweder sind Inklusion und die gemeinsame Unterrichtung so selbstverständlich, dass sie gar nicht (mehr) wahrgenommen werden – oder die Eltern werden von den Schulen nicht ausreichend darüber informiert, dass sich die besuchte Schule als inklusiv geführte Schule versteht.

Abb. 8.2   Besuch einer inklusiven Schule durch das Kind (2014, 2017)

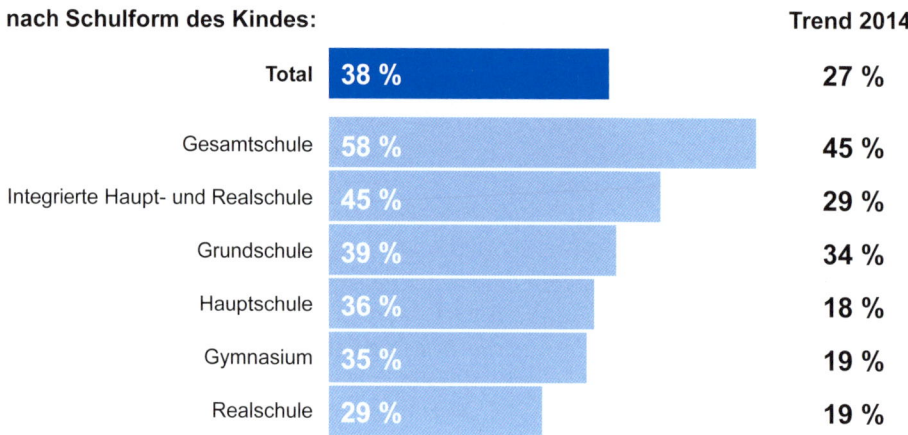

Frage: Trifft die folgende Aussage zu oder nicht: In der Schule meines ältesten schulpflichtigen Kindes werden behinderte und nicht behinderte Kinder bereits gemeinsam unterrichtet.
N=3.001 Befragte (2014), N=2.000 Befragte (2017)

Die Umsetzung von Inklusion in Schulklassen
Um die Situation in inklusiv geführten *Schulklassen* genauer und differenzierter einschätzen zu können, wurden Eltern zunächst danach gefragt, ob in der Schulklasse ihres ältesten schulpflichtigen Kindes behinderte und nicht behinderte Kinder gemeinsam unterrichtet werden (siehe Abbildung 8.3). Bei dieser Frage geben nur 5 % der Eltern an, dies nicht zu wissen, 21 % (konkret: 420 Eltern) geben an, dass dies der Fall ist. Vergleicht man diese Prozentwerte mit jenen auf Schulebene (Abbildung 8.2), so wird deutlich: Auch an inklusiv geführten Schulen gibt es Schulklassen, die nicht von behinderten Kindern besucht werden. Das hat meist organisatorische Gründe: Wenn Kinder mit sonderpädagogischem Förderbedarf in einigen Schulklassen gebündelt werden, können die zur Verfügung stehenden Ressourcen aus Sicht der Schulen offensichtlich besser eingesetzt werden. Das betrifft (mehr oder weniger) alle Schulformen. Die Differenz der Anteile zwischen Klassen- und Schulebene ist an Hauptschulen, Gymnasien und Realschulen am größten (Hauptschule: 10 % Klassenebene versus 36 % Schulebene; Gymnasium: 14 % versus 35 %; Realschule: 15 % versus 29 %), an Gesamtschulen am niedrigsten (41 % versus 58 %). Oder anders gesagt: An inklusiv geführten Gesamtschulen ist die Wahrscheinlichkeit am größten, dass dort auch eine inklusiv geführte Schulklasse besucht wird.

Zu den Rahmenbedingungen für die Umsetzung von Inklusion
In der Debatte um die erforderlichen Rahmenbedingungen für die Umsetzung von Inklusion (vgl. dazu die Debatte um das „Universal Design for Learning") wird neben der Forderung nach mehr Personal immer darauf hingewiesen, dass es notwendig wäre, ein pädagogisches Konzept zu haben, um die unterschiedlichen Lernvoraussetzungen der Schüler/innen nicht nur diagnostizieren, sondern auch um in der Lage zu sein, auf diese mit adäquaten pädagogischen Maßnahmen (re-)agieren zu können. Wichtig wäre es dabei, die betroffenen Eltern umfassend zu informieren, damit sie Gewissheit haben, wie in der jeweiligen Klasse mit den vielfältigen Bedürfnissen und Erwartungen umgegangen wird. Inklusion gut und für die betroffenen Kinder auch gewinnbringend umsetzen zu können, bedarf also (a) Maßnahmen auf schulorganisatorischer Ebene (die Einstellung von mehr und einschlägig qualifiziertem Personal auf Basis von durch die Bildungsverwaltung zugewiesenen Ressourcen), (b) auf Schulebene (die Entwicklung von geeigneten pädagogischen Konzepten und eine entsprechende Informationspolitik gegenüber den Eltern) sowie (c) auf Personalebene (Wissen um differenzierende pädagogische Konzepte und das dazu notwendige Können, diese Konzepte auch umsetzen zu können). Wie nehmen die betroffenen Eltern die Umsetzung dieser Ansprüche wahr?

Aus Abbildung 8.3 lässt sich erkennen, dass die befragten Eltern mehrheitlich die Bemühungen der Schule und der Lehrkräfte erkennen. So meinen 64 %, dass zusätzliches pädagogisches Personal in der Schulklasse zur Verfügung steht, 64 % fühlen sich über die pädagogischen Konzepte und Vorgehensweisen im gemeinsamen Unterricht ausreichend informiert und 60 % haben den Eindruck, dass mit den verschiedenen Lernvoraussetzungen produktiv umgegangen wird. Liest man diese Zahlenwerte wieder umgekehrt, so bedeutet dies jedoch, dass ungefähr ein Drittel der Eltern diese Bemühungen nicht erkennen kann.

Daraus ergeben sich klare Anforderungen an die Weiterentwicklung von Schulen auf allen drei Ebenen, wobei die Adressaten dieser Anforderungen drei unterschiedliche Gruppen sind: die Bildungsverwaltung, denn sie hat Sorge zu tragen, dass ausreichend Personal eingestellt werden kann; die Schulleitung, denn diese muss die Entwicklung von Konzepten und die Information von Eltern klassenübergreifend gewährleisten, aber auch dafür Sorge tragen, dass schulinterne Fortbildungsmaßnahmen für das pädagogische Personal organisiert werden; und schließlich das pädagogische Personal selbst, das sich den Herausforderungen stellen und im Team auf Basis der diagnostizierten Bedürfnisse geeignete Strategien für den Unterricht entwickeln muss. Oder anders gesagt: Inklusion verlangt nach Schulentwicklung auf Organisationsebene, Personalebene und Unterrichtsebene.

Abb. 8.3 Umsetzung von Inklusion in der Schulklasse des Kindes (2017)

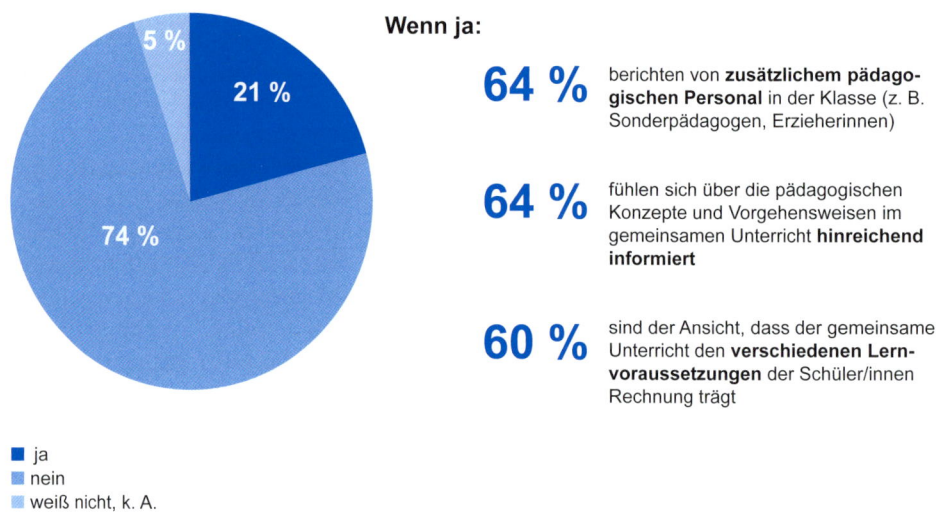

- ja
- nein
- weiß nicht, k. A.

Fragen: 1) Werden in der Klasse Ihres ältesten schulpflichtigen Kindes behinderte und nicht behinderte Kinder gemeinsam unterrichtet?
2) Wenn ja: Wie sind Ihre Erfahrungen?
N=2.000 Befragte, n=418 Befragte (ja, in der Klasse meines ältesten schulpflichtigen Kindes werden behinderte und nicht behinderte Kinder gemeinsam unterrichtet)

8.4.3 Zur besonderen Situation von Eltern, deren Kind einen sonderpädagogischen Förderbedarf hat

Wie schätzen nun jene Eltern Inklusion und deren Umsetzung an den Schulen ihrer Kinder ein, die selbst ein behindertes Kind bzw. ein Kind mit einer Beeinträchtigung haben? Aus der bisherigen Forschung weiß man sehr wenig über diese Eltern und deren Einschätzung von Schule, vor allem im Vergleich zu jenen Eltern, die kein behindertes bzw. beeinträchtigtes Kind haben (siehe hierzu Kapitel 8.3). Um einen solchen Vergleich zu ermöglichen, wurden zunächst alle Eltern danach gefragt, ob für ihr Kind ein sonderpädagogischer Förderbedarf diagnostiziert wurde: 12,8 % der Eltern, konkret: 255 Eltern, beantworteten diese Frage mit „ja".

Wer sind nun diese Eltern? Es gibt drei Parameter, die in der einschlägigen Literatur als Risikofaktoren im Zusammenhang mit der Diagnostizierung eines sonderpädagogischen Förderbedarfs gelten: ein niedriger Bildungsabschluss der Eltern, Armut und das männliche Geschlecht des Kindes. Auch in der vorliegenden Stichprobe haben manche Elterngruppen überproportional häufig ein Kind, bei dem ein Förderbedarf festgestellt wurde: Eltern, die angeben, maximal einen Volks- oder Hauptschulabschluss zu haben (24 % versus 7 % der Eltern mit mindestens Abitur), über ein niedriges Einkommen verfügen (36 % der Eltern mit weniger als 1.000 Euro Haushaltsnettoeinkommen versus 7 % der Eltern mit einem Haushaltsnettoeinkommen höher als 3.000 Euro) und deren Kind männlich ist (17 % versus 9 % der Eltern eines Mädchens).

Kinder mit sonderpädagogischem Förderbedarf lassen sich im Prinzip in allen Schulformen finden. Um gezieltere Vergleiche anstellen zu können, wurden jene Eltern herausgefiltert, deren Kinder eine Grundschule oder eine allgemeinbildende Schule in der Sekundarstufe besuchen (siehe Tabelle 8.2). Damit können jene Eltern identifiziert werden, deren Kind (mit einem sonderpädagogischen Förderbedarf) eine Inklusionsklasse in diesen Schulen bzw. Schulformen besucht. Insgesamt handelt es sich hier um 192 Eltern. Eltern, deren Kind eine Förder- oder Sonderschule oder eine andere Schulform besucht (z. B. eine berufsbildende Schule), gehen aufgrund der zu geringen Fallzahlen nicht in die folgenden Berechnungen ein. Es zeigt sich, dass der Großteil der in der Stichprobe erfassten Kinder mit einem sonderpädagogischen Förderbedarf eine Grundschule, eine Realschule, eine Integrierte Haupt- und Realschule oder eine Gesamtschule besucht. Nur ein kleiner Teil besucht ein Gymnasium, wogegen der Anteil der Gymnasiast/innen in der Gruppe der Kinder ohne sonderpädagogischen Förderbedarf deutlich größer ist.

Tab. 8.2 Schulform des Kindes nach sonderpädagogischem Förderbedarf des Kindes (2017)

Schulform	das älteste schulpflichtige Kind hat einen sonderpädagogischen Förderbedarf	
	ja (n=192)	nein (n=1.687)
Grundschule	32 %	29 %
Hauptschule	8 %	3 %
Realschule	21 %	18 %
Integrierte Haupt- und Realschule	14 %	9 %
Gymnasium	8 %	31 %
Gesamtschule	17 %	8 %
Gesamt	100 %	100 %

Frage: Welche Schulform besucht das älteste schulpflichtige Kind?
N=1.879 Befragte (hier gehen nur die in der Tabelle aufgeführten Schulformen ein)

Für die weiteren Analysen werden nun ausschließlich Eltern mit Kindern mit und ohne sonderpädagogischen Förderbedarf, die Kinder in der Grundschule oder an einer allgemeinbildenden weiterführenden Schule der Sekundarstufe haben, verglichen. Leitend war dabei die Frage, ob Eltern mit behinderten bzw. beeinträchtigten Kindern andere Einstellungen bzw. einen andern Blick auf die Ausstattung der Schule, der Schulklasse und die Lehrkräfte haben als die Gruppe der Eltern mit nicht behinderten bzw. nicht beeinträchtigten Kindern bzw. wie die beiden Elterngruppen ihre eigene Situation einschätzen.

Einstellung zur Inklusion von ausgewählten Schülergruppen
Die Daten lassen erkennen, dass Eltern, die selbst ein behindertes bzw. beeinträchtigtes Kind haben, weitaus häufiger die gemeinsame Unterrichtung aller Kinder begrüßen, aber dabei – wie die anderen Eltern auch – deutlich zwischen den verschiedenen Formen der Beeinträchtigung differenzieren. So begrüßen neun von zehn Eltern in beiden Elterngruppen sehr klar den gemeinsamen Unterricht mit körperlich beeinträchtigten Kindern. Das gemeinsame Lernen mit verhaltensauffälligen Kindern, Kindern mit Lernschwierigkeiten und geistig behinderten Kindern wird allerdings von jenen Eltern, die selbst ein Kind haben, bei dem ein sonderpädagogischer Förderbedarf diagnostiziert wurde, eher befürwortet (siehe Tabelle 8.3). Die persönlichen Erfahrungen und die Hoffnung, dass durch einen gemeinsamen Unterricht Vorurteile abgebaut werden und die Ausgrenzung in Förder- oder Sonderschulen nicht erlebt werden muss, kann als Erklärung für diese befürwortende Haltung herangezogen werden. Allerdings sehen auch diese Eltern Grenzen einer gemeinsamen Unterrichtung, die in den unterschiedlich hohen Befürwortungen je nach Art der Beeinträchtigung klar zum Ausdruck kommt. Die Stärke der Skepsis ist unterschiedlich zwischen diesen beiden Elterngruppen, aber nicht die Skepsis an sich.

Tab. 8.3 Befürwortung gemeinsamen Lernens von nicht behinderten Kindern und Kindern mit unterschiedlichen Beeinträchtigungen nach sonderpädagogischem Förderbedarf des Kindes (2017)

Kinder ohne Behinderungen sollen gemeinsam lernen mit …	das älteste schulpflichtige Kind hat einen sonderpädagogischen Förderbedarf	
	ja	nein
körperlich beeinträchtigten Kindern	89 %	91 %
Kindern mit Lernschwierigkeiten	83 %	73 %
verhaltensauffälligen Kindern	63 %	51 %
geistig behinderten Kindern	56 %	42 %

Frage: Mit welchen Kindern sollen nicht behinderte Kinder in der Schule lernen?
N=1.879 Befragte (Eltern von Schüler/innen an Grundschulen, Hauptschulen, Realschulen, Integrierten Haupt- und Realschulen, Gymnasien und Gesamtschulen). Aufgrund fehlender Angaben sind die Fallzahlen je nach Art der Behinderung unterschiedlich (zwischen n=1.551 und n=1.771).

Zufriedenheit mit den Lehrkräften an der Schule des Kindes
Um abschätzen zu können, ob sich die beiden Elterngruppen hinsichtlich ihrer Zufriedenheit mit den Lehrkräften unterscheiden, wurden drei verschiedene Fragenbatterien genutzt: (a) Aussagen zum Umgang mit Heterogenität, (b) Aussagen zum Vertrauen in Lehrkräfte und (c) Aussagen zur Zufriedenheit mit der Arbeitsteilung zwischen Lehrkräften und Eltern.

(a) Aussagen zur Fähigkeit der Lehrkräfte, mit Heterogenität umgehen zu können
Wie in den früheren JAKO-O Bildungsstudien wurde den Befragten mehrere Aussagen vorgelesen, denen sie zustimmen konnten oder nicht. Fünf Aussagen fokussierten speziell den Umgang mit Heterogenität: (1) Die Lehrkräfte erkennen die Stärken der Kinder und fördern sie. (2) Sie tun alles, damit auch die Schwächeren mitkommen. (3) Sie können mit unterschiedlichen sprachlichen Voraussetzungen gut umgehen. (4) Sie können mit den unterschiedlichen finanziellen und sozialen Lebensumständen der Kinder gut umgehen. (5) Sie greifen im Unterricht Inhalte auf, die mit der Lebenswelt der Kinder zu tun haben.

Angesichts der vehementen Kritik auch an Lehrkräften (siehe Medienberichterstattung) wäre zu erwarten gewesen, dass Eltern von behinderten bzw. beeinträchtigten Kindern diesen Aussagen weitaus seltener zustimmen. Das ist jedoch weitgehend nicht der Fall. Beide Elterngruppen sind mit den Kompetenzen der Lehrkräfte, auf Kinder mit ihren unterschiedlichen Fähigkeiten und Voraussetzungen gut eingehen zu können, sehr zufrieden (siehe Tabelle 8.4).

Tab. 8.4 Kompetenzen der Lehrkräfte des Kindes im Umgang mit Heterogenität nach sonderpädagogischem Förderbedarf des Kindes (2017)

Kompetenzen	das älteste schulpflichtige Kind hat einen sonderpädagogischen Förderbedarf	
	ja (n=193)	nein (n=1.686)
Die Lehrkräfte erkennen die Stärken der Kinder und fördern sie.	64 %	67 %
Sie tun alles, damit auch die Schwächeren mitkommen.	64 %	61 %
Sie können mit unterschiedlichen sprachlichen Voraussetzungen gut umgehen.	62 %	63 %
Sie können mit den unterschiedlichen finanziellen und sozialen Lebensumständen der Kinder gut umgehen.	78 %	77 %
Sie greifen im Unterricht Inhalte auf, die mit der Lebenswelt der Kinder zu tun haben.	57 %	67 %

Frage: Welche Aussagen beschreiben Ihrer Meinung nach überwiegend die Lehrkräfte Ihres ältesten schulpflichtigen Kindes?
N=1.879 Befragte (Eltern von Schüler/innen an Grundschulen, Hauptschulen, Realschulen, Integrierten Haupt- und Realschulen, Gymnasien und Gesamtschulen)

Die Aussagen zu den Lehrkräften erhalten in beiden Elterngruppen hohe Zustimmungswerte. Nennenswerte Unterschiede lassen sich nur bei Aussage (5) finden. Zwar sind in beiden Elterngruppen mehr oder weniger sechs von zehn Eltern der Meinung, dass die Lehrkräfte ihrer Kinder die Lebenswelt der Kinder in ausreichendem Ausmaß berücksichtigen. Eltern mit einem Kind, das einen sonderpädagogischen Förderbedarf attestiert bekommen hat, bejahen die Aussage jedoch signifikant seltener als Eltern der anderen Elterngruppe (57 % gegenüber 67 %). Offensichtlich kann sich ein Teil der Lehrkräfte nicht in die Lebenswelt von Kindern mit einer Beeinträchtigung ausreichend hineinversetzen und scheint aus Sicht der Eltern daher nicht so gut in der Lage zu sein, deren Bedürfnisse und Erfahrungen im Unterricht aufgreifen und darauf eingehen zu können.

(b) Aussagen zum Vertrauen in Lehrkräfte
Im Fragebogen 2017 sind fünf Aussagen zum Vertrauen von Eltern in Lehrkräfte hinzugekommen (vgl. hierzu den Beitrag von Bormann/Niedlich, Kapitel 10), die auf einer vierstufigen Skala bewertet werden sollten („stimme sehr zu", „stimme eher zu", „stimme eher nicht zu", „stimme gar nicht zu"): (1) Die Lehrkräfte hören mir zu, wenn ich ein Anliegen habe. (2) Die Lehrkräfte sind bereit mir zu helfen. (3) Die Lehrkräfte sind ehrlich mit mir. (4) Die Lehrkräfte leisten hervorragende Arbeit. (5) Die Lehrkräfte verhalten sich so, dass ich mir um mein Kind keine Sorgen mache, wenn es in der Schule ist.

Der Blick in die Daten lässt erkennen, dass es hohe Zustimmungswerte gibt. Oder anders gesagt: Alle Eltern haben großes Vertrauen in die Lehrkräfte ihrer Kinder (siehe Abbildung 8.4). Allerdings zeigen sich zwischen den beiden Elterngruppen über alle Aussagen hinweg signifikante, d. h. nicht zufällige Unterschiede. Eltern mit einem Kind, das einen sonderpädagogischen Förderbedarf hat, stimmen allen fünf Aussagen weniger stark zu. Die Unterschiede werden besonders sichtbar, wenn man die Anteile für „stimme eher nicht zu" und „stimme gar nicht zu" zusammenfasst. Am deutlichsten zeigen sich die Differenzen bei drei Aussagen: Während 14 % der Eltern mit einem beeinträchtigten bzw. behinderten Kind der Meinung sind, dass es die Lehrkräfte eher nicht ehrlich mit ihnen meinen, stimmt dies nur für 8 % der Eltern aus der anderen Elterngruppe. In der ersten Gruppe attestiert ein Viertel dieser Eltern den Lehrkräften, dass sie keine hervorragende Arbeit leisten (25 % versus 14 %). Und schließlich machen sich 14 % der Eltern mit behinderten bzw. beeinträchtigten Kindern Sorgen, wenn ihr Kind in der Schule ist, aber nur 7 % der Eltern der anderen Elterngruppe.

Diese Werte können als Indiz dahingehend gelesen werden, dass ein Teil der Eltern, deren Kind einen sonderpädagogischen Förderbedarf hat, den Umgang der Lehrkräfte mit ihrem Kind doch sehr kritisch einschätzt. Es scheint, dass das hohe Vertrauen, das diese Eltern in die Umsetzung von Inklusion gesetzt haben, zum Teil enttäuscht wurde. Ein Teil dieser Eltern ist der Meinung, dass sich Lehrkräfte im Umgang mit behinderten bzw. beeinträchtigten Kindern und deren Eltern noch schwer tun. Ihre Arbeit wird daher als weniger hervorragend bewertet, sie werden als weniger ehrlich wahrgenommen und Eltern machen sich Sorgen, dass ihr Kind in der Schule nicht ausreichend und seinen Bedürfnissen entsprechend gefördert und gefordert wird.

Stand der Inklusion aus Elternsicht | 115

Abb. 8.4 Vertrauen von Eltern in Lehrkräfte des Kindes nach sonderpädagogischem Förderbedarf des Kindes (2017)

Aussage: „Die Lehrkräfte hören mir zu, wenn ich ein Anliegen habe."

Aussage: „Die Lehrkräfte sind bereit mir zu helfen."

Aussage: „Die Lehrkräfte sind ehrlich mit mir."

Aussage: „Die Lehrkräfte leisten hervorragende Arbeit."

Aussage: „Die Lehrkräfte verhalten sich so, dass ich mir um mein Kind keine Sorgen mache, wenn es in der Schule ist."

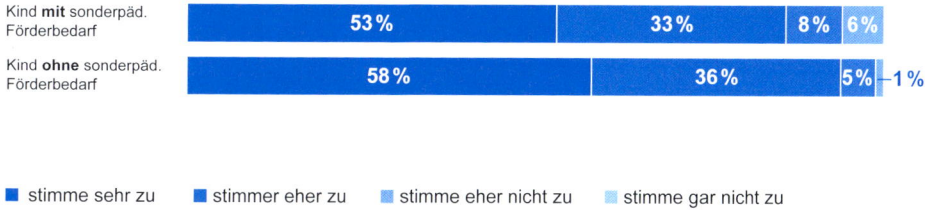

■ stimme sehr zu   ■ stimmer eher zu   ■ stimme eher nicht zu   ■ stimme gar nicht zu

Frage: Inwieweit stimmen Sie den folgenden Aussagen über die Lehrkräfte an der Schule Ihres ältesten schulpflichtigen Kindes zu?
N=1.879 Befragte (Eltern von Schüler/innen an Grundschulen, Hauptschulen, Realschulen, Integrierten Haupt- und Realschulen, Gymnasien und Gesamtschulen)

(c) Aussagen zur Zufriedenheit mit der Arbeitsteilung zwischen Lehrkräften und Eltern und die Rolle der Eltern

Um herauszufinden, wie gelungen für Eltern die Arbeitsteilung zwischen ihnen und der Schule ist, wurde den Eltern folgende Aussage vorgelegt: „Eltern müssen vieles von dem leisten, was eigentlich Aufgabe der Schule ist." Es gab zwei Antwortmöglichkeiten: „stimme zu" oder „lehne ab". Die Daten zeigen: Deutlich mehr Eltern von behinderten bzw. beeinträchtigten Kindern bejahen diese Aussage (66 % versus 53 %), d. h. zwei Drittel dieser Eltern haben das Gefühl, als Ko-Lehrkräfte agieren und Aufgaben übernehmen zu müssen, die nicht aus ihrer Elternrolle heraus legitimiert ist.

Eine solche Differenz zeigt sich bei einer weiteren Aussage: „Ich erarbeite mit dem Kind die Lerninhalte bzw. den Lernstoff." 77 % der Eltern mit behindertem bzw. beeinträchtigtem Kind geben an, mit dem Kind zu Hause Unterrichtsinhalte und den Lernstoff nicht nur zu wiederholen, sondern auch zu erarbeiten, während dies nur 60 % der Eltern der anderen Elterngruppe tun.

Viele Eltern holen sich daher auch noch zusätzlich Hilfe und arrangieren für ihre Kinder Nachhilfe (siehe Tabelle 8.5). Auch hier zeigen sich deutliche und nicht zufällige Unterschiede. 44 % der Eltern mit einem behinderten bzw. beeinträchtigten Kind geben an, dass ihr Kind „regelmäßig (mindestens einmal pro Woche)" oder zumindest „hin- und wieder" Nachhilfe bekommt, das tun aber nur 20 % der Eltern, deren Kind keinen sonderpädagogischen Förderbedarf hat.

Tab. 8.5 Häufigkeit der Nachhilfe für das Kind nach sonderpädagogischen Förderbedarf des Kindes (2017)

Häufigkeit der Nachhilfe	sonderpädagogischer Förderbedarf für das älteste schulpflichtige Kind	
	ja (n=193)	nein (n=1.679)
regelmäßig (mind. einmal pro Woche)	26 %	13 %
hin- und wieder	18 %	7 %
fast nie	4 %	4 %
nie	52 %	76 %
Gesamt	100 %	100 %

Frage: Bekommt oder bekam Ihr ältestes schulpflichtiges Kind Nachhilfe durch einen Nachhilfelehrer oder Schüler?
N=1.879 Befragte (Eltern von Schüler/innen an Grundschulen, Hauptschulen, Realschulen, Integrierten Haupt- und Realschulen, Gymnasien und Gesamtschulen)

Aus früheren Untersuchungen (vgl. Killus/Paseka 2014, S. 143) ist bekannt, dass Eltern vor allem dann unterstützen (sei es durch persönlichen Einsatz oder die Finanzierung von Nachhilfe), wenn sie das Gefühl haben, dass ihr Kind überfordert ist. Gibt es dabei Unterschiede zwischen den beiden Elterngruppen?

Gefühle der Überforderung in Bezug auf das eigene Kind und sich selbst
Gefühle der Überforderung wurden aus zwei Perspektiven abgefragt: zum einen aus der Sicht der Eltern auf ihr Kind, zum anderen aus der Sicht der Eltern auf sich selbst.

Um die Situation des eigenen Kindes zu erfassen, sollten die befragten Eltern einschätzen, ob sie ihr Kind in der Schule für „eher überfordert", für „gerade richtig gefordert" oder für „eher unterfordert" halten. Der Großteil der Eltern findet, dass ihr Kind gerade richtig gefordert wird (ohne Abbildung oder Tabelle): Diese Meinung vertreten 80 % der Eltern, die ein behindertes bzw. beeinträchtigtes Kind haben, und 78 % der Eltern mit keinem behinderten bzw. beeinträchtigten Kind. Allerdings lassen sich bei genauerem Hinsehen doch Differenzen erkennen: 14 % der Eltern mit einem behinderten bzw. beeinträchtigten Kind, aber nur 8 % der Befragten der anderen Elterngruppe finden, dass ihr Kind in der Schule eher überfordert ist. Umgekehrt finden 15 % der Eltern, deren Kind keinen sonderpädagogischen Förderbedarf hat, dass ihr Kind in der Schule eher unterfordert ist, in der anderen Elterngruppe sind es jedoch nur 6 % der Eltern.

Zur Erfassung der Situation und der Gefühle der Eltern wurde folgende Frage eingesetzt: „Fühlen Sie sich mit den Aufgaben als Elternteil eines schulpflichtigen Kindes fast immer, häufig, selten oder nie überfordert?" Insgesamt zeigen die Daten, dass die Eltern mehrheitlich selten oder nie überfordert sind, allerdings gibt es dabei doch signifikante Unterschiede zwischen den beiden Elterngruppen (siehe Tabelle 8.6). Während 74 % der Eltern, deren Kind keinen sonderpädagogischen Förderbedarf hat, sich „selten" oder „nie" überfordert fühlt, sind es bei jenen Eltern, die ein behindertes bzw. beeinträchtigtes Kind haben, nur 59 %. Oder anders gelesen: Vier von zehn Eltern mit einem behinderten bzw. beeinträchtigten Schulkind fühlen sich „häufig" oder „fast immer" überfordert, aber nur ein Viertel der Eltern, deren Kind keinen diagnostizierten sonderpädagogischen Förderbedarf hat.

Und obwohl sich doch deutlich mehr Eltern mit einem behinderten bzw. beeinträchtigten Kind überfordert fühlen, äußert gerade diese Gruppe eine hohe Bereitschaft, sich mehr in der Schule einbringen zu wollen (ohne Abbildung oder Tabelle). Der Aussage „Ich wünsche mir mehr Möglichkeiten, um an der Gestaltung von Schule und Unterricht konkret mitzuwirken" stimmen 27 % „sehr zu" und weitere 43 % „eher zu". Das bedeutet: 70 % der Eltern dieser Gruppe signalisieren, stärker am Schulleben partizipieren zu wollen. Das ist ein deutlich höherer Anteil als bei jenen Eltern, deren Kind keinen sonderpädagogischen Förderbedarf hat – hier äußern dies nur 51 %.

Tab. 8.6 Überforderung der Eltern nach sonderpädagogischem Förderbedarf des Kindes (2017)

Überforderung als Elternteil	sonderpädagogischer Förderbedarf für das älteste schulpflichtige Kind	
	ja (n=192)	nein (n=1.684)
fast immer überfordert	8 %	5 %
häufig überfordert	33 %	22 %
selten überfordert	43 %	50 %
nie überfordert	16 %	24 %
Gesamt	100 %	100 %

Frage: Fühlen Sie sich mit den Aufgaben als Elternteil eines schulpflichtigen Kindes fast immer, häufig, selten oder nie überfordert?
N=1.879 Befragte (Eltern von Schüler/innen an Grundschulen, Hauptschulen, Realschulen, Integrierten Haupt- und Realschulen, Gymnasien und Gesamtschulen)

8.5 Zusammenfassung

In der 4. JAKO-O Bildungsstudie zeigen sich vielfältige Facetten des Themas Inklusion. Was sind die wichtigsten Ergebnisse?

Die unterschiedlich hohen Zustimmungswerte zur gemeinsamen Beschulung von behinderten und nicht behinderten Kindern lassen erkennen, dass es keine generelle Akzeptanz gibt, dass diese Akzeptanz aber bei jenen Eltern deutlich größer ist, die Erfahrung mit Inklusion haben bzw. selbst ein behindertes bzw. beeinträchtigtes Kind haben. Dennoch: an der grundlegenden Skepsis gegenüber einem gemeinsamen Unterricht in Abhängigkeit von der Art der Beeinträchtigung hat sich – auch im Vergleich mit den früheren JAKO-O Bildungsstudien – nichts geändert.

Blickt man auf die Umsetzung von Inklusion an den Schulen bzw. in den Schulklassen, so sind die Eltern durchaus zufrieden. Fast zwei Drittel der Eltern attestieren den Schulen, die ihre Kinder besuchen, dass zusätzliches pädagogisches Personal zur Verfügung steht, sie hinreichend informiert werden und dass der Unterricht bzw. die Arbeit der Lehrkräfte erkennen lässt, dass auf die unterschiedlichen Lernvoraussetzungen der Kinder Rücksicht genommen wird. Die Lehrkräfte sind aus Sicht der meisten Eltern gut in der Lage, den Unterricht so zu gestalten, dass den heterogenen Ausgangslagen durchaus Rechnung getragen wird. Auch mit der Ausstattung und den Rahmenbedingungen von Unterricht ist eine deutliche Mehrheit der Eltern zufrieden, unabhängig davon, ob ihr Kind einen sonderpädagogischen Förderbedarf hat oder nicht.

Durch die Bildung von zwei Elterngruppen in Abhängigkeit davon, ob das eigene Kind behindert bzw. beeinträchtigt ist oder nicht, können in der JAKO-O Bildungsstudie differenzierte Aussagen getroffen werden. Und die Daten zeigen: *Beide* Gruppen machen über weite Strecken positive Erfahrungen mit der Schule und den

Lehrkräften ihrer Kinder. Allerdings lässt sich auch erkennen, dass ein nicht unerheblicher Teil der Eltern mit einem behinderten bzw. beeinträchtigten Kind (etwa 40 %) sich aus subjektiver Sicht überfordert fühlt und Hilfe benötigt. Das kann mit dem eigenen Kind zusammenhängen, das aus ihrer Sicht in der Schule überfordert ist, oder aber an den Lehrkräften liegen, die nicht ausreichend in der Lage zu sein scheinen, beim Unterrichten auf die Lebenswelt ihrer Kinder eingehen zu können. Diese Sicht der Eltern auf die Lehrkräfte wird durch eine aktuelle Befragung von Lehrkräften an Grundschulen und Sekundarschulen bestätigt (Gebhardt u. a. 2015). Es dominiert eine skeptische Haltung gegenüber Inklusion und gegenüber den eigenen Fähigkeiten, diese auch umsetzen zu können. Fast 70 % der in dieser Untersuchung befragten Lehrkräfte würden sich nicht oder kaum in der Lage sehen, ein Gefühl des Angenommen-Seins für alle Kinder erzeugen bzw. geeignete pädagogische Maßnahmen für Kinder mit einem sonderpädagogischen Förderbedarf setzen zu können.

Obwohl insgesamt das Vertrauen der Eltern in die Lehrkräfte sehr hoch ist und die Lehrkräfte aus Sicht der Eltern weitestgehend und gut in der Lage sind, mit dem eingesetzten methodischen Repertoire und ihrem Unterrichtsstil gut auf die Heterogenität der Schüler/innen eingehen zu können, gibt es doch eine Gruppe von Eltern mit einem behinderten bzw. beeinträchtigten Kind, deren Vertrauen deutlich geringer ist. Sie haben das Gefühl, massiv Zuliefererfunktion gegenüber der Schule übernehmen zu müssen, um die Lernerfolge des eigenen Kindes sicherzustellen: indem sie zu Hause den Lernstoff vorbereiten, Aufgaben übernehmen, die aus ihrer Sicht eigentlich in den Aufgabenbereich von Schule fallen oder Nachhilfe organisieren (Killus/Paseka 2016). Obwohl sich viele dieser Eltern überlastet fühlen, artikulieren sie mit großer Mehrheit Bereitschaft in der Schule mehr mitwirken zu wollen.

Ist nun Schulfrust wegen Inklusion gerechtfertigt? Die Antwortet lautet: nein und ja. Nein, weil die Umsetzung von Inklusion von den Eltern doch deutlich positiver eingeschätzt wird als es die Medienberichterstattung hätte vermuten lassen. Ja, weil es gleichzeitig notwendig ist, auf jene Eltern genauer zu schauen, die sich überfordert fühlen. Ein solches Gefühl der Überforderung entsteht einerseits aus Ängsten um das eigene Kind, dessen besondere Situation als prekär und belastend eingeschätzt wird, aber auch aus Skepsis gegenüber den Lehrkräften, die aus der Sicht dieser Eltern nicht in allen Bereichen fachlich kompetent erscheinen und zumindest teilweise Empathie für die Lage von behinderten bzw. beeinträchtigten Kindern vermissen lassen. Es ist nicht ein mangelhaftes Wissen um Differenzierungsmöglichkeiten, das von den Eltern wahrgenommen wird, sondern eher eine mangelhafte Vorstellung der Lehrkräfte darüber, was diese Kinder denken, fühlen, was sie benötigen und wie die Welt aus deren Sicht aussieht. Der Paradigmenwechsel, verstärkt auf Lernbarrieren zu schauen und zu überlegen, was genau eine Aufgabenstellung auslöst, wie die verwendeten Materialien wahrgenommen werden oder welche Wirkungen eine bestimmte Raumausstattung hat, ist also in den Schulen zumindest teilweise noch nicht angekommen.

Als Fazit lässt sich daher festhalten: Der Vertrauensvorschuss, den Eltern mit einem behinderten bzw. beeinträchtigten Kind der Inklusion entgegengebracht haben, indem sie ihr Kind in einer Regelschule beschulen lassen, ist für die meisten Eltern eingelöst worden. Es gibt jedoch Eltern, die enttäuscht sind über die Art und Weise, wie mit ihrem Kind und ihnen selbst verfahren wird. Deren Sorgen und Ängste gilt es ernst zu nehmen. Das Angebot der betroffenen Eltern, am Schulleben verstärkt mitwirken zu wollen, offeriert eine Option zum Dialog und zum Austausch von Wissen und Bedürfnissen, die sich die Schulen nicht entgehen lassen sollten.

Literatur

Bosse, S./Spörer, N. (2014): Erfassung der Einstellung und der Selbstwirksamkeit von Lehramtsstudierenden zum inklusiven Unterricht. In: Empirische Sonderpädagogik 6, H. 4, S. 279-299.

Bredow, R. von/Hackenbroch, V./Olbrisch, M. (2017): „Du Seuche!" In: Der Spiegel, Heft 19, S. 100-105.

Budde, J. (2015): Konstruktionen von Gleichheit und Differenz im schulischen Feld. In: Bräu, K./Schlickum, C. (Hrsg): Soziale Konstruktionen in Schule und Unterricht. Leverkusen: Barbara Budrich, S. 95-107.

Bühler, C. (2015): Universelles Design des Lernens und Arbeitens. In: Biermann, H. (Hrsg.): Inklusion im Beruf. Stuttgart: Kohlhammer, S. 118-138.

Dedering, K./Horstkemper, M. (2014): Wie stehen Eltern zur Inklusion? In: Killus, D./ Tillmann, K.-J. (Hrsg.): Eltern zwischen Erwartungen, Kritik und Engagement. Ein Trendbericht zur Schule und Bildungspolitik in Deutschland. 3. JAKO-O Bildungsstudie. Münster u. a.: Waxmann, S. 47-70.

Demmer, C./Heinrich, M./Lübeck, A. (2017): Rollenklärung als zentrale Professionalisierungsherausforderung im Berufsfeld Schule. In: Die Deutsche Schule 109, H. 1, S. 28-42.

Fokken, S. (2017): Die Macht der wütenden Eltern. Schulfrust wegen Inklusion. In: SPIEGEL ONLINE vom 17.06.2017. Abrufbar unter: http://www.spiegel.de/lebenundlernen/schule/hamburg-schulfrust-wegen-inklusion-eltern-rechnen-mit-der-politik-ab-a-1151378.html (Zugriff: 01.08.2017).

Heinrich, M./Werning, R. (2013): „It's Team-Time"? Unterrichtskooperation von SonderpädagogInnen und Fachlehrkräften angesichts zeitlich knapper Ressourcen und asymmetrischer Beziehungen. In: Journal für Schulentwicklung 17, H. 4, S. 26-32.

Gasteiger-Klicpera, B./Klicpera, C./Gebhardt, M./Schwab, S. (2013): Attitudes and Experiences of Parents Regarding Inclusive and Special School Education for Children with Learning and Intellectual Disabilities. In: International Journal of Inclusive Education 17, H. 7, S. 663-681.

Gebhardt, M./Schwab, S./Nusser, L./Hessels, M.G. (2015): Einstellungen und Selbstwirksamkeit von Lehrerinnen und Lehrern zur schulischen Inklusion in Deutschland. Eine Analyse mit Daten des Nationalen Bildungspanels Deutschland (NEPS). In: Empirische Pädagogik 29, H. 2, S. 211-229.

Gebhardt, M./Schwab, S./Reicher, H./Ellmeier, B./Gmeiner, S./Rossmann, P./Gasteiger-Klicpera, B. (2011): Einstellungen von LehrerInnen zur schulischen Integration von Kindern mit einem sonderpädagogischen Förderbedarf in Österreich. In: Empirische Sonderpädagogik 3, H. 4, S. 275-290.

Hellmich, F./Görel, G. (2014): Erklärungsfaktoren für Einstellungen von Lehrerinnen und Lehrern zum inklusiven Unterricht in der Grundschule. In: Zeitschrift für Bildungsforschung 4, H. 3, S. 227-240.

Hellmich, F./Görel, G./Schwab, S. (2016): Einstellungen und Motivation von Lehramtsstudentinnen und -studenten in Bezug auf den inklusiven Unterricht in der Grundschule. Ein Vergleich zwischen Deutschland und Österreich. In: Empirische Sonderpädagogik 8, H. 1, S. 67-85.

Killus, D./Paseka, A. (2014): Elterliches Engagement für das schulische Lernen des eigenen Kindes. In: Killus, D./Tillmann, K.-J. (Hrsg.): Eltern zwischen Erwartungen, Kritik und Engagement. Ein Trendbericht zu Schule und Bildungspolitik. 3. JAKO-O Bildungsstudie. Münster u. a.: Waxmann, S. 131-148.

Killus, D./Paseka, A. (2016): Eltern als Partner, Zulieferer oder Kunden von Schule? Empirische Befunde zum Verhältnis von Elternhaus und Schule. In: Zeitschrift für Bildungsforschung 6, H. 2, S. 151-168.

Klemm, K. (2015): Inklusion in Deutschland. Daten und Fakten. Gütersloh: Bertelsmann Stiftung. Abrufbar unter: https://www.bertelsmann-stiftung.de/fileadmin/files/BSt/Publikationen/GrauePublikationen/Studie_IB_Klemm-Studie_Inklusion_2015.pdf (Zugriff: 13.03.17).

Kopp, B. (2009): Inklusive Überzeugung und Selbstwirksamkeit im Umgang mit Heterogenität. Wie denken Studierende des Lehramts für Grundschulen. In: Empirische Sonderpädagogik 1, H. 1, S. 5-25.

Lambrecht, J./Bosse, S./Henke, T./Jäntsch, C./Spörer, N. (2016): Eine inklusive Grundschule ist eine inklusive Grundschule? Wie sich inklusive Grundschulen anhand ihres Umgangs mit Ressourcen unterscheiden lassen. In: Zeitschrift für Bildungsforschung 6, H. 2, S. 135-150.

Leyser, Y./Kirk, R. (2007): Evaluating Inclusion: an Examination of Parent Views and Factors Influencing their Perspectives. In: International Journal of Disability, Development and Education 51, H. 3, S. 271-285.

Michna, D./Melle, I./Wember, F. B. (2016): Gestaltung von Unterrichtsmaterialien auf Basis des Universal Design for Learning. Am Beispiel des Chemieanfangsunterrichts in der Sekundarstufe I. In: Sonderpädagogische Förderung heute 61, H. 3, S. 286-303.

Peters, S. (2017): „… und da weiß ich nicht, wie die Lehrer das machen." Die Sicht der Eltern von Kindern mit komplexen Beeinträchtigungen. In: Friedrich Jahresheft XXXV: „Eltern". Hrsg.: Friedrich Verlag in Velber in Zusammenarbeit mit Klett. Mitherausgeber: Killus, D./Paseka, A./Schütz, P./Walther, U./Wischer, B.. Seelze: Friedrich Verlag, S. 52-53.

Reich, K. (2014): Inklusive Didaktik. Bausteine für eine inklusive Schule. Weinheim: Beltz.

Schlüter, A.-K./Melle, I./Wember, F. B. (2016): Unterrichtsgestaltung in Klassen des Gemeinsamen Lernens. Universal Design for Learning. In: Sonderpädagogische Förderung heute 61, H. 3, S. 270-285.

Schwab, S./Seifert, S. (2015): Einstellungen von Lehramtsstudierenden und Pädagogikstudierenden zur schulischen Inklusion. Ergebnisse einer quantitativen Untersuchung. In: Zeitschrift für Bildungsforschung 5, H. 1, S. 73-88.

Siedenbiel, C. (2016): Gute Bildung in der gymnasialen Oberstufenstufe und Inklusion – ein Widerspruch? Einblicke in Interviews mit Lehrerinnen und Lehrern. In: Schulpädagogik heute 7, H. 13, S. 1-20.

Tillmann, K.-J. (2012): Stabilität und Veränderung. Die Meinung der Eltern zur Bildungspolitik. In: Killus, D./Tillmann, K.-J. (Hrsg.): Eltern ziehen Bilanz. Ein Trendbericht zu Schule und Bildungspolitik in Deutschland. 2. JAKO-O Bildungsstudie. Münster u. a.: Waxmann, S. 25-48.

Werning, R. (2016): Schulische Inklusion. In: Möller, J./Köller, M./Riecke-Baulecke, T. (Hrsg.): Basiswissen Lehrerbildung. Schule und Unterricht. Lehrern und Lernen, 2. Auflage. Seelze: Klett & Kallmeyer, S. 153-169.

Dagmar Killus

9 Kriterien der Schulwahl beim Übergang von der Grundschule in die weiterführende Schule

> **Zentrale Ergebnisse im Überblick**
> - Gefragt nach den Kriterien, die Eltern bei der Wahl einer weiterführenden Schule anlegen würden, stechen zwei deutlich hervor: Das pädagogische Konzept der Schule (60 %) und der Wunsch des Kindes (57 %) werden jeweils von einer Mehrheit der Eltern als „sehr wichtig" erachtet. Deutlich weniger Eltern halten dagegen äußere Rahmenbedingungen (z. B. Zustand des Gebäudes) für „sehr wichtig" oder die Tatsache, dass ein Geschwisterkind die Schule besucht (24 % bzw. 19 %). Alle weiteren Kriterien liegen eher im Mittelfeld. Dazu gehört z. B. die soziale Zusammensetzung der Schülerschaft (43 %), die Schulform (42 %), der Ruf der Schule (39 %) oder ein Ganztagsangebot (33 %).
> - Welche Bedeutung Eltern diesen Kriterien beimessen, hängt stark von ihrem Bildungsabschluss ab. Für Eltern mit einem hohen Bildungsabschluss ist – neben dem pädagogischen Konzept der Schule und dem Wunsch des Kindes – die „richtige" Schulform sehr wichtig. Gemessen an den (erfragten) Bildungsaspirationen bezogen auf ihr Kind ist dies eine Schulform, die zum Abitur führt. Im Unterschied dazu legen Eltern mit einem niedrigen Bildungsabschluss Wert auf die soziale Zusammensetzung der Schülerschaft, aber auch auf eine Reihe weiterer Kriterien (z. B. pädagogisches Konzept, Wunsch des Kindes, Schulweg oder persönliche Erfahrungen).
> - Daneben gibt es weitere Faktoren, von denen die Bedeutung einzelner Kriterien abhängt: Eltern von Kindern an Privatschulen legen größeren Wert auf das pädagogische Konzept als Eltern von Kindern, die eine öffentliche Schule besuchen. Und Eltern, die ihr Kind angesichts schulischer Anforderungen als überfordert ansehen, orientieren sich stärker an den Wünschen des Kindes als Eltern, die ihr Kind als gerade richtig oder als unterfordert wahrnehmen.

„Welche weiterführende Schule soll mein Kind nach der Grundschule besuchen?" Mit dieser Frage beschäftigen sich Eltern spätestens gegen Ende der Grundschulzeit. Der Druck, der dabei auf Eltern lastet (und auch auf den Kindern), ist enorm. Die Entscheidung für die weiterführende Schule hat ohne Zweifel eine zentrale Weichenfunktion, weil sie Konsequenzen für den langfristigen akademischen und beruflichen Erfolg des Kindes haben kann. Eltern wollen dabei keine falsche, womöglich folgenschwere Entscheidung treffen. Darüber hinaus bietet sich den Eltern ein differenziertes, mitunter unübersichtliches Bildungsangebot, aus dem sie wählen können, und sie müssen ihre Entscheidung häufig auf unsicherer Grundlage treffen. Der Entscheidungsprozess vollzieht sich dabei in zwei Schritten.

Zunächst wählen die Eltern – unter Berücksichtigung der jeweiligen rechtlichen Rahmenbedingungen in einem Bundesland – eine weiterführende *Schulform* für ihr Kind. Der Übergang von der Grundschule auf die weiterführende Schule erfolgt in der Mehrheit der Bundesländer zu einem sehr frühen Zeitpunkt in der individuellen Bildungsbiografie: nach Klasse 4, nur in zwei Bundesländern (Berlin und Brandenburg) nach Klasse 6. In den meisten Bundesländern existiert im Sekundarbereich inzwischen ein zweigliedriges Schulsystem, das neben dem Gymnasium noch eine weitere Schulform umfasst (z. B. Hamburg). Daneben gibt es aber auch Bundesländer, die bis zu fünf unterschiedliche Schulformen anbieten (z. B. Nordrhein-Westfalen).

Der Wahl der Schulform schließt sich die Wahl der *Einzelschule* an. Insbesondere in städtischen Gebieten ist das Angebot an weiterführenden Schulen in der Regel groß und ausdifferenziert. Die Schulen konkurrieren hier mit ihren pädagogischen Profilen um Schüler/innen und adressieren die Eltern längst als „Kunden". Entsprechende Tendenzen werden im schulpädagogischen Diskurs unter Hinweis auf eine „Vermarktlichung" des Bildungssystems beschrieben (Krüger/Helsper 2014). In diesem Zusammenhang ist auch der „Boom" im Bereich der privaten Bildung zu sehen, der zu einer weiteren Ausdifferenzierung des Bildungsangebots führt.

Dieser Beitrag zielt darauf, die Kriterien der Schulwahl von Eltern an einer entscheidenden Gelenkstelle in der Bildungsbiografie ihrer Kinder aufzudecken und einzuordnen. Der Beitrag gliedert sich wie folgt: Zunächst soll dargelegt werden, wie der Übergangsprozess in den Bundesländern rechtlich gestaltet ist und welche Entscheidungsspielräume sich daraus für die Eltern ergeben. Sodann werden bereits vorliegende Forschungsbefunde zum Übergang von der Grundschule in die weiterführende Schule systematisiert und skizziert. Daran anschließend werden – gestützt auf Daten der 4. JAKO-O Bildungsstudie – Ergebnisse zu Kriterien der Schulwahl präsentiert. Die Ergebnisse werden abschließend mit Blick auf die bereits vorliegenden Forschungsbefunde resümiert.

9.1 Die rechtliche Ausgestaltung des Übergangs von der Grundschule in die weiterführende Schule

Nach dem Grundgesetz ist die Erziehung des Kindes das natürliche Recht und die Pflicht der Eltern (Artikel 6, Absatz 2, Grundgesetz). Dementsprechend fällt die Wahl des Bildungsweges und der Schulform unter das Erziehungsrecht der Eltern. Weil das Grundgesetz das Schulwesen gleichzeitig unter die Aufsicht des Staates stellt (Artikel 7, Absatz 1, Grundgesetz), darf der Staat in die Schulformwahlfreiheit der Eltern korrigierend eingreifen, wenn eine mangelnde Eignung des Kindes für die gewählte Schulform festgestellt wird (Füssel u. a. 2010). Von diesem Eingriffsrecht machen die Bundesländer unterschiedlich Gebrauch (vgl. zu den weiteren Ausführungen: Autorengruppe Bildungsberichterstattung 2016). Einheitlich geregelt ist dabei zunächst, dass die Grundschule – meist in Verbindung mit einem Beratungsgespräch – eine Empfehlung für die anschließende Schullaufbahn des Kindes ausstellt. Ob ein Kind eine Empfehlung für das Gymnasium erhält, hängt dabei in etlichen Bundesländern von den Durchschnittsnoten in den Hauptfächern ab: Beispielsweise muss in Bayern der Notendurchschnitt für Deutsch, Mathematik und Sachunterricht bei mindestens 2,33 liegen, in Sachsen-Anhalt bei mindestens 2,0.

Der Verbindlichkeitsgrad der Übergangsempfehlung variiert jeweils nach Bundesland. Im Jahr 2015 ist die Übergangsempfehlung noch in Bayern, Brandenburg,

Sachsen, Sachsen-Anhalt und Thüringen verbindlich. Wollen Eltern aus diesen Bundesländern von der Übergangsempfehlung der Grundschule „nach oben" abweichen, wünschen sie sich für ihr Kind also eine anspruchsvollere Schulform als empfohlen, müssen sich die Kinder zusätzlichen Eignungsprüfungen stellen (z. B. in Form von Probeunterricht oder von Aufnahmeprüfungen). Anders als in den fünf genannten Bundesländern ist die Übergangsempfehlung in allen andern Bundesländern nicht verpflichtend, hier hat vielmehr der „Elternwille" Vorrang vor der Übergangsempfehlung der Grundschule.

Die rechtliche Ausgestaltung des Übergangs bildet zusammen mit den Schulstrukturen im Sekundarbereich den äußeren Rahmen, innerhalb dessen die Eltern Entscheidungen über die weitere Schullaufbahn ihres Kindes treffen. Betrachtet man auf Basis der Bildungsstatistik die tatsächlichen Übergangsquoten, so zeigt sich zweierlei (vgl. ebd., S. 77f.): Erstens sind die Bildungsaspirationen der Eltern recht hoch und zweitens spielt der Verbindlichkeitsgrad der Übergangsempfehlung in den einzelnen Bundesländern für die Übergangsquoten zum Gymnasium eher keine Rolle. So ist das Gymnasium im Schuljahr 2014/15 bundesweit die Schulform, auf die die meisten Grundschüler/innen übergehen (43,0 %). Die Übergangsquoten zum Gymnasium in den einzelnen Bundesländern sind dabei unabhängig davon, ob es eine verbindliche Übergangsempfehlung gibt oder nicht. So finden sich unter den Bundesländern mit niedrigen Übergangsquoten sowohl Bundesländer mit als auch ohne verbindlicher Übergangsempfehlung: z. B. gehen in Bayern, wo es eine verbindliche Übergangsempfehlung gibt, im Schuljahr 2014/15 insgesamt 39,2 % der Schüler/innen auf das Gymnasium über, im Saarland, wo es keine verbindliche Übergangsempfehlung gibt, sind es 41,6 % der Schüler/innen. Und auch unter den Bundesländern mit hohen Übergangsquoten zum Gymnasium finden sich Bundesländer mit und ohne verbindlicher Übergangsempfehlung: z. B. gehen in Sachsen-Anhalt, wo es eine verbindliche Übergangsempfehlung gibt, im betrachteten Schuljahr 48,5 % der Schüler/innen auf das Gymnasium über, in Berlin, wo es keine verbindliche Übergangsempfehlung gibt, sind es 50,6 %.

Die Übergangsquote zum Gymnasium ist seit dem Schuljahr 2004/05 noch einmal um fünf Prozentpunkte gestiegen (vgl. ebd., S. 78). Das gilt auch für die Übergangsquoten an Schulen mit mehreren Bildungsgängen bzw. Integrierten Gesamtschulen, also Schulformen, die in vielen Bundesländern ebenfalls zum Abitur führen (28,9 % im Schuljahr 2014/15, plus 15 Prozentpunkte seit dem Schuljahr 2004/05). Letzteres hängt damit zusammen, dass die Zahl der Schulen mit mehreren Bildungsgängen in den letzten Jahren deutlich gestiegen ist. Hintergrund bildet die Einführung eines zweigliedrigen Schulsystems in etlichen Bundesländern, das neben dem Gymnasium nur eine weitere Schulform vorhält. Deutlich zurückgegangen sind dagegen die Übergangsquoten zur Hauptschule (8,5 % im Schuljahr 2014/15, minus 13 Prozentpunkte seit dem Schuljahr 2004/05) und zur Realschule (18,4 % im Schuljahr 2014/15, minus 6 Prozentpunkte seit dem Schuljahr 2004/05).

Bei der Entscheidung für eine Schulform bestehen in den Bundesländern also (mehr oder weniger große) Entscheidungsspielräume. Dies gilt auch bei der Entscheidung für eine Einzelschule. Wenn die Nachfrage an einer Schule allerdings größer ist als das Angebot an Schulplätzen, entscheiden von der Schule oder den Landesbehörden gesetzte Kriterien. Das können die Entfernung des Elternhauses zur Schule sein, das Vorhandensein von Geschwisterkindern, die bereits die Schule besuchen, oder andere von der Schule definierte Auswahlkriterien (etwa die besondere Eignung für das Profil der Schule). Dass die Wahl einer Schule für viele Eltern von immenser Bedeutung ist, lässt sich daran ablesen, dass sich Eltern mit der staatlichen Zuweisung an eine Schule, in deren Einzugsgebiet sie wohnen, nicht unbedingt zufriedengeben. Mitunter lassen sie nichts unversucht, für ihr Kind einen Platz an der „Wunschschule" zu erzwingen, indem sie bei der Anmeldung eine falsche Adresse angeben und zum Schein den Wohnsitz wechseln.

9.2 Empirische Forschung zum Übergang von der Grundschule in die weiterführende Schule

Der Übergang von der Grundschule in die weiterführende Schule stellt für die beteiligten Akteure in mehrfacher Hinsicht eine Herausforderung dar. Hierzu lassen sich zwei Forschungslinien nachzeichnen, die sich mit jeweils unterschiedlichen Aspekten beschäftigen: 1) Wahl der Schulform einschließlich der dabei entstehenden sozialen Ungleichheiten und 2) Kriterien der Eltern bei der Wahl der Einzelschule.

1) Wahl der Schulform einschließlich der dabei entstehenden sozialen Ungleichheiten

Auf welche weiterführende Schulform eine Schülerin oder ein Schüler nach der Grundschule übergeht, hängt hierzulande stark von ihrer bzw. seiner sozialen Herkunft ab. Wie das Statistische Bundesamt (2016) anlässlich des Weltbildungstages am 8. September 2016 mitteilte, besuchen Kinder unter 15 Jahren, deren Eltern selbst einen hohen Bildungsabschluss haben, im Jahr 2015 mehrheitlich das Gymnasium (61 %). Sehr viel seltener sind unter diesen Kindern der Besuch einer Realschule oder einer Schule mit mehreren Bildungsgängen (jeweils 18 %) sowie der Besuch einer Hauptschule (3 %). Haben Eltern demgegenüber einen niedrigen Bildungsabschluss, fällt die Wahl vergleichsweise selten auf das Gymnasium (14 %). Bevorzugte Alternative stellen vielmehr die Realschule dar (33 %), Schulen mit mehreren Bildungsgängen (31 %), aber auch die Hauptschule (22 %).

Beim Übergang von der Grundschule auf die weiterführende Schule zeigen sich also massive soziale Ungleichheiten. Aufschluss über die dabei ablaufenden Mechanismen geben hierzu vorliegende Studien. Baumert u. a. (2010) fassen den Forschungsstand dahingehend zusammen, dass die soziale Herkunft einen Einfluss auf die a) Benotung, die b) Vergabe der Schullaufbahnempfehlung durch die Grundschule sowie die c) Übergangsentscheidung durch die Eltern ausübe. Die Autor/innen unterscheiden dabei (in Anlehnung an Raymond Boudon) *primäre* und *sekundäre Herkunftseffekte*. Danach sind primäre Herkunftseffekte Einflüsse der sozialen Herkunft, die sich unmittelbar auf die schulischen Leistungen niederschlagen. Sekundäre Herkunftseffekte sind demgegenüber diejenigen Einflüsse der sozialen Herkunft, die losgelöst von der schulischen Leistung entstehen und z. B. aus Bildungserwartungen und Entscheidungsverhalten der Eltern resultieren, die jeweils nach deren sozialer Schicht variieren können. Die drei genannten Aspekte (Benotung, Schullaufbahnempfehlung durch die Grundschule und Übergangsempfehlung) hängen sowohl von primären als auch sekundären Herkunftseffekten ab – allerdings in unterschiedlichem Ausmaß: Bei der Benotung ist der primäre Herkunftseffekt größer. Bei der Schullaufbahnentscheidung durch die Grundschule sind beide Herkunftseffekte in etwa gleich groß. Und bei der Übergangsentscheidung durch die Eltern überwiegt der sekundäre Herkunftseffekt – ein Befund, der sich mit den Vorstellungen einer leistungsbezogenen Verteilungsgerechtigkeit nicht vereinbaren lässt und insofern besonders problematisch ist.

An die Überlegungen zu den primären und sekundären Herkunftseffekten knüpft die *Theorie der Rationalen Wahl* (Rational-Choice-Ansatz) an, die herangezogen wird, um die Entscheidung der Eltern bei der Schulformwahl besser zu verstehen und hinsichtlich sozialer Unterschiede und Ungleichheiten zu analysieren (vgl. hierzu Mayer/Koinzer 2014). Die Wahl der weiterführenden Schule wird dabei als rationale Entscheidung aufgefasst. Dabei werden *Kosten, Nutzen* und *Erfolgswahrscheinlichkeiten* gegeneinander abgewogen. Vor diesem Hintergrund wird diejenige Alternative (bzw. Schulform) gewählt, die subjektiv die meisten Vorteile einbringt. Zu den *Kosten* gehören z. B. Schul- oder Büchergeld, zusätzlicher Zeitaufwand bei der Hausaufgabenbetreuung oder auch ein sozialer Abstieg, wenn Kinder nicht eine vergleichbare Bildungslaufbahn einschlagen wie die Eltern. Zu dem *Nutzen* gehören z. B. das Erreichen eines höheren formalen Schulabschlusses, höheres Einkommen oder der Wunsch des Kindes, eine bestimmte Schulform zu besuchen. Die von den Eltern antizipierten *Erfolgswahrscheinlichkeiten* richten sich z. B. nach Kenntnissen und Erfahrungen mit bestimmten Schulformen oder die Überzeugung, das eigene Kind kompetent unterstützen zu können. All diese Aspekte können jeweils nach sozialer Lage der Familien zu unterschiedlichen Bildungsentscheidungen führen und dadurch langfristig die sozialen Ungleichheiten zwischen den sozialen Schichten vergrößern.

Die Übergangsentscheidung durch die Eltern wirkt also sozial selektiv. Der Einfluss der sozialen Herkunft ist hier – wie dargelegt – besonders stark. Dies belegen auch die Ergebnisse der Hamburger KESS-Studie (zit. nach Tillmann 2013, S. 22f.; für weitere Nachweise: vgl. Tillmann 2009, S. 18): Je höher die Sozialschicht, desto weniger halten sich die Eltern an die Schullaufbahnempfehlung der Grundschule. Ist der Elternwille freigestellt, können sich folglich soziale Ungleichheiten verstärken. Denn entsprechende rechtliche Regelungspraktiken machen es den Eltern leicht, das eigene Kind trotz einer anders lautenden Schulempfehlung auf das Gymnasium zu schicken.

2) Kriterien der Eltern bei der Wahl der Einzelschule

Die Entscheidung für die Einzelschule hängt – im Unterschied zur Schulform – stärker von individuellen, schulischen und pragmatischen Gründen ab. Dies bestätigen mehrere (nationale und internationale) Studien, die sich mit der Frage beschäftigt haben, welche konkreten Kriterien Eltern bei der Wahl der Einzelschule anlegen (z. B. Clausen 2006; zusammenfassend: Mayer/Koinzer 2014). Im Einzelnen sind dies: Nähe zum Wohnort, Platzierung in ein gewünschtes Sozialmilieu, Ruf der Schule, Erfahrungen mit der Schule durch Geschwister, Wunsch des Kindes, pädagogisches Profil oder über den Unterricht hinausgehende Betreuungs-, Lern- und Freizeitangebote. Diese Zusammenstellung der Kriterien lässt Rückschlüsse darauf zu, welche Kriterien Eltern überhaupt anlegen. Was den Stellenwert der einzelnen

Kriterien angeht, so kommen die Studien zu unterschiedlichen Ergebnissen. Das mag damit zusammenhängen, dass es sich teils um lokal begrenzte Studien handelt, teils um Studien, die sich auf bestimmte Elterngruppen (z. B. Eltern an Privatschulen) beziehen. Die Möglichkeit eines Vergleichs wird dadurch auf jeden Fall eingeschränkt.

Der oben dargestellte Rational-Choice-Ansatz spielt auch bei der Auswahl der Einzelschule eine Rolle insofern, als angenommen werden kann, dass auch die Schule in Übereinstimmung mit den Wünschen und Präferenzen der Eltern ausgewählt wird. Der Auswahlprozess einschließlich sozialer Ungleichheiten, die dabei eine Rolle spielen, wurde bislang aber eher selten untersucht (vgl. Mayer/Koinzer 2014, S. 168). Allerdings gibt es empirische Hinweise darauf, dass sowohl die Entscheidungskriterien als auch der Entscheidungsprozess mit dem Bildungsniveau der Eltern und deren sozioökonomischem Status zusammenhängen: Eltern aus den bildungsnäheren Ober- und Mittelschichten orientieren sich bei der Schulwahl an Aspekten der konkreten Schulqualität oder den schulischen Rahmenbedingungen, betreiben einen hohen Suchaufwand und sind sehr gut informiert. Demgegenüber machen Eltern aus den unteren Schichten ihre Entscheidung eher von der Entscheidung anderer Eltern abhängig oder von der Länge des Schulweges (Clausen 2016). Dazu passt auch der Befund, dass ein hohes Bildungsniveau der Eltern die Entscheidung für den Besuch einer privaten Schule begünstigt (Killus 2014). Anscheinend nehmen diese Eltern für die Vorteile, die in Faktoren der Schulqualität gesehen werden, zusätzliche finanzielle Kosten in Kauf, die bei der Anmeldung der Kinder an einer Privatschule entstehen können. Ausgehend von den dargelegten Befunden stellt die Wahl der Einzelschule aber nicht bei allen Eltern eine solche rationale, auf Nutzenmaximierung gerichtete Entscheidung dar.

9.3 Ergebnisse der 4. JAKO-O Bildungsstudie zu den Kriterien der Schulwahl

Nach den dargelegten Befunden stellt die Wahl der Schulform und der Einzelschule gegen Ende der Grundschule eine komplexe Entscheidungssituation dar, die von ganz unterschiedlichen Faktoren beeinflusst wird und die mehr oder weniger rational abläuft. Vor diesem Hintergrund sollen die entsprechenden Daten aus der aktuellen JAKO-O Bildungsstudie nun näher betrachtet werden. Die Daten haben zwei Vorteile: Sie sind repräsentativ für das Bundesgebiet und die Stichprobe erlaubt es, verschiedene Elterngruppen hinsichtlich ihrer Kriterien bei der Schulwahl miteinander zu vergleichen.

Die Frage nach den Kriterien für die Schulwahl haben wir in der aktuellen 4. Studie erstmalig gestellt. Die Frage lautete: „Angenommen, Ihr Kind würde von der Grundschule in die weiterführende Schule wechseln: Nach welchen Kriterien würden sie die Schule auswählen?" Die Frage richtete sich somit an alle Eltern und nicht nur an Eltern von Grundschüler/innen. Den Eltern wurden insgesamt zehn Kriterien vorgegeben, die jeweils auf Basis einer vierstufigen Skala (von „sehr wichtig" bis „ganz unwichtig") bewertet werden sollten. Über die Darstellung der Häufigkeiten der Antwortvorgaben für die einzelnen Kriterien hinaus werden im Folgenden mehrere Gruppenvergleiche vorgenommen: zwischen Eltern mit unterschiedlichem Bildungsabschluss und zwischen Eltern an privaten und an öffentlichen Schulen.

Zusätzlich sollen aber auch Eltern miteinander verglichen werden, die ihre Kinder angesichts schulischer Anforderungen als mehr oder weniger belastet wahrnehmen. Hintergrund ist, dass der Übertritt in das weiterführende Schulwesen in der Bildungsbiografie des eigenen Kindes ein einschneidendes Erlebnis darstellt, das einerseits als Nadelöhr für Anerkennung und Erfolg, andererseits aber auch als kritisches Lebensereignis mit Brüchen und Misserfolgen aufgefasst und erlebt werden kann. Insofern ist die Frage interessant, welche Bedeutung die Wahrnehmung des eigenen Kindes angesichts schulischer Anforderungen für die Kriterien hat, die Eltern bei der Schulwahl anlegen.

Zu den Ergebnissen: Wie Abbildung 9.1 zu entnehmen ist, haben alle vorgegebenen Kriterien bei der Übergangsentscheidung eine mehr oder weniger große Bedeutung. Fasst man die Prozentwerte für die Antwortvorgaben mit einer positiven Tendenz zusammen („eher wichtig" und „sehr wichtig"), werden ganz überwiegend Prozentwerte erzielt, die mindestens bei 80 % oder sogar weit darüber liegen. Vor diesem Hintergrund soll nun betrachtet werden, welche Kriterien für Eltern „sehr wichtig" sind. Dies sind, mit deutlichem Abstand zu den anderen Kriterien, das pädagogische Konzept der Schule (60 %) oder der Wunsch des Kindes (57 %). Demgegenüber stehen, am unteren Ende der Rangfolge, äußere Rahmenbedingungen (z. B. Zustand des Gebäudes) und die Tatsache, dass ein Geschwisterkind die Schule besucht (24 % bzw. 19 %). Alle weiteren Kriterien liegen – mit Prozentwerten zwischen 33 % und 43 % für „sehr wichtig" – eher im Mittelfeld.

Welche Kriterien die Eltern anlegen, hängt erwartungsgemäß davon ab, welchen *Bildungsabschluss* sie haben (siehe Abbildung 9.2). Maximale Unterschiede bestehen zwischen Eltern mit einem hohen Bildungsabschluss (Abitur, Hochschulausbildung) und einem niedrigen Bildungsabschluss (Volks- bzw. Hauptschulabschluss). Während das pädagogische Konzept der Schule noch für beide Elterngruppen einen relativ hohen Stellenwert hat (57 % bzw. 63 %), zeigen sich bei den anderen Kriterien deutliche Unterschiede, die auf unterschiedliche Präferenzen bei Bildungsentscheidungen schließen lassen. Ein einziges Mal entfällt ein höherer Prozentwert auf die Eltern mit einem hohen Bildungsabschluss: 50 % dieser Eltern halten die Schulform (ob es sich z. B. um ein Gymnasium, eine Realschule oder eine Gesamtschule handelt) für „sehr wichtig", in der Gruppe von Eltern mit niedrigem Bildungsabschluss sind es nur 42 %. Für Eltern mit hohem Bildungsabschluss scheint die Wahl der „richtigen" Schulform – neben dem pädagogischen Konzept der Schule (57 %) und dem Wunsch des Kindes (47 %) – eine relativ große Bedeutung zu haben. Jedenfalls sind dies die drei Kriterien, auf die in dieser Elterngruppe die mit Abstand größten Prozentwerte entfallen. Dass Eltern mit hohem Bildungsabschluss unter der „richtigen" Schulform vermutlich das Gymnasium verstehen, zeigt sich, wenn die Angaben der Eltern zu ihrer Bildungsaspiration berücksichtigt werden (ohne Abbildung oder Tabelle). Auf die Frage, welchen Schulabschluss sie für ihr ältestes schulpflichtiges Kind anstreben, geben von den Eltern mit hohem Bildungsabschluss 83 % das Abitur an, wogegen es in der Gruppe der Eltern mit niedrigem Bildungsabschluss nur 37 % sind. Die richtige Schulform kann neben dem Gymnasium im Prinzip auch eine Schulform mit mehreren Bildungsgängen sein, die in etlichen Bundesländern ebenfalls zum Abitur führen.

Die meisten anderen Kriterien sind Eltern mit niedrigem Bildungsabschluss sehr viel wichtiger. Der größte Abstand zur Vergleichsgruppe zeigt sich bei dem Kriterium „soziale Zusammensetzung der Schülerschaft". Während 53 % der Eltern

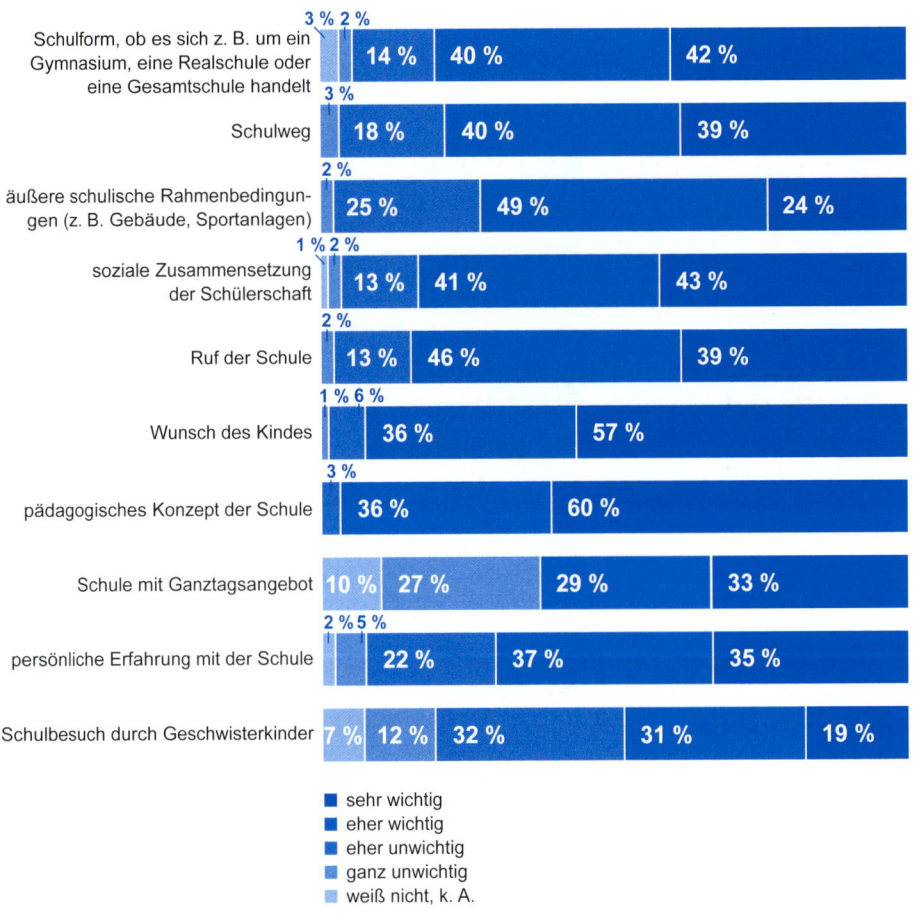

Abb. 9.1 Kriterien für die Schulwahl beim Übergang von der Grundschule in die weiterführende Schule (2017)

Frage: Angenommen, Ihr Kind würde von der Grundschule in die weiterführende Schule wechseln: Nach welchen Kriterien würden Sie die Schule auswählen?
N=2.000 Befragte

mit niedrigem Bildungsabschluss dieses Kriterium für „sehr wichtig" halten, sind es bei den Eltern mit hohem Bildungsabschluss nur 30 %. Gründe dafür können in dem engen Zusammenhang von Schulformwahl und sozialer Herkunft liegen (siehe Ausführungen in Kapitel 9.2). Folglich besuchen weitaus mehr Kinder aus bildungsnahen Familien ein Gymnasium. Es ist denkbar, dass Eltern mit hohem Bildungsabschluss bereits bei der Wahl des Gymnasiums eine sozial privilegierte Schülerklientel einkalkulieren und folglich die soziale Zusammensetzung der Schülerschaft als Kriterium der Schulwahl nicht noch einmal extra hervorheben. Des Weiteren ist denkbar, dass Eltern mit niedrigem Bildungsabschluss auf Abstand zu (anderen) benachteiligten Gruppen gehen. Neben der sozialen Zusammensetzung der

Abb. 9.2 Kriterien für die Schulwahl beim Übergang von der Grundschule in die weiterführende Schule nach Bildungsabschluss der Eltern (2017)

Anteil „sehr wichtig"

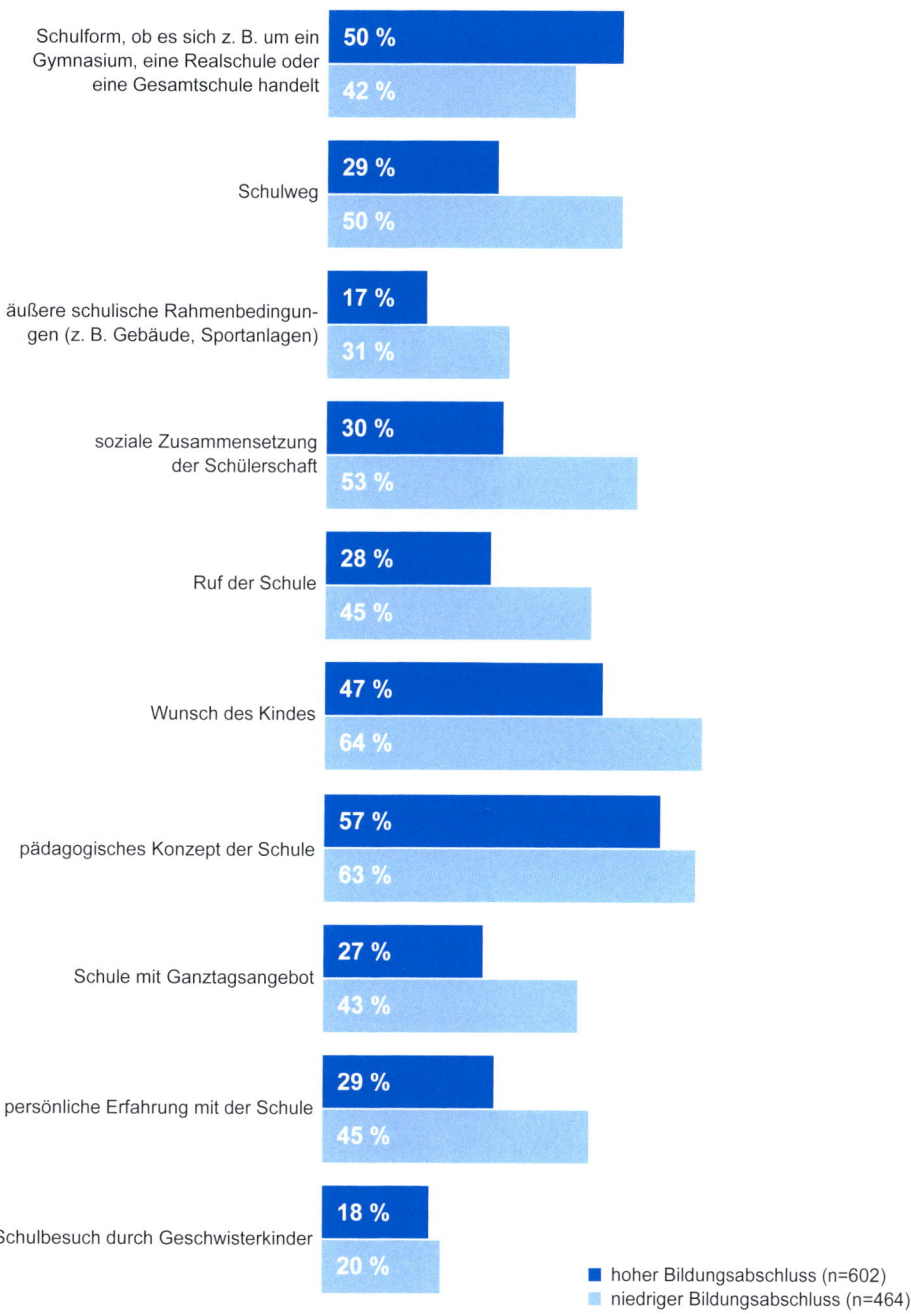

Schülerschaft legen relativ viele Eltern mit niedrigem Bildungsabschluss aber auch Wert auf eine Reihe weiter Kriterien – darunter sowohl harte, mehr oder weniger objektivierbare Kriterien (Ganztagsangebot, äußere Rahmenbedingungen, Schulweg) als auch weiche, auf persönlichen Erfahrungen und Bedürfnissen beruhende Kriterien (Ruf der Schule, Wunsch des Kindes).

Hohe Bildungsaspirationen und eine Sensibilität der Eltern für Bildungsfragen werden verantwortlich dafür gemacht, dass deren Interesse an *privater Schulbildung* steigt. In der aktuellen JAKO-O Bildungsstudie beantworten 7,5% der befragten Eltern die Frage, ob ihr (ältestes schulpflichtiges) Kind eine Privatschule besucht, mit „ja". Bereits in der 3. JAKO-O Bildungsstudie haben wir Eltern danach gefragt, ob ihr Kind eine Privatschule besucht und welche generellen Überzeugungen sie Privatschulen gegenüber haben (Killus 2014). Im Vergleich zu Eltern, deren Kind eine öffentliche Schule besucht, sind deutlich mehr Eltern von Kindern an Privatschulen der Meinung, dass Kinder dort besser gefördert werden und dass Privatschulen eine sinnvolle Bereicherung des Bildungsangebots darstellen. Dies findet Entsprechung in den Ergebnissen der aktuellen Studie zu den Kriterien der Schulwahl: Dass das pädagogische Konzept der Schule bei der Übergangsentscheidung „sehr wichtig" ist, sagen 73% der Eltern von Kindern, die eine Privatschule besuchen. Von den Eltern mit Kindern an öffentlichen Schulen sagen das nur 60% (ohne Abbildung oder Tabelle).

Daraus ließe sich schließen, dass sich Eltern von Kindern, die eine Privatschule besuchen, über gute Leistungen hinaus eine optimale Selbstentfaltung durch alternative pädagogische Konzepte versprechen. Die Betonung des pädagogischen Konzepts spielt wahrscheinlich auch bei ihren Kosten-Nutzen-Kalkulationen im Entscheidungsprozess eine Rolle. Sie kann hier dazu beitragen, sich von öffentlichen Schulen abzugrenzen und zusätzliche Kosten, die durch den Besuch einer Privatschule entstehen, durch einen höheren Gesamtnutzen zu rechtfertigen. Interessant ist des Weiteren, dass sich Eltern von Kindern an Privatschulen und Eltern von Kindern an öffentlichen Schulen im Hinblick auf die weiteren Kriterien nicht unterscheiden (ohne Abbildung oder Tabelle). Das gilt z. B. für äußere schulische Rahmenbedingungen, ganztägige Angebote oder die soziale Zusammensetzung der Schülerschaft. Dass auch Eltern an Privatschulen einkalkulieren, durch die Wahl einer Privatschule relativ „unter sich" zu sein und folglich nicht auf Abstand zu anderen sozialen Gruppen gehen zu müssen, kann dabei nicht ausgeschlossen werden.

Die Überlegungen von Eltern hinsichtlich einer Übergangsentscheidung, die bislang thematisiert wurden, waren eher in die Zukunft gerichtet (z. B. Erlangung formaler Abschlüsse oder Selbstentfaltung). Hier schließt sich nun die Frage an, welche Bedeutung die aktuelle Situation eines Kindes für Übergangsentscheidungen hat. Dafür wurden die Einschätzungen, die Eltern zu den Kriterien für die Schulwahl abgegeben haben, in Beziehung gesetzt zu der Einschätzung, ob das eigene (älteste schulpflichtige) Kind angesichts schulischer Anforderungen *über-, unter-* oder *gerade richtig gefordert* ist. Nennenswerte Unterschiede zeigen sich im Hinblick auf das Kriterium „Wunsch des Kindes" (siehe Abbildung 9.3).

**Abb. 9.3 Bedeutung des Kriteriums „pädagogisches Konzept der Schule"
nach Über- oder Unterforderung des Kindes (2017)**

Anteil „sehr wichtig" für das Kriterium „Wunsch des Kindes"

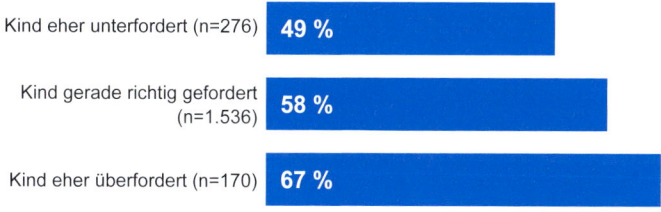

Von den Eltern, die ihr Kind als überfordert wahrnehmen, halten relativ viele Eltern den Wunsch des Kindes für „sehr wichtig" (67 %). Anscheinend nehmen diese Eltern auf die Potenziale und Bedürfnisse ihres Kindes größere Rücksicht, um weiteren Stress zu reduzieren und einen positiven Übergang sowie eine erfolgreiche Schullaufbahn zu unterstützen. Am stärksten unterscheidet sich diese Elterngruppe von den Eltern, die ihr Kind als unterfordert wahrnehmen. Von diesen Eltern erachten relativ wenige Eltern den Wunsch des Kindes als „sehr wichtig" (49 %). Alle weiteren Kriterien werden hinsichtlich ihrer Bedeutung für die Schulwahl von den drei Vergleichsgruppen recht ähnlich eingeschätzt.

9.4 Fazit

Im Fokus dieses Beitrags standen die Kriterien, die für Eltern beim Übergang von der Grundschule in die weiterführende Schule wichtig sind. Die Ergebnisse deuten nicht gerade darauf hin, dass Eltern die Wahl der weiterführenden Schule entspannt und in erster Linie mit Rücksicht auf die aktuellen Potenziale und Bedürfnisse ihres Kindes treffen. Sie berücksichtigen bei ihrer Entscheidung vielmehr eine Vielzahl von Kriterien, die sich mehr oder weniger gut miteinander vereinbaren lassen. Dies setzt Eltern ohne Zweifel unter einen Anforderungsdruck, der sich jeweils nach sozialem Milieu unterschiedliche darstellt. So zeigt sich auf Basis unserer Daten, dass für Eltern mit einem hohen Bildungsabschluss die „richtige" Schulform (konkret: Schulen mit dem Ziel Abitur) verhältnismäßig wichtig ist und die konkrete Schule im Hinblick auf das pädagogische Angebot gut ausgewählt werden und zu den Wünschen des Kindes passen muss. Selektionszwänge kollidieren hier unter Umständen mit dem Wunsch nach einer möglichst passenden Schule für das eigene Kind. Demgegenüber hat für Eltern mit einem niedrigen Bildungsabschluss die soziale Zusammensetzung der Schülerschaft an einer Schule einen relativ hohen Stellenwert, was als Abgrenzung gegenüber einem Milieu verstanden werden kann, das die Entwicklung des eigenen Kindes beeinträchtigen und dessen Aufstieg gefährden könnte. Darüber hinaus sind für bildungsferne Eltern eine ganze Reihe weiterer Kriterien von Bedeutung (z. B. pädagogisches Konzept, Wunsch des Kindes, Schulweg, Ruf der Schule, persönliche Erfahrung mit der Schule, Ganztagsangebot oder Schulform). Bildungsferne Eltern richten ihre Entscheidung bei der Schulwahl nach den uns vorliegenden Daten also nicht länger nur an persönlichen Erfahrungen und pragmatischen Kriterien (z. B. Schulweg) aus. Eine grobe Klassifizierung von Eltern nach rationalen und nach begrenzt rationalen Entscheidern greift folglich zu kurz. Angemessener ist die Annahme unterschiedlicher Rationalitäten bei Eltern aus unterschiedlichen sozialen Milieus.

Literatur

Autorengruppe Bildungsberichterstattung (Hrsg.) (2016): Bildung in Deutschland 2016. Ein indikatorengestützter Bericht mit einer Analyse zu Bildung und Migration. Bielefeld: W. Bertelsmann Verlag.

Baumert, J./Maaz, K./Gresch, C./McElvany, N./Anders, Y./Jonkmann, K./Neumann, M./Watermann, R. (2010): Der Übergang von der Grundschule in die weiterführende Schule – Leistungsgerechtigkeit und regionale, soziale und ethnisch-kulturelle Disparitäten: Zusammenfassung der zentralen Befunde. In: Maaz, K./Baumert, J./Gresch, C./McElvany, N. (Hrsg.): Der Übergang von der Grundschule in die weiterführende Schule. Leistungsgerechtigkeit und regionale, soziale und ethnisch-kulturelle Disparitäten. Bildungsforschung Band 34. Bonn, Berlin: Bundesministerium für Bildung und Forschung (BMBF), S. 5-21.

Clausen, M. (2006): Warum wählen Sie genau diese Schule? Eine inhaltsanalystische Untersuchung elterlicher Begründungen der Wahl der Einzelschule innerhalb eines Bildungsgangs. In: Zeitschrift für Pädagogik 52, H. 1, S. 69-90.

Füssel, H.-P./Gresch, C./Baumert, J./Maaz, K. (2010): Der institutionelle Kontext von Übergangsentscheidungen: Rechtliche Regelungen und die Schulformwahl am Ende der Grundschulzeit. In: Maaz, K./Baumert, J./Gresch, C./McElvany, N. (Hrsg.): Der Übergang von der Grundschule in die weiterführende Schule. Leistungsgerechtigkeit und regionale, soziale und ethnisch-kulturelle Disparitäten. Bildungsforschung Band 34. Bonn, Berlin: Bundesministerium für Bildung und Forschung (BMBF), S. 87-106.

Killus, D. (2014): Sind Privatschulen besser als öffentliche Schulen? – Erwartungen und Erfahrungen aus Sicht von Eltern. In: Killus, D./Tillmann, K.-J. (Hrsg.): Eltern zwischen Erwartungen, Kritik und Engagement. Ein Trendbericht zu Schule und Bildungspolitik in Deutschland. 3. JAKO-O Bildungsstudie. Münster u. a.: Waxmann, S. 89-110.

Krüger, H.-H./Helsper, W. (2014): Elite und Exzellenz im Bildungssystem – Nationale und internationale Perspektiven. In: Krüger, H.-H./Helsper, W. (Hrsg.): Elite und Exzellenz im Bildungssystem. Nationale und internationale Perspektiven. In: Zeitschrift für Erziehungswissenschaft, Sonderheft 19, S. 1-10.

Mayer, T./Koinzer, T. (2014): Schulwahl. Grundlegende Theorien und Befunde und einige kritische (Nach-)Fragen. In: Engagement. Zeitschrift für Erziehung und Schule 32, H. 3, S. 161-173.

Statistisches Bundesamt (2016): Bildung der Eltern beeinflusst die Schulwahl für Kinder. Pressemitteilung vom 08. September 2016 – 312/16. Abrufbar unter: https://www.destatis.de/DE/PresseService/Presse/Pressemitteilungen/2016/09/PD16_312_122pdf.pdf?__blob=publicationFile (Zugriff: 12.07.2017).

Tillmann, K.-J. (2009): Sechsjährige Primarschule in Hamburg: Empirische Befunde und pädagogische Bewertungen. In: Hamburg macht Schule, Sonderheft, Hamburg: Behörde für Schule und Berufsbildung.

Tillmann, K.-J. (2013): Schulstrukturen in 16 deutschen Bundesländern. Zur institutionellen Rahmung des Lebenslaufs. NEPS Working Paper No. 28. Bamberg: Otto-Friedrich-Universität. Nationales Bildungspanel.

Inka Bormann/Sebastian Niedlich

10 Elterliches Vertrauen gegenüber den Lehrkräften ihres Kindes

Zentrale Ergebnisse im Überblick
- Das Vertrauen, das Eltern in die Lehrkräfte ihres Kindes setzen, ist generell sehr hoch; dies gilt besonders für die Vertrauensaspekte Verlässlichkeit, Ehrlichkeit und Offenheit und weniger für die Kompetenz und das Wohlwollen von Lehrkräften.
- Mit steigendem Alter des Kindes nimmt das Vertrauen der Eltern in die Lehrkräfte ab.
- Eltern, die meinen, Aufgaben übernehmen zu müssen, die eigentlich Sache der Schule sind, haben weniger Vertrauen gegenüber Lehrkräften als Eltern, die nicht dieser Ansicht sind.
- Nehmen Eltern ihre Kinder als „gerade richtig" gefordert wahr, wirkt sich das positiv auf das Vertrauen in die Lehrkräfte des eigenen Kindes aus. Nehmen Eltern ihr Kind als über- oder unterfordert wahr, leidet das Vertrauen.
- Eltern, die sich selbst für überfordert halten, haben weniger Vertrauen gegenüber Lehrkräften als Eltern, die sich nicht für überfordert halten.
- Eltern, die ihre Kinder an Privatschulen unterrichten lassen, vertrauen den Lehrkräften ihres Kindes eher als Eltern von Kindern an öffentlichen Schulen – dies gilt insbesondere für die Vertrauensaspekte der Kompetenz und Verlässlichkeit.
- Beim elterlichen Vertrauen lassen sich Schulformunterschiede feststellen: Eltern von Grundschulkindern haben mehr Vertrauen gegenüber Lehrkräften.

Einleitung

Enttäuschte Erwartungen in Bezug auf die schulischen Lernerfolge des eigenen Kindes, Eltern, die sich im Hinblick auf ihre Mitwirkung und Unterstützung am schulischen Erfolg ihrer Kinder überfordert fühlen oder meinen, Aufgaben übernehmen zu müssen, die eigentlich Sache der Lehrkräfte sind, emotional gefärbte Erfahrungsberichte anderer Eltern über „gute" und „schlechte" Lehrkräfte … Die Liste dessen, was über positive und negative Eigenschaften von Lehrkräften oder der Art, wie sie ihren Beruf ausüben, zu hören ist, ließe sich noch lang fortsetzen. Auch wenn mitunter davon ausgegangen wird, dass diese Kritikpunkte das Vertrauen in die Lehrkräfte schmälern, bleibt damit offen, wie es tatsächlich um das Vertrauen von Eltern in die Lehrkräfte des eigenen Kindes bestellt ist. Denn wenngleich Vertrauen ein Phänomen ist, das jedem Menschen grundsätzlich bekannt ist, wurden Eltern bislang noch nicht systematisch zu ihrem Vertrauen in die Lehrkräfte ihres Kindes befragt.

Dies ist nun im Rahmen der 4. JAKO-O Bildungsstudie erstmals erfolgt. Die zentralen Fragestellungen dieses Beitrags lauten: Wie ausgeprägt ist das Vertrauen, das Eltern Lehrkräften entgegenbringen? Welche Bedeutung haben verschiedene Aspekte des Vertrauens? Durch welche Merkmale ist das elterliche Vertrauen in die Lehrkräfte ihres Kindes bedingt? Zunächst wird erläutert, was aus wissenschaftlicher Sicht unter dem alltäglichen Phänomen des Vertrauens verstanden wird, warum Vertrauen zwischen Elternhaus und Schule wichtig ist und wie Vertrauen im Rahmen der vorliegenden 4. JAKO-O Bildungsstudie erhoben wurde. Daran anschließend werden die Ergebnisse vorgestellt. Dies erfolgt in drei Abschnitten, die sich jeweils gesondert 1) mit soziodemographischen Merkmalen, 2) mit Einstellungen und Einschätzungen der befragten Eltern (z. B. bezogen auf das Kind, die Lehrkräfte oder die eigene Situation) und 3) mit Merkmalen der Schule in ihrer Bedeutung für das elterliche Vertrauen auseinandersetzen. Jeweils zu Beginn eines Abschnitts wird zunächst der Forschungsstand zum untersuchten Sachverhalt skizziert, bevor dann die Ergebnisse der 4. JAKO-O Bildungsstudie vorgestellt und eingeordnet werden. Abschließend werden die Ergebnisse zusammenfassend diskutiert.

10.1 Vertrauen – ein alltägliches Phänomen aus wissenschaftlicher Sicht

Vertrauen schenken wir jeden Tag – selbst, wenn wir uns dessen nicht bewusst sind. Wir vertrauen zum Beispiel darauf, dass der Bus uns wie gewohnt auch heute wieder zum Ziel bringt, die Zeitung wie jeden Tag vor der Tür liegt, oder dass unser Kind auch heute wieder nach einem erfüllten Tag unversehrt aus der Schule zurückkommt. Vertrauen hilft uns dabei, trotz fehlenden Wissens oder unvollständiger Informationen dennoch handlungsfähig zu bleiben. Denn im Vertrauen gehen wir davon aus, dass die positiven Erwartungen, die wir in unser Gegenüber setzen, nicht enttäuscht werden. Aber ob sich diese Erwartungen wirklich einlösen, wissen wir im Vorhinein nicht sicher, sondern handeln vielmehr „im Vertrauen" darauf. Mit jeder Vertrauenshandlung – wir warten an der Bushaltestelle, holen die Zeitung aus dem Briefkasten oder bringen unser Kind in die Schule – gehen wir insofern ein gewisses Risiko ein, enttäuscht zu werden. Allerdings sind wir auch in kaum einer Situation gänzlich unwissend. Denn wir sind mit Vielem vertraut, weil wir im Laufe unseres Lebens viele Erfahrungen gesammelt und Beobachtungen in ähnlichen Lebensbereichen oder Situationen gemacht haben. Diese Informationen aus der Vergangenheit übertragen wir auf die Gegenwart (Luhmann 2000), wenn wir annehmen, dass wir in diesen Lebensbereichen oder Situationen „immer wieder" das Gleiche erleben. Insofern ist das Enttäuschungsrisiko in alltäglichen Situationen in der Regel nicht allzu groß. Auch wenn wir unbekannten Personen begegnen, helfen uns unsere generellen Erfahrungen, die wir mit anderen Menschen im Laufe unseres Lebens machen, Vertrauen zu fassen.

Grundsätzlich sind es neben unseren Erfahrungen auch Erwartungen und Überzeugungen, die uns dazu veranlassen, Situationen so wahrzunehmen und zu bewerten, dass wir Vertrauen schenken bzw. schenken können. Stimmt die Situationswahrnehmung mit Erwartungen und Überzeugungen überein, kann sich Vertrauen leichter vertiefen oder entwickeln, als wenn dies nicht der Fall ist (Schweer/Thies 2008; Schweer/Petermann/Egger 2013).

Vertrauen wird nicht nur Personen im „privaten Bereich" geschenkt. Sehr häufig haben wir es mit Interaktionspartnern zu tun, denen wir als „Professionellen" begegnen, das heißt, dass wir mit Menschen zu tun haben, die Organisationen und die in ihnen geltenden institutionellen Regeln repräsentieren. Am Beispiel der Beziehung zwischen Elternhaus und Schule begegnen wir Lehrkräften formal betrachtet nicht als „Frau Müller aus dem Nachbarhaus", sondern als „Frau Müller als professionelle Pädagogin in der Schule XY". Als Lehrkraft unterliegt Frau Müller vielen verschiedenen Regeln, auf deren Einhaltung sie sich per Diensteid verpflichtet hat, die im Schulgesetz verbindlich niedergeschrieben sind und deren Einhaltung nachgehalten wird. Frau Müller ist Lehrkraft, weil sie nachweislich über die dafür vorgesehenen erforderlichen formalen Qualifikationen verfügt. Und dennoch: Auch die Existenz von verbindlichen Regeln garantiert nicht, dass diese vollständig eingehalten werden. Stattdessen bleibt eine Ungewissheit. Diese Ungewissheit kann im alltäglichen Miteinander durch Vertrauen überbrückt werden (Luhmann 2000).

Nach diesen Vorklärungen zur grundsätzlichen Bedeutung von Vertrauen geht es im Folgenden um die Bedeutung von Vertrauen zwischen Elternhaus und Schule.

10.2 Zur Bedeutung des Vertrauens von Eltern gegenüber Lehrkräften und Schulen

„Im Vertrauen" verlassen wir uns auf die Interpretation der positiven Signale unseres Vertrauenspartners und setzen auf unsere Erfahrungswerte statt auf eigens für die jeweilige Situation beschaffte, genaue Informationen – dies geschieht auch, ohne dass uns dies bewusst ist. Solche Prozesse spielen gerade auch im Zusammenhang mit Schule eine wichtige Rolle. Dementsprechend wird Vertrauen auch als „pädagogische Betriebsprämisse" bezeichnet (Fabel-Lamla/Welter 2012).

Im deutschsprachigen Raum wurde bislang allerdings noch nicht systematisch untersucht, wie es um das Vertrauen zwischen Eltern und den Lehrkräften bzw. Schulen ihres Kindes bestellt ist. Immerhin liegen einige wenige Veröffentlichungen vor, die die Bedeutung von Vertrauen generell unterstreichen. So betonen zum Beispiel Balster u. a. (1999) oder Pfeifer (1997), dass eine Vertrauensbasis zwischen Eltern und Lehrkräften förderlich und daher anzustreben sei. Pastor u. a. (1988) nehmen die Elternperspektive ein, wenn sie danach fragen, wieso Vertrauen bei der Schulwahl bedeutsam ist. Sacher (2012, 2014) hebt die vertrauensvolle Beziehung zwischen Lehrkräften und Eltern als bedeutsam für eine gute Atmosphäre an der Schule hervor (auch Pekrun 2001). Ebenso betonen Neuenschwander u. a. (2005) Vertrauen als ein wichtiges Qualitätsmerkmal in der Kooperation von Elternhaus und Schule. Darüber hinaus zeigte eine repräsentative Elternbefragung, dass Lehrkräfte ein hohes Vertrauen seitens der Eltern genießen, wenn es um Erziehungs- und Bildungsfragen ihres Kindes geht (Vodafone 2015).

Neben diesen Überlegungen zur grundsätzlichen Bedeutung von Vertrauen für die Beziehungen zwischen Elternhaus und Schule ist aus empirischen Studien vor allem aus dem englischsprachigen Raum (Hoy/Tschannen-Moran 1999; Adams/Christenson 2000; Forsyth/Adams/Barnes 2002) bekannt, dass die Beziehung, die Eltern zur

Schule und zu den Lehrkräften ihres Kindes haben, mittelbar die Leistungen ihres Kindes beeinflusst. Demnach gelingt es in einer von wechselseitigem Vertrauen geprägten Beziehung zwischen Eltern und Lehrkräften leichter, Schwierigkeiten anzusprechen, auf Probleme hinzuweisen oder über gemeinsame Ziele in Bildungs- und Erziehungsfragen zu sprechen, was sich schließlich positiv auf die Schulleistungen ihres Kindes auswirke (Goddard/Tschannen-Moran/Hoy 2001). Zudem lassen sich Schulentwicklungsvorhaben besser durchführen und nachhaltig an der Schule verankern, wenn sich Lehrkräfte, Eltern und Schulleitungen gegenseitig vertrauen (Bryk/Schneider 2003). Außerdem wird berichtet, dass sich das Vertrauen, das Eltern in die Lehrkräfte des eigenen Kindes haben, auf ihre Kinder übertrage und diese sich dann ebenfalls mehr in der Schule engagieren (Tschannen-Moran/Hoy 2000; auch Schweer/Bertow 2006).

Deutlich wird: Das Verhältnis von Eltern und Lehrkräften wird durchaus thematisiert. In der deutschsprachigen Diskussion wird für dieses Verhältnis unter anderem der Begriff der „Erziehungs- und Bildungspartnerschaft" benutzt (Stange u. a. 2013; Sacher 2014). Ziel von Erziehungs- und Bildungspartnerschaften ist es, gemeinsam eine „lern- und entwicklungsförderliche Umgebung" (vgl. Stange 2012, S. 14) für das Kind zu schaffen, in der Herausforderungen und Probleme angesprochen und in – idealerweise – gemeinsamen Anstrengungen von Eltern und Lehrkräften angegangen werden können.

Für die Verwirklichung dieser positiven Vorstellungen einer Erziehungs- und Bildungspartnerschaft wird eine vertrauensvolle Beziehung zwischen Elternhaus und Schule für wichtig gehalten. Grundsätzlich scheint es gerechtfertigt, davon auszugehen, dass Eltern, die der Schule und den Lehrkräften ihres Kindes vertrauen, Lehrkräfte eher auf Probleme hinweisen und um Unterstützung bitten oder mit den Lehrkräften Ziele in Bildungs- und Erziehungsfragen erörtern (vgl. Bormann/Niedlich 2017, S. 43).

Wenngleich – wie oben skizziert – Vertrauen in der Beziehung zwischen Elternhaus und Schule für wichtig erachtet wird, liegen kaum Untersuchungen vor, die ihr Augenmerk dabei explizit auf das Vertrauen richten, das Eltern in die Lehrkräfte und in die Schule ihres Kindes setzen. Insofern existieren zwar durchaus Annahmen über die grundsätzliche Bedeutsamkeit von Vertrauen. Ebenso lassen sich Vermutungen zu den positiven Auswirkungen von Vertrauensverhältnissen zwischen Elternhaus und Schulen bzw. Lehrkräften aufstellen. Aber belastbare Befunde, die Aufschluss darüber geben, wodurch elterliches Vertrauen beeinflusst wird und inwiefern und warum es unterschiedlich stark ausgeprägt ist, liegen kaum vor.

10.3 Die 4. JAKO-O Bildungsstudie: Erkenntnisse zum elterlichen Vertrauen gegenüber den Lehrkräften ihres Kindes

Die 4. JAKO-O Bildungsstudie erlaubt es nun, sowohl die Ausprägung des elterlichen Vertrauens als auch deren Bedingungen genauer zu untersuchen. Dabei wurde ein Erhebungsinstrument benutzt, das bereits seit langem im englischsprachigen Raum eingesetzt wird (Forsyth/Adams/Barnes 2002). Im Rahmen der 4. JAKO-O Bildungsstudie wurde dieses Instrument nun erstmalig auf den deutschen Kontext angepasst und in einer Repräsentativbefragung eingesetzt. Auf dieser Grundlage konnte nicht nur elterliches Vertrauen differenziert erfasst, sondern auch untersucht werden, ob bestimmte Merkmale dieses Vertrauen beeinflussen.

10.3.1 Wie Vertrauen in der aktuellen JAKO-O Bildungsstudie erhoben wurde

Empirische Befunde zur Bedeutung des Vertrauens zwischen Elternhaus und Schule wurden zuerst in verschiedenen englischsprachigen Studien berichtet. Die Ergebnisse zeigten, dass eine Reihe unterschiedlicher Eigenschaften von Lehrkräften eine Rolle spielen, um von Eltern als vertrauenswürdig wahrgenommen zu werden. Diese können folglich als Aspekte von Vertrauenswürdigkeit gelten (Tschannen-Moran/ Hoy 1999; Adams/Christenson 2000; Forsyth/Adams/Barnes 2002; auch Bormann/ Niedlich 2017). Bei diesen Aspekten von Vertrauenswürdigkeit handelt es sich um *Verlässlichkeit*, *Kompetenz*, *Ehrlichkeit*, *Wohlwollen* und *Offenheit*.

Im Einzelnen umfassen diese Aspekte Folgendes:
- Der Aspekt *Verlässlichkeit* umfasst die Vorhersehbarkeit und Nachvollziehbarkeit des wohlwollenden Handelns des Vertrauenspartners.
- Der Aspekt der *Kompetenz* bezieht sich auf die Einschätzung, ob eine Person zu professionellem Handeln fähig und willens ist.
- Beim Aspekt *Ehrlichkeit* geht es um die Frage, ob man sich auf das Wort des Vertrauenspartners verlassen kann und Aussagen und Versprechen ernst gemeint sind.
- Der Aspekt des *Wohlwollens* bezieht sich auf die Zuversicht, dass das eigene Wohl oder das anderer Personen nicht verletzt wird und man sich auf die guten Absichten des Vertrauenspartners verlassen kann.
- Der Aspekt *Offenheit* schließlich stützt sich auf die wahrgenommene Bereitschaft des Vertrauenspartners, dem anderen zuzuhören und sich auf dessen Anliegen einzulassen.

In der 4. JAKO-O Bildungsstudie wurde für jeden dieser fünf Aspekte eine aussagekräftige Aussage aus der Studie von Forsyth u. a. ausgewählt und ins Deutsche übersetzt. Der folgenden Tabelle lässt sich entnehmen, mittels welcher Aussagen die elterliche Wahrnehmung der Vertrauenswürdigkeit von Lehrkräften im Einzelnen erhoben wurde.

Tab. 10.1   Übersicht über die erfassten fünf Aspekte von Vertrauen

Verlässlichkeit	„Die Lehrkräfte verhalten sich so, dass ich mir um mein Kind keine Sorgen mache, wenn es in der Schule ist."
Kompetenz	„Die Lehrkräfte leisten hervorragende Arbeit."
Ehrlichkeit	„Die Lehrkräfte sind ehrlich mit mir."
Wohlwollen	„Die Lehrkräfte sind bereit, mir zu helfen."
Offenheit	„Die Lehrkräfte hören mir zu, wenn ich ein Anliegen habe."

10.3.2   Die 4. JAKO-O Bildungsstudie: Befunde zum elterlichen Vertrauen

Die Ergebnisse der 4. JAKO-O Bildungsstudie zeigen, dass die Zustimmung der befragten Eltern bei allen fünf Vertrauensaspekten recht hoch ist. Die Mittelwerte für die fünf Vertrauensaspekte bewegen sich zwischen mindestens 3,1 (für Kompetenz) und höchstens 3,5 (für Verlässlichkeit). Von allen Vertrauensaspekten erhält folglich die Kompetenz der Lehrkräfte die niedrigste Zustimmung und die Verlässlichkeit die größte Zustimmung der Eltern (ohne Abbildung und Tabelle). Dabei muss allerdings berücksichtigt werden, dass alle Mittelwerte zwischen „stimme eher zu" und „stimme sehr zu" liegen und somit durchweg eine mehr oder weniger stark ausgeprägte positive Tendenz aufweisen.

Die Ergebnisse sollen als Nächstes auf Basis von Prozentwerten differenzierter betrachtet werden. Wie Abbildung 10.1 veranschaulicht, stimmen relativ viele Eltern den Aussagen zur Offenheit, Verlässlichkeit und Ehrlichkeit der Lehrkräfte „sehr" oder „eher" zu (insgesamt 93 % bzw. 92 %). Den Aussagen zum Wohlwollen und zur Kompetenz der Lehrkräfte stimmen dagegen etwas weniger Eltern zu (86 % bzw. 89 %). Auf den Vertrauensaspekt der Kompetenz entfällt der insgesamt geringste Zustimmungswert, nur relativ wenige Eltern geben hier – im Vergleich zu allen anderen Vertrauensaspekten – „stimme sehr zu" an: Dieser Anteil liegt bei der Kompetenz bei lediglich 31 %, während er bei den anderen Vertrauensaspekten zwischen 41 % (Wohlwollen) und 58 % (Verlässlichkeit) beträgt. Bei der Aussage, dass Lehrkräfte eine hervorragende Arbeit leisten, zeigen sich die Eltern in ihrer Bewertung also vergleichsweise zurückhaltend.

Abb. 10.1 Zustimmung zu fünf Vertrauensaspekten bezogen auf die Lehrkräfte des Kindes (2017)

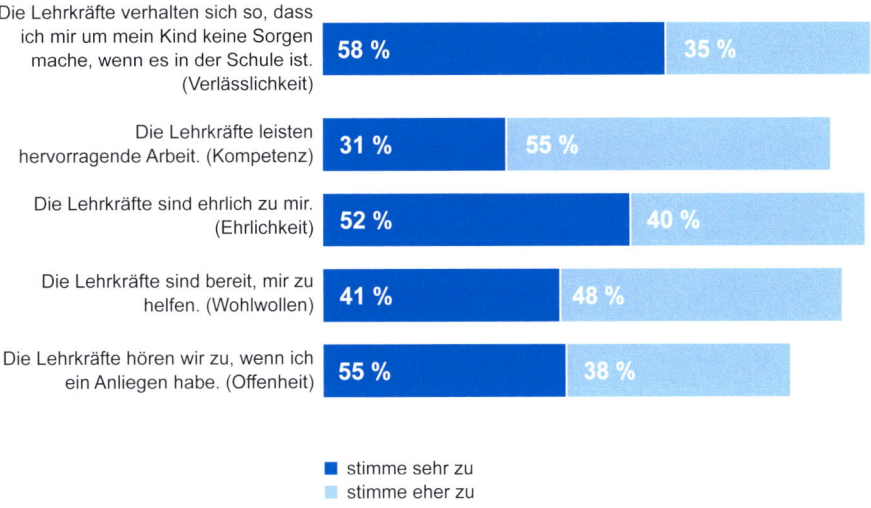

Aussage	stimme sehr zu	stimme eher zu
Die Lehrkräfte verhalten sich so, dass ich mir um mein Kind keine Sorgen mache, wenn es in der Schule ist. (Verlässlichkeit)	58 %	35 %
Die Lehrkräfte leisten hervorragende Arbeit. (Kompetenz)	31 %	55 %
Die Lehrkräfte sind ehrlich zu mir. (Ehrlichkeit)	52 %	40 %
Die Lehrkräfte sind bereit, mir zu helfen. (Wohlwollen)	41 %	48 %
Die Lehrkräfte hören mir zu, wenn ich ein Anliegen habe. (Offenheit)	55 %	38 %

Frage: Inwieweit stimmen Sie den folgenden Aussagen über die Lehrkräfte an der Schule Ihres ältesten schulpflichtigen Kindes zu?
N=2.000 Befragte

Mit welchen Merkmalen stehen nun die fünf Aspekte von Vertrauen im Einzelnen im Zusammenhang? Tabelle 10.2 gibt einen Überblick über die drei Bereiche und die jeweiligen Merkmale, die darin untersucht werden.

Tab. 10.2 Übersicht über eltern-, kind- und schulbezogene Merkmale

1) soziodemografische Merkmale der Eltern und des Kindes	1.	Alter der Befragten
	2.	Geschlecht der Befragten
	3.	Bildungsabschluss der Befragten
	4.	Migrationshintergrund
	5.	Alter des Kindes
2) Einstellungen und Einschätzungen von Eltern	6.	Wahrnehmung der Eltern, vieles von dem leisten zu müssen, was Aufgabe der Schule ist
	7.	Überforderung als Elternteil eines schulpflichtigen Kindes
	8.	Über- oder Unterforderung des Kindes angesichts schulischer Anforderungen
3) Merkmale der Schule	9.	Privatschule versus öffentliche Schule
	10.	Schulform

Für jeden dieser drei Bereiche wird im Folgenden mit Blick auf andere Forschungen zum Thema zuerst knapp auf bisherige Forschungsergebnisse und offene Fragen eingegangen, anschließend gehen wir auf die jeweiligen Befunde der 4. JAKO-O Bildungsstudie ein, bevor diese kurz diskutiert und eingeordnet werden. Weil die Eltern die verschiedenen Vertrauensaspekte alles in allem recht gut bewerten, wird für den Vergleich von Elterngruppen nur die positivste Ausprägung („stimme sehr zu") herangezogen. Die Darstellung der Ergebnisse erfolgt dabei wiederum auf Basis von Prozentwerten.

1) Soziodemographische Merkmale und elterliches Vertrauen

Verschiedene Studien geben Anlass zu der Vermutung, dass soziodemografische Variablen wie das Alter, der formale Bildungsstatus, das Geschlecht oder auch der Migrationshintergrund eine Rolle für das Vertrauen spielen. So wurde im internationalen Vergleich herausgearbeitet, dass das Vertrauen mit dem formalen Bildungsstatus korrespondiert. Demnach haben Menschen mit einem höheren formalen Bildungsabschluss stärkeres zwischenmenschliches Vertrauen (vgl. Autorengruppe Bildungsberichterstattung 2010, S. 203). Andere Studien haben untersucht, inwiefern das Alter oder das Geschlecht mit Unterschieden beim Vertrauen in Zusammenhang stehen. So zeigen beispielsweise Daten des Sozioökonomischen Panels (Schupp/Wagner 2004), dass die Befragten sehr viel oder ziemlich viel Vertrauen zu Schulen und dem Bildungssystem haben – und zwar gleichermaßen Männer wie Frauen und über die verschiedenen Altersgruppen hinweg in annähernd gleichem Maße. In einer britischen Studie wurde gezeigt, dass das Vertrauen in (politische) Institutionen von Menschen mit Migrationshintergrund kurz nach der Immigration noch höher als das der Menschen ohne Migrationshintergrund ist und es sich im Laufe der Zeit auf das Niveau der einheimischen Bevölkerung anpasst (Voicu/Tufis 2015). Allerdings wird in einer niederländischen Untersuchung berichtet (Janssen u. a. 2012), dass der Migrationshintergrund bzw. ein nicht einheimischer ethnischer Hintergrund von Eltern keine Bedeutung für das Vertrauen hat, das sie in die Lehrkräfte ihres Kindes setzen. Umgekehrt aber differiert das Vertrauen von Lehrkräften gegenüber Eltern mit oder ohne ethnischen Hintergrund: Eltern mit anderer Ethnie genießen ein geringeres Vertrauen seitens der Lehrkräfte.

Auch wenn das Vertrauen in diesen Studien auf unterschiedlichem Wege gemessen und teilweise zwischenmenschliches Vertrauen und teilweise Vertrauen in Institutionen untersucht wurde, stellt sich die Frage, inwiefern die genannten Einflussfaktoren auch für das elterliche Vertrauen in Lehrkräfte eine Rolle spielen. Dieser Frage sind wir anhand der Daten der 4. JAKO-O Bildungsstudie nachgegangen.

Neben den genannten Aspekten wurde auch das Alter der Kinder berücksichtigt. Genau genommen machen Eltern sich nicht selbst verletzbar, wenn sie ihr Kind den Lehrkräften einer Schule überlassen. Aber sie geben einen Teil der Verantwortung für ihr Kind an sie ab. Ob und wie das Alter des Kindes für das Vertrauen der Eltern eine Rolle spielt, ist bislang nicht erforscht. Es lassen sich aber Vermutungen anstellen. Erstens kann angenommen werden, dass mit zunehmendem Alter des Kindes die Erfahrungen der Eltern mit dessen Schule zunehmen. Dies könnte zweitens dazu führen, dass die zunächst eher abstrakten Erwartungen an die Schule durch konkrete

Erlebnisse und Kenntnisse ersetzt und dadurch insbesondere überzogene Hoffnungen und Ansprüche reduziert werden. Auf das Vertrauen der Eltern in die Lehrkräfte könnte sich das ungünstig auswirken.

Ergebnisse
Bei den Untersuchungen der Daten der 4. JAKO-O Bildungsstudie stellt sich heraus, dass soziodemografische Merkmale kaum eine Rolle für die Aspekte des elterlichen Vertrauens spielen (ohne Abbildung oder Tabelle). Demnach unterscheiden sich Eltern hinsichtlich ihres Alters, Geschlechts, formalen Bildungsstatus oder Migrationshintergrunds so gut wie gar nicht in ihrem Vertrauen gegenüber Lehrkräften. Die Befunde der vorliegenden Studie stimmen also mit denen früherer Untersuchungen überein.

Unterschiede sind hingegen in Bezug auf das Alter des Kindes zu erkennen. So zeigen Zusammenhangsanalysen signifikante, aber eher schwache negative Zusammenhänge zwischen dem Alter des Kindes und dem Vertrauen, das Eltern in die Lehrkräfte ihres Kindes haben. Deutlich wird dies insbesondere in Bezug auf die Kompetenz: Je älter die Kinder sind, desto weniger Vertrauen haben die Eltern in die Kompetenz der Lehrkräfte ($r=-0{,}18$)[1]. Auch die Zusammenhangsanalysen zu den weiteren Vertrauensaspekten weisen einen solchen (schwachen) negativen Zusammenhang auf. Dies kann möglicherweise als Hinweis darauf verstanden werden, dass die „Notwendigkeit" zu vertrauen deshalb sinkt, weil die Kinder selbstständiger werden und die Eltern zudem ihre Erwartungen an Lehrkräfte zunehmend mit ihren Erfahrungen abgleichen können und nach und nach ein anfänglicher Vertrauensvorschuss reduziert wird.

2) Einstellungen und Einschätzungen von Eltern und elterliches Vertrauen

Nachdem soziodemografische Merkmale in ihrer Bedeutung für elterliches Vertrauen betrachtet wurden, soll die Aufmerksamkeit nun auf Einstellungen und Einschätzungen der Eltern gelenkt werden. Diese beziehen sich auf die Frage, 1) ob Schulen ihren Aufgaben aus Sicht der Eltern nachkommen, 2) ob die Eltern sich selbst als Elternteil eines schulpflichtigen Kindes über- oder unterfordert fühlen und 3) ob die Eltern ihr Kind als über- oder unterfordert ansehen.

Aufgabenerfüllung durch die Schule
Die Erwartungen an das, was die Schule aus Sicht von Eltern leisten soll, sind immens. Nicht nur erwarten Eltern, dass die Schule ihren Kindern Wissen vermittelt, sondern sie soll auch zur Persönlichkeitsbildung, beruflichen Orientierung, der Entwicklung von Sozialkompetenzen und Umgangsformen oder einer generellen Leistungsbereitschaft beitragen (vgl. Henry-Huthmacher u. a. 2016, S. 39). Fallen die Erwartungen und die von Eltern beobachtete Realität auseinander, kann daraus resultieren, dass Eltern meinen, Schulen gingen ihren Aufgaben nicht in vollem Maße nach. Tatsächlich klagen Eltern mitunter darüber, dass sie stark von der Schule und

---

1 Berechnet wurde der *Produkt-Moment-Korrelationskoeffizient* nach Pearson. Sein Wertebereich reicht von +1 (perfekter positiver Zusammenhang) bis -1 (perfekter negativer Zusammenhang). Der Wert 0 bedeutet, dass kein Zusammenhang besteht.

den Lehrkräften ihres Kindes in Anspruch genommen werden (vgl. Killus/Paseka 2014, S. 143), und meinen, Aufgaben der Schule übernehmen oder sich intensiv selbst um die schulischen Leistungen ihres Kindes kümmern zu müssen. Eine solche Einschätzung kann nicht nur als Hinweis auf eine Unzufriedenheit mit der Aufgabenerfüllung durch die Schule und als Indiz für eine Überforderung der Eltern verstanden werden. Es stellt sich auch die Frage, ob sich solche Bewertungen seitens der Eltern auf ihr Vertrauen in die Lehrkräfte ihres Kindes auswirken und, falls ja, welche Aspekte von Vertrauen davon betroffen sind. Daher haben wir die Daten der 4. JAKO-O Bildungsstudie daraufhin untersucht, ob und inwieweit sich Eltern, die der Aussage „Eltern müssen vieles von dem leisten, was eigentlich Aufgabe der Schule ist" zugestimmt oder sie abgelehnt haben, in Bezug auf ihr Vertrauen in die Lehrkräfte unterscheiden.

Ergebnisse
Die Ergebnisse der 4. JAKO-O Bildungsstudie zeigen zunächst, dass viele Eltern die Notwendigkeit sehen, sich selbst für die schulischen Leistungen ihres Kindes engagieren zu müssen: Gut die Hälfte (53 %) der Eltern stimmt der Aussage zu „Eltern müssen vieles von dem leisten, was eigentlich Aufgabe der Schule ist" (ohne Abbildung oder Tabelle).

Ist nun zu erwarten, dass diese Einschätzungen für das elterliche Vertrauen in die Lehrkräfte ihres Kindes bedeutsam sind? Die Befragungsergebnisse deuten darauf hin. Sind Eltern der Meinung, dass sie vieles von dem leisten müssen, was Aufgabe der Schule ist, wirkt sich das ungünstig auf ihr Vertrauen aus. Dies gilt für alle Vertrauensdimensionen (siehe Abbildung 10.2). Maximale Differenzen zeigen sich bei dem Vertrauensaspekt Verlässlichkeit: Von den kritischen Eltern stimmen nur 51 % diesem Vertrauensaspekt sehr zu – in der Vergleichsgruppe sind es 67 %.[2] Ähnlich große Differenzen zeigen sich auch bei den Vertrauensaspekten Kompetenz und Wohlwollen. Verlässlichkeit, Kompetenz und Wohlwollen scheinen somit jene Aspekte von Vertrauen zu sein, die den deutlichsten Zusammenhang mit der Einschätzung der Eltern in Bezug auf die schulische Aufgabenerfüllung aufweisen. Geringer sind demgegenüber die Unterschiede bei den Vertrauensaspekten Offenheit und Ehrlichkeit.

Die Ergebnisse veranschaulichen zunächst einmal ganz grundsätzlich, dass das Vertrauen von Eltern mit ihrer Einschätzung, ob sie Aufgaben der Schule kompensieren müssen, variiert. Dabei fallen die Unterschiede zwischen den beiden Elterngruppen bei den fünf Vertrauensdimensionen mehr oder weniger groß aus. Wenn Schulen Signale senden, die Eltern zu der Ansicht veranlassen, dass sie deren Aufgaben übernehmen müssen, schadet das also offenbar mehreren Vertrauensaspekten.

Am größten sind die Unterschiede zwischen beiden Elterngruppen bei der Verlässlichkeit, der Kompetenz und dem Wohlwollen. Hier wirken sich die Einschätzungen, dass Schulen ihren Aufgaben nicht hinreichend nachkommen, demzufolge am stärksten negativ aus. Eltern, die meinen, Aufgaben der Schule übernehmen zu müssen, sind also möglicherweise der Ansicht, dass die Schule nicht in der Lage ist, Rahmenbedingungen zu gewährleisten, die den Bedürfnissen der Kinder ausreichend

---

2 Berichtet werden hier und auch im Folgenden statistisch signifikante Ergebnisse. Berechnet wurden sog. *Chi-Quadrat-Tests*, die prüfen, ob zwischen zwei Variablen, deren kombinierte Häufigkeitsverteilung in einer Kreuztabelle dargestellt wird, ein Zusammenhang besteht.

Abb. 10.2 Elterliches Vertrauen in die Lehrkräfte des Kindes nach Einschätzung der Aussage „Eltern müssen vieles von dem leisten, was eigentlich Aufgabe der Schule ist" (2017)

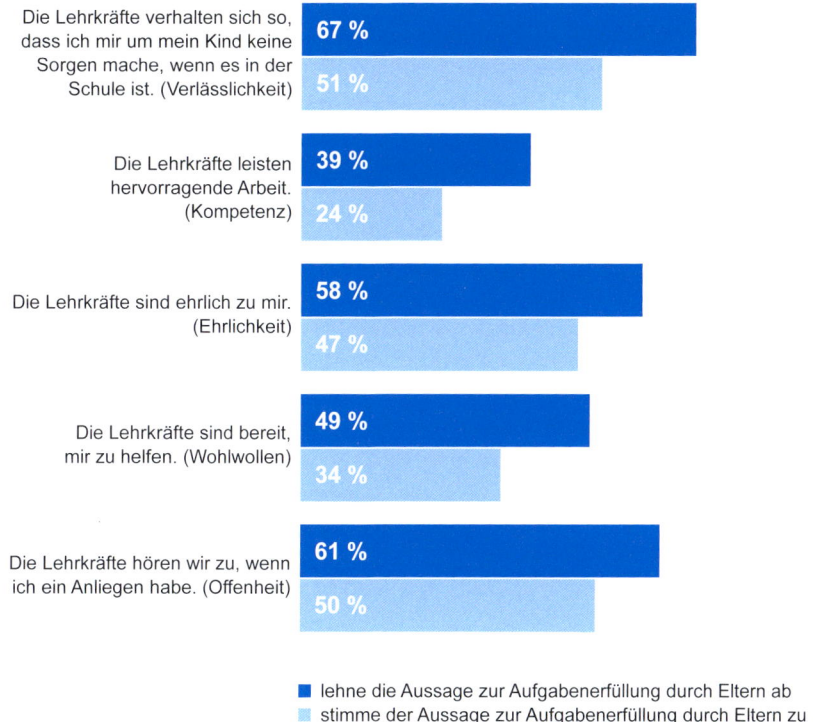

Frage: Stimmen Sie der folgenden Aussage zu oder lehnen Sie diese ab?
N=2.000 Befragte

Rechnung tragen. Dabei scheint es plausibel, dass negative Konsequenzen für ihre Kinder für viele Eltern ein besonders sensibles Problem darstellen. Grundsätzlich sehen die befragten Eltern bei der Verlässlichkeit zwar kein Problem: Sie wird allgemein sogar positiver bewertet als die anderen Vertrauensdimensionen. Wenn Eltern mit der Aufgabenerfüllung der Schule unzufrieden sind, kann dieses Vertrauen aber offenbar relativ schnell schwinden.

Überforderung von Eltern
Killus und Paseka (2014, 2016) berichten über unterschiedliche Möglichkeiten von Eltern, sich für das schulische Lernen ihrer Kinder zu engagieren. Besonders ausgeprägt sind demnach gezielte, punktuelle Formen der Unterstützung beim häuslichen Lernen, wie sie z. B. bei der Vorbereitung von Klassenarbeiten und Referaten auftre-

ten. Dies kann zusammenhängen mit der Einschätzung, schulische Aufgaben übernehmen zu müssen, was Eltern wiederum überfordern kann. Denn nicht alle Eltern haben zum Beispiel die Zeit, um sich aktiv im Schulgeschehen einzubringen, und nicht alle Eltern sind in der Lage, ihren Kindern z. B. bei den Hausaufgaben oder der Vorbereitung von Klassenarbeiten oder Referaten kompetent zu helfen. Eine Überforderung durch Unterstützungsleistungen, die Eltern als Aufgabe der Schule ansehen, kann sich auf das Vertrauen der Eltern niederschlagen. Wir nehmen an, dass Eltern, die sich überfordert fühlen, den fünf Vertrauensaspekten in geringerem Maße zustimmen als Eltern, die eher nicht überfordert sind.

Ergebnisse
In der 4. JAKO-O Bildungsstudie wurden Eltern gebeten, Angaben darüber zu machen, wie häufig sie sich mit den Aufgaben als Elternteil eines schulpflichtigen Kindes überfordert fühlen (Antwortvorgaben: „nie", „selten", „häufig" oder „fast immer"). Daraufhin haben wir analysiert, wie sich die Überforderung von Eltern auf ihr Vertrauen gegenüber Lehrkräften niederschlägt. Dazu haben wir die Eltern in zwei Gruppen eingeteilt: 1) Eltern, die sich „selten" oder „nie" überfordert fühlen, und 2) Eltern, die sich „häufig" oder „fast immer" überfordert fühlen. Die Daten bestätigen die Annahme, dass sich beide Gruppen in ihrem Vertrauen unterscheiden. Wie die Abbildung 10.3 veranschaulicht, stimmen relativ wenige überforderte Eltern den Vertrauensaspekten sehr zu. In der Vergleichsgruppe (Eltern, die eher nicht überfordert sind) sind es deutlich mehr.

Besonders deutlich stellen sich die Unterschiede zwischen den überforderten und den weniger überforderten Eltern in Hinblick auf den Vertrauensaspekt der Verlässlichkeit dar. Die Differenz zwischen den beiden Gruppen ist hier frappierend. Knapp zwei Drittel (63 %) jener Eltern, die sich eher wenig überfordert fühlen, stimmen der entsprechenden Aussage zu – aber nur 45 % der Eltern, die angeben, häufig oder immer überfordert zu sein. Bei den anderen Vertrauensaspekten sind die Unterschiede zwischen beiden Gruppen kleiner, betragen aber immer noch zwischen 8 und 12 Prozentpunkten. Vertrauen kann vor diesem Hintergrund als ein Ausdruck der Zufriedenheit mit der Aufgabenerfüllung durch die Schule gedeutet werden. Gleichzeitig lässt sich vermuten, dass Eltern gar nicht erst in die Lage geraten möchten, Aufgaben der Schule übernehmen bzw. Probleme mangelnden Bildungserfolgs kompensieren zu müssen.

Man könnte annehmen, dass dies in erster Linie eine Frage der Kompetenz der Lehrkräfte darstellt. Tatsächlich stimmen diesem Vertrauensaspekt in beiden Vergleichsgruppen nur wenige Eltern zu. Demgegenüber zeigen sich maximale Unterschiede in Bezug auf den Aspekt der Verlässlichkeit. Dafür könnte es zwei Erklärungen geben: Erstens können überforderte Eltern möglicherweise Entwicklung und Unterstützungsbedarf ihrer Kinder sowie die Frage, ob die Kinder in der Schule die nötige Unterstützung erhalten, selbst nicht so gut einschätzen – und müssen sich deshalb sorgen. Anlass zu Besorgtheit könnte zweitens sein, dass Eltern bei schulischen Problemen ihrer Kinder nicht selbst zu helfen in der Lage wären. In diesem Zusammenhang könnte die Erwartung bestehen, dass die Lehrkräfte die Eltern unterstützen müssten, damit diese ihren Kindern helfen können. Wenn sie das nicht tun, sinkt das Vertrauen in ihre Verlässlichkeit.

Abb. 10.3 Elterliches Vertrauen in die Lehrkräfte des Kindes nach Überforderung der Eltern (2017)

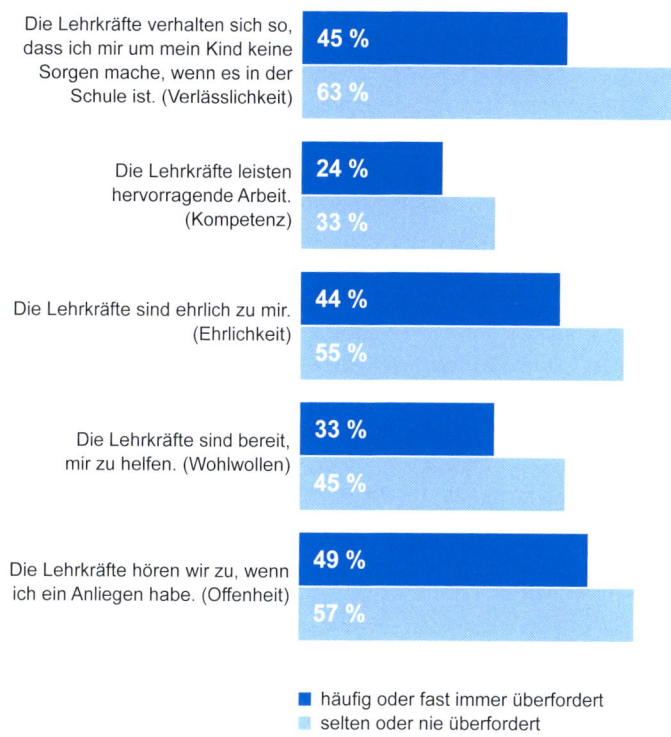

Frage: Fühlen Sie sich mit den Aufgaben als Elternteil eines schulpflichtigen Kindes fast immer, häufig, selten oder nie überfordert?
N=2.000 Befragte

Über- oder Unterforderung des Kindes
Eltern dürften grundsätzlich ein großes Interesse daran haben, dass ihr Kind optimal gefördert wird. Nicht immer aber wird dieses Optimum nach Ansicht von Eltern realisiert. Mitunter haben Eltern den Eindruck, dass die Kinder zu schnell oder zu viel in zu kurzer Zeit lernen müssen und ihr Kind daher überfordert sei. Andere Eltern meinen, dass in ihrem Kind mehr steckt und denken, dass es unterfordert sei. Wie frühere JAKO-O Bildungsstudien zeigen konnten, wird zwar die Qualität der Beziehungen zwischen Elternhaus und Schule hinsichtlich des Vertrauens überwiegend zufriedenstellend eingeschätzt (vgl. Killus 2012, S. 66). Allerdings schlägt sich eine wahrgenommene Überforderung des eigenen Kindes ungünstig auf die Bewertung nieder, weshalb angenommen werden kann, dass dadurch enttäuschte Bildungserwartungen der Eltern zum Ausdruck kommen (vgl. ebd., S. 60).

Um mehr über diesen Zusammenhang zu erfahren, haben wir die Daten der 4. JAKO-O Bildungsstudie daraufhin untersucht, wie sich die Wahrnehmung der Eltern zur Über- oder Unterforderung ihres Kindes auf ihr Vertrauen in die Lehrkräfte ihres Kindes auswirkt.

Ergebnisse
Die Eltern wurden um eine Einschätzung gebeten, ob sie ihr Kind angesichts schulischer Anforderungen für „eher überfordert", für „gerade richtig gefordert" oder „eher unterfordert" halten. Insgesamt scheinen die Eltern das Anspruchsniveau, das in der Schule ihres Kindes herrscht, für angemessen zu halten: Die Mehrzahl der Eltern, nämlich etwas mehr als drei Viertel (78 %), hält ihr Kind für „gerade richtig gefordert", 9 % der Eltern halten ihr Kind für „eher überfordert" und 14 % für „eher unterfordert" (ohne Abbildung oder Tabelle). Wie weiterführende Analysen zeigen, unterscheiden sich Eltern, die ihr Kind für entweder überfordert oder unterfordert halten, dabei nur wenig in ihrem Vertrauen gegenüber den Lehrkräften ihrer Kinder. Daher fassen wir die Eltern im Folgenden in zwei Gruppen zusammen: eine Elterngruppe, die ihr Kind für eher „unter- bzw. überfordert" hält, sowie eine Elterngruppe, die ihr Kind für „gerade richtig gefordert" hält.

In Hinblick auf das Vertrauen stellt sich erwartungsgemäß heraus, dass vor allem Eltern, die ihr Kind für „gerade richtig gefordert" halten, den einzelnen Vertrauensaspekten zustimmen. Von den Eltern, die ihr Kind für eher über- bzw. unterfordert halten, sind es deutlich weniger (siehe Abbildung 10.4).

Erneut und erwartungsgemäß ist der Anteil der Eltern, die der Aussage „Die Lehrkräfte leisten hervorragende Arbeit" sehr zustimmen, in beiden Vergleichsgruppen ausgesprochen niedrig. Der größte Unterschied zwischen den Gruppen der Eltern mit über- bzw. unterforderten Kindern auf der einen Seite und den gerade richtig geforderten Kindern auf der anderen Seite ergibt sich – erneut – im Hinblick auf den Vertrauensaspekt der Verlässlichkeit (62 % zu 46 %), dicht gefolgt von allen weiteren Vertrauensaspekten.

Bei Eltern mit über- oder unterforderten Kindern fällt das Vertrauen also deutlich ab. Möglicherweise sorgen sich die Eltern, weil die Schule aus ihrer Sicht nicht in der Lage ist, auf das Leistungs- und Entwicklungspotenzial ihres Kindes angemessen zu reagieren. Stabile Rahmenbedingungen (Verlässlichkeit) scheinen dabei ebenso bedeutsam wie die Arbeit der Lehrkräfte sowie deren Hilfsbereitschaft, Ehrlichkeit und Offenheit im Umgang mit der Über- bzw. Unterforderung des Kindes.

3) Merkmale der Schule und elterliches Vertrauen

Nach soziodemografischen Merkmalen und nach Einstellungen und Einschätzungen der Eltern sollen nun institutionelle Merkmale in ihrer Bedeutung für das Vertrauen der Eltern analysiert werden. Das schließt einen Vergleich von Eltern an Privatschulen und an öffentlichen Schulen ein sowie einen Vergleich von Eltern, deren Kinder unterschiedliche Schulformen besuchen.

Abb. 10.4 Elterliches Vertrauen in die Lehrkräfte des Kindes nach Über- oder Unterforderung des Kindes (2017)

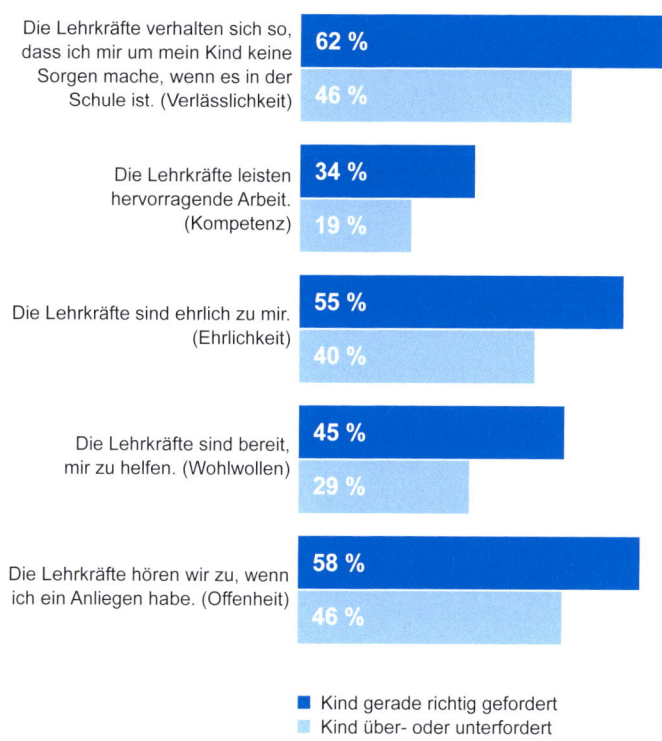

Frage: Halten Sie Ihr ältestes schulpflichtiges Kind in der Schule für eher überfordert, für gerade richtig gefordert oder für eher unterfordert?
N=2.000 Befragte

Private und öffentliche Schulen

Insbesondere in der amerikanischen schulbezogenen Vertrauensforschung (Guppy/Davies 1999; Loveless 1997) wurde die These vertreten, dass der Besuch einer Privatschule als Indiz für mangelndes Vertrauen in das öffentliche Schulsystem zu verstehen sei. In der Tat sind auch in Deutschland eine stetige Expansion der Anzahl privater Schulen sowie ein stetiger Zuwachs von Schüler/innen an diesen Schulen zu beobachten (Statistisches Bundesamt 2016). Zurückgeführt wird dies auch auf die kritische Sicht auf Schulen nach dem „PISA-Schock" (vgl. dazu Killus 2014, S. 92). So bemühen sich insbesondere für Bildungsfragen sensible Eltern der Mittel- und Oberschicht sehr darum, den eigenen Kindern die bestmögliche pädagogische Förderung zuteil werden zu lassen (vgl. ebd., S. 97f.; Nicht 2012, S. 144). Dementsprechend wäre davon auszugehen, dass die stetig anwachsende Zahl der Schüler/innen, die in Privatschulen unterrichtet werden, Ausdruck eines Vertrauensproblems sei. In Deutschland liegen bislang keine Untersuchungen dazu vor, die Aufschluss darüber geben, ob Eltern an Privatschulen den Lehrkräften ihrer Kinder stärker vertrauen als Eltern, deren Kind eine öffentliche Schule besucht. Diesem Zusammenhang konnten wir nun anhand der Daten der 4. JAKO-O Bildungsstudie nachgehen.

Ergebnisse
Die meisten Eltern in der Stichprobe der 4. JAKO-O Bildungsstudie schicken ihr Kind – wie eine zusätzliche Analyse zeigt – in eine öffentliche Schule und nur ein kleiner Anteil in eine Privatschule (92,5 % zu 7,5 %). Bei der Analyse der Unterschiede zwischen diesen beiden Elterngruppen stellt sich wie angenommen heraus, dass die Gruppe von Eltern mit Kindern an Privatschulen hinsichtlich aller fünf Aspekte von Vertrauen höhere Zustimmungswerte im Vergleich zu der Vergleichsgruppe hat (siehe Abbildung 10.5). Die deutlichsten Unterschiede sind bei der Einschätzung der Kompetenz der Lehrkräfte ersichtlich: 28 % der Eltern mit Kindern an öffentlichen Schulen stimmen hier sehr zu. An Privatschulen beträgt dieser Anteil hingegen 48 %. Fast genauso groß ist der Unterschied der Elterngruppen in Bezug auf die Verlässlichkeit. Während nur 57 % von Eltern mit Kindern an öffentlichen Schulen hier zustimmen, sind es bei Eltern mit Kindern an Privatschulen 76 %.

Offenbar schätzen also Eltern mit Kindern an Privatschulen die Lehrkräfte eher als kompetenter und verlässlicher ein als Eltern mit Kindern an öffentlichen Schulen. Die Unterschiede sind bezogen auf diese beiden Vertrauensaspekte am größten, aber auch im Hinblick auf die drei weiteren Vertrauensaspekte zeigen sich deutliche Unterschiede.

Des Weiteren fällt auf, dass trotz der insgesamt höheren Werte in der Gruppe der Privatschuleltern die Dimensionen Kompetenz und Wohlwollen relativ schwach abschneiden. Mit anderen Worten: Die Einschätzung des Vertrauens auch für die Privatschulen fällt hier nur mittelmäßig aus, denn mehr oder weniger die Hälfte der Privatschuleltern kann sich einer sehr guten Einschätzung nicht anschließen. Möglicherweise spielt hier eine Rolle, dass die Eltern der Kinder an Privatschulen besser als andere Eltern in der Lage wären, ihr Kind im Schulgeschehen zu unterstützen, falls dies erforderlich sein sollte. So findet sich der Mittel- und Oberschichtsbias unter den Eltern auch in der befragten Stichprobe (ohne Abbildung oder Tabelle): Eltern, deren Kinder Privatschulen besuchen, weisen zumeist ein mittleres oder hohes Bildungsniveau auf und verfügen über mittlere bis hohe Einkommen. Etwaige Defizite der Schulen würden daher möglicherweise als weniger bedrohlich empfunden und sich weniger auf die Vertrauensbewertung niederschlagen.

Allerdings muss auch gesagt werden, dass mit der vorliegenden JAKO-O Bildungsstudie weder die tatsächliche Kompetenz der Lehrkräfte noch die Bedeutung der Kompetenz der Lehrkräfte bei der Wahl einer Privatschule erfasst wurden. So wäre vorstellbar, dass die häufigere Zustimmung zu den Vertrauensaspekten Kompetenz und Verlässlichkeit durch jene Eltern, die ihr Kind auf eine Privatschule schicken, in erster Linie die *Erwartungen* an die Arbeit an diesen Schulen widerspiegelt. Privatschulen würden in dieser Lesart von einem „Vertrauensvorschuss" profitieren. Zugleich ließen sich die höheren Vertrauenswerte von Eltern mit Kindern an Privatschulen damit als Rechtfertigung der eigenen Schulwahl interpretieren (vgl.

Abb. 10.5   Elterliches Vertrauen in die Lehrkräfte des Kindes an privaten und an öffentlichen Schulen (2017)

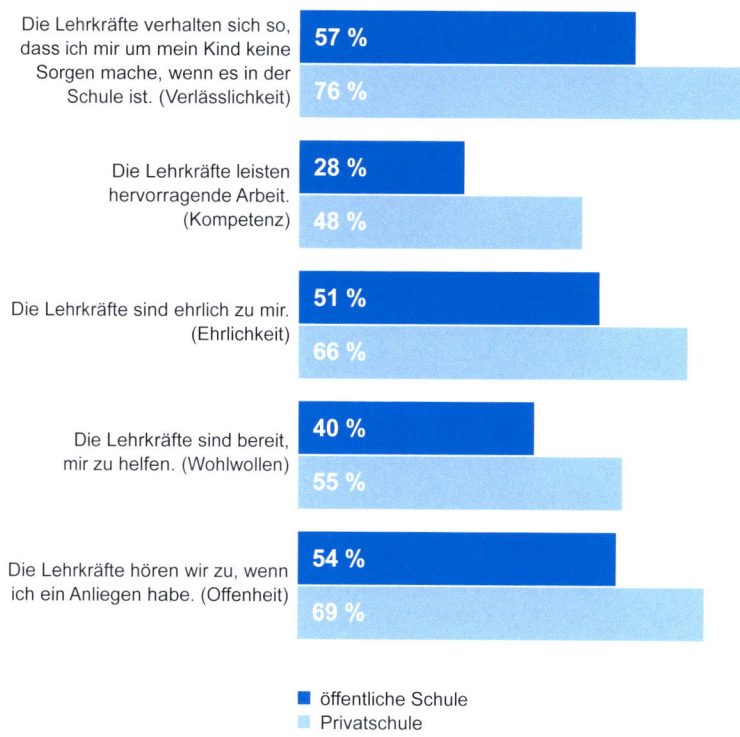

Frage: Besucht Ihr ältestes schulpflichtiges Kind eine Privatschule?
N=2.000 Befragte

hierzu den Beitrag von Killus in diesem Band, Kapitel 9). Die positive Einschätzung der Kompetenz und Verlässlichkeit von Lehrkräften an Privatschulen trüge in diesem Zusammenhang dazu bei, die Entscheidung für eine Privatschule zu legitimieren.

Schulformen
Bereits in einer früheren JAKO-O Bildungsstudie wurde dokumentiert, dass Eltern sich in ihren Urteilen je nach der Schulform, die ihr Kind besucht, unterscheiden. Demnach bewerten Eltern die Fachkompetenzen von Lehrkräften zwar über alle Schulformen hinweg als sehr gut, aber vor allem Eltern von Grundschulkindern sind von den pädagogischen sowie den didaktisch-methodischen Fähigkeiten der Lehrkräfte sowie deren Engagement besonders überzeugt (Nicht 2012). Zudem wird über schulformspezifische Unterschiede dahingehend berichtet, dass Grundschuleltern und Eltern von Kindern an Integrierten Haupt- und Realschulen in sehr starkem Maße von der Kooperationsbereitschaft der Lehrkräfte überzeugt

sind, während Gymnasialeltern Lehrkräfte zwar für mäßig kooperativ, aber nur wenig interessiert am elterlichen Wissen über das eigene Kind halten. Zurückgeführt wird dies auf eine funktionale Haltung der Lehrkräfte an Gymnasien, bei der die Orientierung am Schüler oder an der Schülerin – anders als noch in der Grundschule – nicht im Vordergrund stehe und eine Zusammenarbeit mit den Eltern vor allem für die Umsetzung unterrichtlicher oder schulischer Belange bedeutsam sei (vgl. ebd., S. 163).

Wir sind daher der Frage nachgegangen, inwiefern sich solche schulformspezifischen Unterschiede auch im Hinblick auf die fünf Vertrauensaspekte zeigen.

Ergebnisse
Bei der Untersuchung der Daten der 4. JAKO-O Bildungsstudie zeigen sich hinsichtlich der Zustimmung zu den Aussagen zu den fünf Vertrauensaspekten schulformspezifische Gemeinsamkeiten sowie Unterschiede (siehe Abbildung 10.6).

Blickt man auf die Vertrauensdimensionen, zeigt sich zunächst einmal ein ganz ähnliches Muster: Über alle Schulformen hinweg erhalten die Aussagen zur Offenheit und Verlässlichkeit ebenso wie zur Ehrlichkeit alles in allem die stärkste Zustimmung. Kompetenz und Wohlwollen fallen dagegen ab. Dabei sind es die Eltern von Grund- und Gesamtschulkindern, von denen verhältnismäßig viele den fünf Vertrauensaspekten „sehr" zustimmen, gefolgt von Eltern mit Kindern an Integrierten Haupt- und Realschulen. Eltern mit Kindern an Hauptschulen, Realschulen sowie Gymnasien pflichten den Vertrauensaspekten seltener bei.

Die vergleichsweise hohen Vertrauenswerte bei den Grundschulen waren vor dem Hintergrund der theoretischen Überlegungen und bisherigen Befunde durchaus zu erwarten. Unklar ist hingegen, wie die Einschätzung der Eltern der anderen Schulformen zu erklären sind. Ein Ansatzpunkt liegt hier möglicherweise in der Selektivität der verschiedenen Schulformen. So könnten die relativ hohen Vertrauenswerte der Eltern an Gesamtschulen damit zusammenhängen, dass diese Schulform (ebenso wie die Grundschule) Schüler/innen mit unterschiedlichen Leistungsniveaus zusammenführt. Während bei den anderen Schulformen möglicherweise negative Konsequenzen der Selektion (Gymnasium: Leistungsdruck, Haupt- und Realschulen: geringere Bildungsabschlüsse und -perspektiven) in das Vertrauensurteil der Eltern einfließen, könnte die Gesamtschule (und auch die Grundschule) mit dem Anspruch, alle Kinder zu fördern, verbunden werden, was sich positiv auf das Vertrauen der Eltern auswirkt.

Abb. 10.6 Elterliches Vertrauen in die Lehrkräfte des Kindes nach Schulformen (2017)

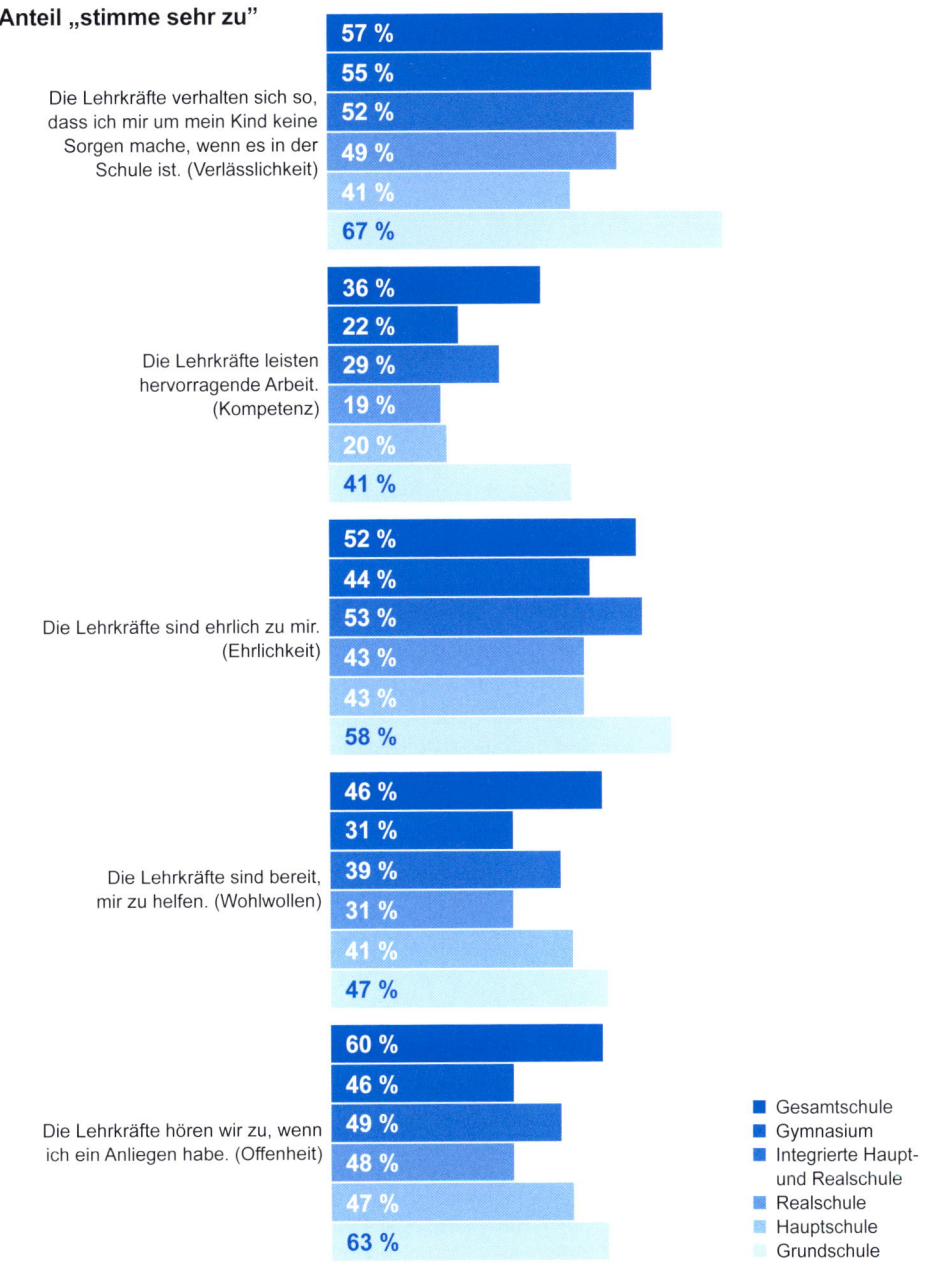

Frage: Welche der folgenden Einrichtungen oder Schulformen besucht Ihr Kind ältestes schulpflichtiges Kind?
N=2.000 Befragte

Prüfung der berichteten Ergebnisse in einem komplexen statistischen Modell
Die bis hierhin berichteten Ergebnisse ergeben ein konsistentes Bild zur Frage des elterlichen Vertrauens in die Lehrkräfte ihres Kindes. Ergänzend haben wir eine komplexe statistische Analyse[3] durchgeführt, die vor allem zwei Vorteile hat: Erstens werden alle Informationen ausgeschöpft (nicht nur „stimme sehr zu") und zweitens werden die Einflüsse der verschiedenen Merkmale auf das Vertrauen simultan geprüft, sodass Wechselwirkungen der Merkmale untereinander Rechnung getragen wird. Statt – wie in den vorigen Analysen – die einzelnen Vertrauensaspekte zu betrachten, wurde ein Gesamtwert für das elterliche Vertrauen in Lehrkräfte gebildet. Dafür wurde aus den Einzelwerten für jeden der fünf Vertrauensaspekte durch Bildung eines Mittelwerts ein Gesamtwert gebildet. Auf die Präsentation der statistischen Kennzahlen soll an dieser Stelle verzichtet werden. Vielmehr sollen die zentralen Ergebnisse zusammengefasst werden. Diese fügen sich gut in das Gesamtbild der vorigen Ausführungen ein, mit denen die Bedeutsamkeit aller Merkmale für elterliches Vertrauen bestätigt werden kann. So zeigen auch die Ergebnisse der komplexen Analyse, dass sich das Vertrauen von Eltern in die Lehrkräfte an Grundschulen am stärksten vom Vertrauen von Eltern mit Kindern in selektiveren Schulformen unterscheidet. Zudem ist das Vertrauen der Eltern besonders hoch ausgeprägt, wenn das Kind eine Privatschule besucht, Eltern sich selbst nicht überfordert fühlen, Eltern keine Veranlassung sehen, viele Aufgaben der Schule übernehmen zu müssen, oder Eltern ihr Kind als gerade richtig gefordert ansehen.

10.4 Zusammenfassung und Diskussion der Befunde

Zusammenfassend lässt sich festhalten, dass Eltern ein hohes Vertrauen in die Lehrkräfte ihres Kindes setzen. Das gilt vor allem für deren Offenheit, deren Wohlwollen und deren Ehrlichkeit den Eltern gegenüber. Aber es gibt auch einzelne Aspekte von Vertrauen, bei denen Lehrkräfte nicht ganz so gut abschneiden. Zurückhaltend sind Eltern in Bezug auf die Einschätzung der Kompetenz („Die Eltern leisten hervorragende Arbeit") und der Verlässlichkeit („Die Lehrkräfte verhalten sich so, dass ich mir um mein Kind keine Sorgen mache, wenn es in der Schule ist").

Zeigt sich insgesamt ein hohes Vertrauensniveau, werden indes auch schulformspezifische Unterschiede deutlich. So ist das Vertrauensniveau von Grund- und Gesamtschuleltern vergleichsweise hoch, während Haupt- und Realschul- sowie Gymnasialeltern über niedrigeres Vertrauen berichten. Dies kann darauf zurück-

---

3   Um den Einfluss mehrerer erklärender bzw. unabhängiger Merkmale auf ein zu erklärendes, abhängiges Merkmal (Gesamtwert Vertrauen) zu untersuchen, wurde eine *Kovarianzanalyse* durchgeführt. Die unabhängigen Merkmale können kategorial sein (Schulform mit sechs Kategorien). Im Rahmen der Analyse werden die Mittelwerte der Kategorien im Hinblick auf das Vertrauen miteinander verglichen. Zusätzlich können metrische und dichotome Merkmale (Kovariaten) als weitere Einflussfaktoren einbezogen werden: „Aufgabenerfüllung der Schule", „Überforderung der Eltern", „Überforderung des Kindes" oder „private bzw. öffentliche Schule". Diese Merkmale werden mit dem zu erklärenden, abhängigen Merkmal Vertrauen korreliert. Wie sich bei den im vorigen Abschnitt vorgestellten Analysen bereits zeigte, haben die genannten Merkmale allesamt einen signifikanten Einfluss auf das Vertrauen und klären zusammen 13 % seiner Varianz auf.

geführt werden, dass diese drei Schulformen als selektivere Schulformen gelten. Möglicherweise steigen mit der Selektion Leistungsdruck und Versagensängste, die sich dann in der Bewertung aller fünf Vertrauensdimensionen niederschlagen. Integrierten Schulformen wie der Grundschule und der Gesamtschule – mit Abstrichen auch der Integrierten Haupt- und Realschule –, die alle Kinder fördern sollen, würden demnach (aus Sicht der Eltern) eher ein angemessener Umgang mit Kindern und Eltern zugetraut. Des Weiteren hängt das Vertrauen der Eltern in die Lehrkräfte auch stark davon ab, ob das Kind eine private oder eine öffentliche Schule besucht. Am deutlichsten unterscheiden sich diese beiden Elterngruppen hinsichtlich der wahrgenommenen Verlässlichkeit („Die Lehrkräfte verhalten sich so, dass ich mir keine Sorgen um mein Kind mache, wenn es in der Schule ist.") und der Kompetenz („Die Lehrkräfte leisten hervorragende Arbeit.") der Lehrkräfte. Privatschulen werden eher von Kindern aus der bildungsaffinen Mittel- und Oberschicht besucht (Killus 2014). Daher könnte es sein, dass Eltern bei der Einschätzung der Verlässlichkeit auch an ein gutes Sozialklima in einem homogenen sozialen Milieu denken, das stabile und verlässliche Beziehungen zu den Lehrkräften mit einschließt. Mit Blick auf die Kompetenz muss hier offen bleiben, ob die befragten Eltern tatsächlich die wahrgenommene Arbeit der Lehrkräfte bewerten oder ob eher Erwartungen projiziert werden, die Eltern hinsichtlich pädagogischer Konzepte und Förderung haben. Möglicherweise könnte man auch sagen: Eltern an Privatschulen investieren ihr Schulgeld, um sich in dieser Hinsicht keine Sorgen machen zu müssen – und gewähren den Schulen und den Lehrkräften damit einen großen Vertrauensvorschuss.

Neben diesen schul(form)spezifischen Merkmalen erweisen sich Fragen der Überforderung – sowohl der Eltern als auch des Kindes – sowie die Einschätzung, ob die Schule ihre Aufgaben hinreichend erfüllt, als relevant für das elterliche Vertrauen. Abgesehen von den deutlichen Unterschieden, die sich zwischen Eltern von Kindern an Privat- bzw. an öffentlichen Schulen im Hinblick auf die Vertrauensaspekte Verlässlichkeit und Kompetenz zeigen, scheint vor allem die Wahrnehmung der Aufgabenerfüllung durch die Schule in enger Beziehung zum Vertrauensaspekt der Verlässlichkeit zu stehen. Sehen Eltern sich gezwungen, selbst Aufgaben der Schule übernehmen zu müssen, leidet die Bewertung dieses Aspekts besonders stark.

Insgesamt lassen sich die Erkenntnisse der 4. JAKO-O Bildungsstudie in Bezug auf die Merkmale, die das Vertrauen der Eltern in die Lehrkräfte beeinflussen, wie folgt zusammenfassen: Viele Eltern vertrauen den Lehrkräften, wenn ihr Kind eine wenig selektive Schulformen besucht (Grundschule, Gesamtschule), wenn Eltern sich nicht überfordert fühlen, wenn auch das eigene Kind angesichts schulischer Anforderung als gerade richtig gefördert angesehen wird, wenn Schule ihre Aufgaben erfüllt, sodass Eltern nicht das Gefühl haben, hier kompensieren zu müssen, und wenn das Kind auf eine Privatschule geht. Sensible Aspekte scheinen insbesondere die von Eltern wahrgenommene Verlässlichkeit und Kompetenz von Lehrkräften zu sein.

Am Anfang des Beitrags wurde ausgeführt, warum eine vertrauensvolle Beziehung zwischen Elternhaus und Schule wichtig ist. Wenngleich weitere Untersuchungen die hier präsentierten Befunde noch untermauern sowie weitere Einflussfaktoren auf Vertrauen identifizieren sollten, konnten wir zeigen, dass viele Eltern den Lehrkräften ihres Kindes zwar grundsätzlich vertrauen, das Vertrauen aber insbesondere dann anfällig zu sein scheint, wenn Lehrkräfte nach Ansicht der Eltern weniger verlässlich und kompetent agieren. Wie bereits erwähnt, beziehen sich diese beiden Vertrauensdimensionen weniger direkt auf die Beziehung zwischen den Eltern und den Lehrkräften, sondern mehr auf die kompetente Berücksichtigung des Wohlergehens des Kindes durch die Lehrkräfte sowie einer adäquaten Förderung. Bei den anderen Vertrauensdimensionen geht es stärker um die Beziehung zwischen Eltern und Lehrkräften. Das bedeutet, dass den meisten Eltern das Wohl und die Entwicklung des Kindes verständlicherweise besonders am Herzen liegt – und in geringerem Maße die eigene Beziehung zu den Lehrkräften des Kindes. Insgesamt kann daher die Schlussfolgerung gezogen werden, dass die Aspekte der Verlässlichkeit und Kompetenz eine besondere Aufmerksamkeit verdienen, wenn es darum geht, eine vertrauensvolle Bildungs- und Erziehungspartnerschaft zwischen Elternhaus und Schule auf- oder auszubauen. Lehrkräften sollte vor diesem Hintergrund daran gelegen sein, Eltern über das Wohlergehen des Kindes in der Schule oder die Art, wie sie es fördern möchten, zu informieren. Dies ist Lehrkräften an allen Schulformen möglich. Ob sich auf der Basis einer intensiveren Kommunikation über die genannten Aspekte das Vertrauensverhältnis zwischen Eltern und Lehrkräften tatsächlich verbessert, müsste allerdings auch in weiteren Studien geprüft werden. In der 4. JAKO-O Bildungsstudie wurden Eltern, nicht aber Lehrkräfte befragt. Wird Vertrauen als eine wechselseitige Beziehung betrachtet, wäre es wichtig, dabei ebenso die Sicht der Lehrkräfte zu berücksichtigen.

Literatur

Adams, K. S./Christenson, S. L. (2000): Trust and the Family-School Relationship. Examination of Parent-Teacher Differences in Elementary and Secondary Schools. In: Journal of School Psychology 38, H. 3, S. 477-497.

Autorengruppe Bildungsberichterstattung (2010): Bildung in Deutschland 2010. Ein indikatorengestützter Bericht mit einer Analyse zu Perspektiven des Bildungswesens im demografischen Wandel. Bielefeld: W. Bertelsmann Verlag.

Balster, K./Vetter, H. (1999): Eltern gewinnen – eine Vertrauensbasis schaffen. In: Förderschulmagazin 21, H. 6, S. 8.

Bormann, I./Niedlich, S. (2017): Das Vertrauen von Eltern in Schule. In: Friedrich Jahresheft XXXV/2017. „Eltern". Hrsg.: Friedrich Verlag in Velber in Zusammenarbeit mit Klett. Mitherausgeber: Killus, D./Paseka, A./Schütz, P./Walther, U./Wischer, B.. Seelze: Friedrich Verlag, S. 43-45.

Bryk, A./Schneider, B. (2003): Trust in Schools. A Core Resource for Improvement. In: Creating Caring Schools 60, H. 6, S. 40-45.

Fabel-Lamla, M./Welter, N. (2012): Vertrauen als pädagogische Grundkategorie. Einführung in den Thementeil. In: Zeitschrift für Pädagogik 58, H. 6, S. 769-772.

Forsyth, P. B./Adams, C. M./Barnes, L. L. B. (2002): Parental Trust of School: Scale Development. Paper Presented at the American Educational Research Association. New Orleans.

Goddard, R. D./Tschannen-Moran, M./Hoy, W. K. (2001): A Multilevel Examination of the Distribution and Effects of Teacher Trust in Students and Parents in Urban Elementary Schools. In: The Elementary School Journal 102, H. 1, S. 3-17.

Guppy, N./Davies, S. (1999): Understanding Canadians' Declining Confidence in Public Education. In: Canadian Journal of Education 24, H. 3, S. 265–280.

Henry-Huthmacher, C./Hoffmann, E. (2016): Elternerwartungen und Rollenverständnisse im Kontext des Schulsystems und gesellschaftlicher Erwartungen. In: Frank, S./Sliwka, A. (Hrsg.): Eltern und Schule. Aspekte von Chancengerechtigkeit und Teilhabe an Bildung. Weinheim: BeltzJuventa, S. 39-52.

Hoy, W. K./Tschannen-Moran, M. (1999): Five Faces of Trust: An Empirical Confirmation in Urban Elementary Schools. In: Journal of School Leadership 9, S. 184-208.

Janssen, M./Bakker, J. T. A./Bosman, A.M.T./Rosenberg, K./Leseman, P.P.M. (2012): Differential Trust between Parents and Teachers of Children from Low-Income and Immigrant Backgrounds. In: Educational Studies 38, H. 4, S. 383-396.

Killus, D. (2012): Zusammenarbeit zwischen Elternhaus und Schule: Erfahrungen, Erwartungen und Enttäuschungen. In: Killus. D./Tillmann, K.-J. (Hrsg.): Eltern ziehen Bilanz. Ein Trendbericht zu Schule und Bildungspolitik in Deutschland. 2. JAKO-O Bildungsstudie. Münster u. a.: Waxmann, S. 49-69.

Killus, D. (2014): Sind Privatschulen besser als öffentliche Schulen? Erwartungen und Erfahrungen aus Sicht von Eltern. In: Killus, D./Tillmann, K.-J. (Hrsg.): Eltern zwischen Erwartungen, Kritik und Engagement. Ein Trendbericht zur Schule und Bildungspolitik in Deutschland. 3. JAKO-O Bildungsstudie. Münster u. a.: Waxmann, S. 89-111.

Killus, D./Paseka, A. (2014): Elterliches Engagement für das schulische Lernen des eigenen Kindes. In: Killus, D./Tillmann, K.-J. (Hrsg.): Eltern zwischen Erwartungen, Kritik und Engagement. Ein Trendbericht zu Schule und Bildungspolitik in Deutschland. Die 3. JAKO-O Bildungsstudie. Münster u. a.: Waxmann, S. 131-149.

Killus, D./Paseka, A. (2016): Eltern als Partner, Zulieferer oder Kunden von Schule? Empirische Befunde zum Verhältnis von Elternhaus und Schule. In: Zeitschrift für Bildungsforschung 6, H. 2, S. 151-168.

Loveless, T. (1997): The Structure of Public Confidence in Education. In: American Journal of Education 105, H. 2, S. 127-159.

Luhmann, N. (2000): Vertrauen. Ein Mechanismus der Reduktion sozialer Komplexität. Stuttgart: Lucius & Lucius.

Neuenschwander, M./Balmer, P./Gasser-Dutoit, A./Goltz, S./Hirt, U./Ryser, H./Wartenweiler, H. (2005): Schule und Familie. Was sie zum Schulerfolg beitragen. Bern: Haupt.

Nicht, J. (2012): Haben Eltern einen schulformspezifischen Blick? In: Killus, D./Tillmann, K.-J. (Hrsg.): Eltern ziehen Bilanz. Ein Trendbericht zu Schule und Bildungspolitik in Deutschland. 2. JAKO-O Bildungsstudie. Münster u. a.: Waxmann, S. 143-169.

Pastor, H./Pollert, M. (1988): Zweimal nachgedacht. 1. Die Einschulung der Eltern. a) Warum sollte ich d. Schule meines Kindes vertrauen? b) Vertrauen wächst langsam. In: Die Grundschulzeitschrift 2, H. 12, S. 36-39.

Pekrun, R. (2001): Kooperation zwischen Elternhaus und Schule. In: Vascovics, L. A./Lipinski, A. (Hrsg.): Familiale Bildungswelten. Wiesbaden: VS Verlag für Sozialwissenschaften, S. 51-79.

Pfeifer, K. (1997): Vertrauen zwischen Eltern und LehrerInnen. In: Grundschulmagazin 12, H. 10, S. 34- 35.

Sacher, W. (2012): Erziehungs- und Bildungspartnerschaft zwischen Schule und Elternhaus. In: Killus, D./Tillmann, K.-J. (Hrsg.): Eltern ziehen Bilanz. Ein Trendbericht zu Schule und Bildungspolitik in Deutschland. 2. JAKO-O Bildungsstudie. Münster u. a.: Waxmann, S. 193-217.

Sacher, W. (2014): Elternarbeit als Erziehungs- und Bildungspartnerschaft. Grundlagen und Gestaltungsvorschläge für alle Schularten. 2. überarbeitete Ausgabe. Bad Heilbrunn: Klinkhardt.

Schupp, J./Wagner, G. G.(2004): Vertrauen in Deutschland. Großes Misstrauen gegenüber Institutionen. In: DIW Wochenbericht Nr. 21, S. 311-313.

Schweer, M. K. W./Bertow, A. (2006): Vertrauen und Schulleistung. In: Schweer, M.K.W. (Hrsg.): Bildung und Vertrauen. Frankfurt a. M.: Peter Lang, S. 73-89.

Schweer, M. K. W./Petermann, E./Egger, P. (2013): Zur Bedeutung multidimensionaler sozialer Kategorisierungsprozesse für die Vertrauensentwicklung – Ein bislang weitgehend vernachlässigtes Forschungsfeld. In: Gruppendynamik und Organisationsberatung, 44, H. 1, S. 67-81

Schweer, M. K. W./Thies, B. (2008): Vertrauen. In: Auhagen, A. E. (Hrsg.): Positive Psychologie. Überarbeitete Auflage. Weinheim: Beltz PVU, S. 136-149.

Stange, W. (2012): Erziehungs- und Bildungspartnerschaften – Grundlagen, Strukturen, Begründungen. In: Stange, W. (Hrsg.): Grundlagen und Strukturen von Elternarbeit: Elternarbeit in Kooperation von Schule, Jugendhilfe und Familie. Wiesbaden: VS Verlag für Sozialwissenschaften, S. 12-39.

Stange, W./Krüger, R./Henschel, A./Schmitt, C. (Hrsg.) (2013): Erziehungs- und Bildungspartnerschaften. Praxisbuch zur Elternarbeit. Wiesbaden: VS Verlag für Sozialwissenschaften.

Statistisches Bundesamt (2016): Bildung und Kultur. Private Schulen. Wiesbaden: Statistisches Bundesamt.

Tschannen-Moran, M./Hoy, W. K. (2000): A Multidisciplinary Analysis of the Nature, Meaning, and Measurement of Trust. In: Review of Educational Research 70, H. 4, S. 547-593.

Vodafone (2015): Was Eltern wollen. Informations- und Unterstützungswünsche zu Bildung und Erziehung. Düsseldorf: Vodafone Stiftung Deutschland.

Voicu, B./Tufis, C. D. (2015): Migrating Trust: Contextual Determinants of International Migrants' Confidence in Political Institutions. In: European Policy Science Review. Abrufbar unter: https://www.cambridge.org/core/journals/european-political-science-review/article/migrating-trust-contextual-determinants-of-international-migrants-confidence-in-political-institutions/FD6505C31C3D0C134837B98B5AAC619F (Zugriff: 01.07.2017).

Julia Gerick

11 Wofür ist Schule da?
Zeitgemäße Bildungsinhalte aus Sicht der Eltern

> **Zentrale Ergebnisse im Überblick**
> - Im Fokus dieses Beitrags steht die Einschätzung der Eltern zur Bedeutsamkeit der folgenden sechs Bildungsinhalte: wirtschaftliches Denken und Handeln, Berufsorientierung, Computer- und Internetkenntnisse, literarische Bildung, künstlerische Aktivitäten sowie Ernährung und Gesundheit.
> - Fast drei Fünftel der Eltern in Deutschland (59 %) geben an, dass der Bereich des wirtschaftlichen Denkens und Handelns in der Schule zu kurz kommt. Auch für die Bereiche Ernährung und Gesundheit sowie Computer- und Internetkenntnisse liegen die Anteile bei mehr als zwei Fünfteln (48 % bzw. 41 %).
> - Der Anteil der Eltern mit niedrigem Bildungsabschluss gibt eher an, dass die Bereiche Ernährung und Gesundheit (53 % versus 42 %) sowie literarische Bildung (46 % versus 37 %) in der Schule zu kurz kommen, als Eltern mit hohem Bildungsabschluss.
> - Vor allem im Bereich literarische Bildung zeigt sich, dass Eltern mit Migrationshintergrund häufiger angeben, dass dieser Bereich zu kurz kommt, als Eltern ohne Migrationshintergrund (48 % versus 37 %).
> - Der Anteil der Väter, der angibt, dass der Bereich der Computer- und Internetkenntnisse in der Schule zu kurz kommt, liegt um 15 Prozentpunkte höher als der Anteil Müttern (51 % versus 36 %).
> - Vor allem Eltern mit Kindern an Hauptschulen (77 %), aber auch Eltern mit Kindern an Integrierten Haupt- und Realschulen (70 %) äußern, dass der Bereich wirtschaftliches Denken und Handeln in der Schule zu kurz kommt.
> - Im Ost-West-Vergleich wird deutlich, dass lediglich für den Bereich der Computer- und Internetkenntnisse ein höherer Anteil an Eltern aus den westlichen Bundesländern – verglichen mit Eltern aus den östlichen Bundesländern – angibt, dass dieser Bereich in der Schule zu kurz kommt (42 % versus 32 %).

11.1 Aktuelle Debatten um zeitgemäße schulische Bildungsinhalte

„Ich bin fast 18 und hab keine Ahnung von Steuern, Miete oder Versicherungen. Aber ich kann 'ne Gedichtsanalyse schreiben. In 4 Sprachen."

Mit diesem Tweet setzte die damals 17-jährige Naina, Schülerin des Kölner Ursulinen-Gymnasiums, im Januar 2015 eine Debatte über Bildungsinhalte in der Schule in Gang. Auf weniger als 140 Zeichen brachte sie ihre Kritik zum Ausdruck, in der Schule zu viel Theoretisches, aber nicht genug Nützliches zu lernen. Viele Medien nahmen den Tweet als Anlass, um darüber zu diskutieren, was schulische Bildung eigentlich leisten soll – und was nicht. An den kontrovers geführten Diskussionen beteiligten sich unterschiedlichste Akteure, u. a. Lehrerverbände, Bildungspolitiker/innen und Bildungswissenschaftler/innen. Bildungsministerin Wanka reagierte beispielsweise folgendermaßen auf den Tweet: „Ich finde es sehr positiv, dass Naina diese Debatte angestoßen hat. Ich bin dafür, in der Schule stärker Alltagsfähigkeiten zu vermitteln. Es bleibt aber wichtig, Gedichte zu lernen und zu interpretieren." (SPIEGEL ONLINE, 14.01.2015) Auch das Ministerium für Schule und Weiterbildung in Nordrhein-Westfalen ließ auf Anfrage verlauten, dass man die Kritik zwar ernst nehme, sie im Kern jedoch nicht teile, da Schule einen ganzheitlichen Bildungsauftrag habe und daher in der Schule Basiskompetenzen erlernt würden, die fit für das Leben machen sollen. Es wird in der Reaktion des Ministeriums auch betont, dass guter Unterricht an Lebenswirklichkeiten anknüpfe und Naina in diesem konkreten Fall also Lesen und Textverständnis erlernt haben dürfte (DIE WELT, 14.01.2015).

Seitens der Lehrerverbände konnte von Zustimmung keine Rede sein. Der Präsident des Deutschen Lehrerverbands, Josef Kraus, argumentierte, dass ein gewisses Maß an Alltagstauglichkeit in der Familie vermittelt werden müsse (SPIEGEL ONLINE, 14.01.2015). Auch Jochen Nagel von der Gewerkschaft Erziehung und Wissenschaft betonte, dass der Fokus in der Schule auf dem grundlegenden Lernen des Lernens liege, um sich damit auch andere Dinge anzueignen (DIE WELT, 14.01.2015). Diese beiden Stellungnahmen lassen sich dahingehend zusammenfassen, dass erstens die Familie in die Verantwortung genommen und zweitens darauf verwiesen wird, dass in der Schule der Grundstein für weiteres Lernen gelegt wird, für das jeder Einzelne selbst verantwortlich ist. Damit soll sich Schule – so kann angenommen werden – auf einen Kernbereich beziehen und vor überzogenen Ansprüchen geschützt werden.

Vor dem Hintergrund dieser kontroversen Debatte und unterschiedlichen Einzelmeinungen bleibt allerdings bislang ungeklärt, wie Eltern in Deutschland schulische Bildungsinhalte bewerten. Im Fokus dieses Beitrags steht daher die Frage, was aus Sicht von Eltern schulpflichtiger Kinder zeitgemäße Bildungsinhalte sind bzw. welche Bereiche aus Elternsicht in der Schule aktuell zu kurz kommen. Um diese Frage zu beantworten, werden die repräsentativen Elterndaten aus der 4. JAKO-O Bildungsstudie ausgewertet und die Ergebnisse, auch differenziert nach verschiedenen Elterngruppen, dargestellt. Zunächst wird jedoch ein theoretischer Rahmen zu Bildungsinhalten von Schule umrissen. Der Beitrag schließt mit der Zusammenschau und Diskussion der Ergebnisse sowie einem kurzen Fazit.

11.2 Bildungsinhalte von Schule: Kontinuitäten und Veränderungen

Die Frage, welche Bildungsinhalte in der Schule vermittelt werden sollen, beschäftigt seit jeher. Früher ließ sich dies an Bildungsgängen festmachen. So lässt sich eine Trennung in „höhere", „gelehrtere" Bildung" und „niedere" Bildungsinstitutionen differenzieren (vgl. Terhart 2009, S. 108). Erstgenannte ist bis heute am Ideal der Kultivierung intellektueller Fähigkeiten ausgerichtet. Die „höhere" Bildung ist stark mit dem Humboldt'schen Ideal der allgemeinen Menschenbildung in Abgrenzung zum Nützlichkeitsdenken der Aufklärung verbunden und institutionalisiert sich im

Zuge der Bildungsreformen in Preußen beispielsweise in Form des humanistischen Gymnasiums (van Ackeren/Klemm 2011). Zentrale Lernbereiche nach Humboldt waren neben der Mathematik und dem historischen Lernbereich auch Sprachen sowie die ästhetisch-künstlerische Bildung (Dörpinghaus/Poenitsch/Wigger 2006). Zur gleichen Zeit entstand das „niedere" Schulwesen, das ein Konzept volkstümlicher Bildung verfolgte (van Ackeren/Klemm 2011). Die Inhalte der „niederen" Bildungsinstitutionen beschränken sich auf die Vermittlung von grundlegenden Kulturtechniken, sozial-moralische Disziplinierung sowie die Vorbereitung auf praktische Anforderungen der Berufswelt (Terhart 2009). Zwischen diesen beiden Konzepten etablierten sich Versuche, die ein „mittleres", stärker auf Anwendbarkeit ausgerichtetes Bildungsangebot schaffen wollten (z. B. durch die Betonung von Naturwissenschaften oder moderner Sprachen). Sie gelten als Basis für die Realschulentwicklung im 19. Jahrhundert (van Ackeren/Klemm 2011).

In jüngerer Zeit stellt sich die Frage nach der Nützlichkeit im Rahmen der Umsetzung von Kompetenzorientierung als eine Konsequenz des sogenannten „PISA-Schocks" erneut und nimmt dabei alle Schulformen gleichermaßen in den Blick. Kompetenzorientierung lenkt die Aufmerksamkeit auf verfügbare oder erlernbare kognitive Fähigkeiten und Fertigkeiten, um bestimmte Probleme zu lösen, sowie die damit verbundenen motivationalen, volitionalen und sozialen Bereitschaften und Fähigkeiten, um die Problemlösungen in variablen Situationen erfolgreich und verantwortungsvoll nutzen zu können (u. a. Weinert 2001). In Bezug auf Unterricht bedeutet Kompetenzorientierung: „Wissen und Können so zu vermitteln, dass keine ‚trägen' und isolierten Kenntnisse und Fähigkeiten entstehen, sondern anwendungsfähiges Wissen und ganzheitliches Können, das z. B. reflektive und selbstregulative Prozesse einschließt" (Klieme/Hartig 2007, S. 13). Dabei stellen unter anderem Bezüge zwischen Lerninhalten und realen Problemstellungen, eine aktive Auseinandersetzung mit einem Stoffgebiet sowie soziale Lernaktivitäten Merkmale kompetenzorientierten Unterrichts dar (Müller/Gartmeier/Prenzel 2013). Kompetenzen werden demnach an bestimmten Inhalten erworben und haben immer auch einen Anwendungsbezug.

Aktuell gibt es eine Reihe von Debatten, Initiativen und Empfehlungen im deutschen Bildungssystem, die den Anwendungsbezug und die Nützlichkeit von Bildungsinhalten ebenfalls in den Mittelpunkt stellen. Sie weisen Bezüge zu den Bildungsinhalten auf, die den befragten Eltern präsentiert wurden, und sollen deshalb kurz skizziert werden: Vor dem Hintergrund einer Bildung für nachhaltige Entwicklung beispielsweise verabschiedete die Kultusministerkonferenz im Jahr 2013 eine Empfehlung zur *Verbraucherbildung* an Schulen, die auf ein verantwortungsbewusstes Handeln abzielt, „indem über konsumbezogene Inhalte informiert wird und Kompetenzen im Sinne eines reflektierten und selbstbestimmten Konsumverhaltens erworben werden" (KMK 2013). Verbraucherbildung wird dabei als „zentrales Element einer Bildung [verstanden], die sowohl auf aktuelle als auch künftige Herausforderungen […] vorbereitet" (ebd., S. 1). Die KMK-Empfehlung wird in den Bundesländern in unterschiedlicher Weise umgesetzt, z. B. in Nordrhein-Westfalen als Querschnittsaufgabe in mehreren Fächern, beginnend in der Primarstufe. Eine neue „Rahmenvorgabe Verbraucherbildung in Schule – in der Primarstufe und Sekundarstufe I" tritt dafür zum August 2017 in Kraft und ist Grundlage für die schulische und unterrichtliche Umsetzung (Ministerium für Schule und Bildung des Landes Nordrhein-Westfalen 2017).

Ein weiteres Feld, über das aktuell diskutiert wird, ist die Förderung ökonomischer Kompetenzen von Schüler/innen. Die Debatte um ein Fach *Wirtschaft* ist dabei nicht neu. Bereits im Jahr 2000 forderten beispielsweise die Bundesvereinigung der Deutschen Arbeitgeberverbände (BDA) und der Deutsche Gewerkschaftsbund (DGB) gemeinsam, Wirtschaft als ein eigenständiges Unterrichtsfach für alle weiterführenden Schulen ab Klasse 5 einzuführen (BDA 2000). Die KMK hält in ihrem Bericht zur wirtschaftlichen Bildung an allgemeinbildenden Schulen in der Fassung vom 07.06.2008 fest, dass „ökonomische Bildung ein unverzichtbarer Bestandteil der Allgemeinbildung [sei] und [...] somit zum Bildungsauftrag der allgemein bildenden Schulen in der Bundesrepublik Deutschland [gehöre]" (KMK 2008, S. 7). Den Schritt zu einem eigenen Schulfach vollzog Baden-Württemberg im Schuljahr 2016/17 mit der Einführung des Fachs „Wirtschaft, Berufs- und Studienorientierung" an allen weiterführenden allgemeinbildenden Schulen. Kompetenzziele liegen dabei sowohl auf individueller Ebene (u. a. in der Begründung von Konsumentscheidungen) als auch auf Ebene des Systems (u. a. das ökonomische System beurteilen) (Langenstein o. J.). In diesem Kontext finden sich kontroverse Diskussionen, in denen es im Kern darum geht, ob eher grundlegendes Wissen über komplexe wirtschaftliche Zusammenhänge oder Wissen und Können vermittelt werden soll, das für den Einzelnen unmittelbar nützlich ist (z. B. Steuererklärungen) (siehe hierzu u. a. DIE ZEIT, 16.11.2015; FAZ, 01.07.2014).

Im Kontext der zunehmenden *Digitalisierung* aller Lebens- und Arbeitsbereiche lässt sich die im Jahr 2016 beschlossene Strategie für eine Bildung in der digitalen Welt der Kultusministerkonferenz verorten, die als einen wichtigen Bestandteil Überlegungen zu Bildungsplänen und curricularen Entwicklungen enthält. Als ein Ziel dieser Strategie wird formuliert: „Die Länder beziehen in ihren Lehr- und Bildungsplänen sowie Rahmenplänen, beginnend mit der Primarschule, die Kompetenzen ein, die für eine aktive, selbstbestimmte Teilhabe in einer digitalen Welt erforderlich sind. Dies wird nicht über ein eigenes Curriculum für ein eigenes Fach umgesetzt, sondern wird integrativer Teil der Fachcurricula aller Fächer. Jedes Fach beinhaltet spezifische Zugänge zu den Kompetenzen in der digitalen Welt durch seine Sach- und Handlungszugänge. Damit werden spezifische Fach-Kompetenzen erworben, aber auch grundlegende (fach-)spezifische Ausprägungen der Kompetenzen für die digitale Welt" (KMK 2016, S. 11). Mit dieser Strategie werden sechs Kompetenzbereiche für eine Bildung in der digitalen Welt ausgewiesen, die von „Suchen, Verarbeiten und Aufbewahren", „Kommunizieren und Kooperieren" und „Produzieren und Präsentieren" über „Schützen und sicher Agieren" bis hin zu „Problemlösen und Handeln" sowie „Analysieren und Reflektieren" reichen.

Immer wieder in der öffentlichen Debatte findet sich auch die Diskussion um die Rolle der Schule in Fragen zu *Ernährung und Gesundheit*. Erst kürzlich titelte das Hamburger Abendblatt „Schon jedes fünfte Hamburger Kind hat Gewichtsprobleme" (HAMBURGER ABENDBLATT, 24.07.17). Anlass dafür gab die Antwort des Hamburger Senats auf eine Anfrage der FDP (Drucksache 21/9164) verbunden mit der Forderung von Experten, dass Kinder auch außerhalb des Schulsports verstärkt angeleitet werden müssten, sich zu bewegen.

Ein anwendungsorientierter Bereich, der im Schulkontext im Gegensatz zu vielen vorgenannten Bereichen bereits längst etabliert ist, stellt die *Berufsorientierung* dar, im Rahmen derer Schüler/innen in verschiedenen Fächern Informationen über unterschiedliche Berufes erhalten, kombiniert mit oftmals mehrwöchigen Praktika (KMK 2017). Dies zielt darauf ab, dass die Schüler/innen ein „praxisnahes Bild von der Arbeitswelt" entwickeln und daraufhin eine auf einer realistischen Einschätzung basierenden Berufswahlentscheidung treffen können (ebd.). Die Hinführung zur Berufs- und Arbeitswelt gilt nach KMK-Beschluss als verpflichtender Bestandteil für alle Bildungsgänge, sowohl in der Sekundarstufe I als auch in der gymnasialen Oberstufe (ebd.).

11.3 Zeitgemäße Bildungsinhalte aus Elternsicht – Aktuelle Befunde aus der JAKO-O Elternbefragung 2017

Nachfolgend wird berichtet, welche Bildungsinhalte aus Sicht von Eltern in Deutschland in Schule bedeutsam sind. Dabei wird auf die repräsentative Stichprobe der 4. JAKO-O Bildungsstudie zurückgegriffen, die 2.000 Eltern von schulpflichtigen Kindern im Alter von bis zu 16 Jahren aus dem gesamten Bundesgebiet umfasst. In Bezug auf zeitgemäße Bildungsinhalte wurde die folgende Frage gestellt: „Welche Bereiche kommen Ihrer Meinung nach in der Schule heute zu kurz?". Die folgenden sechs Bildungsinhalte wurden abgefragt, wobei die Eltern mit „ja, kommt zu kurz" oder „nein, kommt nicht zu kurz" antworten konnten:
- wirtschaftliches Denken und Handeln, z. B. Steuererklärung, Kaufverträge, Sparen
- Berufsorientierung, z. B. Bewerbungen schreiben
- Computer- und Internetkenntnisse, z. B. Programmieren, Datensicherheit im Internet
- literarische Bildung, z. B. klassische Literatur lesen
- künstlerische Aktivitäten, z. B. Theater spielen, musizieren
- Ernährung und Gesundheit, z. B. Bewegung, Suchtprävention, Essstörungen

In der Auswahl zeigt sich, dass es sich sowohl um aktuell diskutierte als auch um traditionell in schulischen Lehrplänen verankerte Bildungsinhalte handelt.

Abbildung 11.1 zeigt die Ergebnisse der Elternbefragung zu dieser Fragestellung für alle Eltern. Es wird deutlich, dass fast drei Fünftel der Eltern (59%) angeben, dass der Bereich des wirtschaftlichen Denkens und Handelns in der Schule zu kurz kommt. Auch für die Bereiche Ernährung und Gesundheit sowie Computer- und Internetkenntnisse geben mehr als zwei Fünftel (48% bzw. 41%) der befragten Eltern in Deutschland an, dass diese zu kurz kommen. Aktuelle Debatten, Initiativen und Empfehlungen, wie sie an anderer Stelle skizziert wurden, finden hier möglicherweise ihren Niederschlag.

Abb. 11.1 Bereiche, die in der Schule zu kurz kommen (2017)

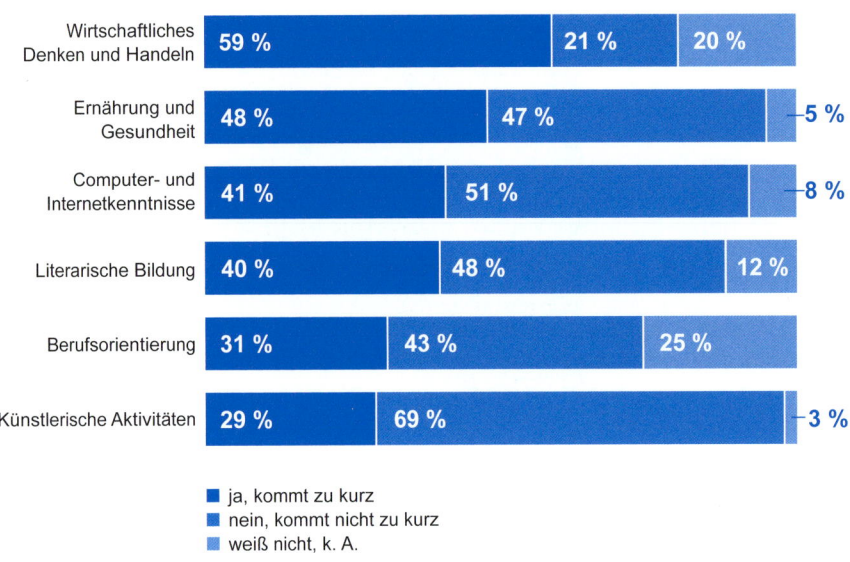

Frage: Welche Bereiche kommen Ihrer Meinung nach in der Schule heute zu kurz?
N=2.000 Befragte

Im Gegensatz dazu zeigen die Ergebnisse für die Bereiche Künstlerische Aktivitäten oder Berufsorientierung, dass weniger als ein Drittel (29 % bzw. 31 %) der befragten Eltern angibt, dass diese aktuell in der Schule nicht ausreichend zum Tragen kommen. Auffällig ist zudem, dass vor allem im Bereich des wirtschaftlichen Denkens und Handelns sowie im Bereich der Berufsorientierung mehr als ein Fünftel der befragten Eltern keine Angaben machen oder mit „weiß nicht" antworten. In diesen Bereichen scheinen sich somit weit weniger Eltern klar positionieren zu können als beispielsweise in den Bereichen künstlerische Aktivitäten oder Ernährung und Gesundheit, wo der Anteil der Eltern, die keine Angabe gemacht haben, bei unter fünf Prozent liegt. Dafür könnte es mehrere Erklärungen geben. So könnte es durchaus sein, dass Eltern zu einzelnen Bereichen keine Meinung haben. Unter Umständen fehlt ihnen aber auch der Einblick in Schule und Unterricht, weshalb sie sich keine Bewertung zutrauen.

In den folgenden Abschnitten werden die Angaben der Eltern getrennt nach unterschiedlichen Gruppen ausgewertet, um ein differenzierteres Bild über das Meinungsbild der Eltern in Bezug auf zeitgemäße Bildungsinhalte zu erhalten.

Ergebnisse nach Bildungsabschluss der Eltern
Zunächst werden die Ergebnisse differenziert nach dem Bildungsabschluss der Eltern betrachtet (siehe Abbildung 11.2). Dafür wurden die befragten Eltern in drei Gruppen eingeteilt: In die Gruppe „niedriger Bildungsabschluss" fallen Eltern mit Volks- oder Hauptschulabschluss oder keinem Abschluss, die Gruppe

Abb. 11.2 Bereiche, die in der Schule zu kurz kommen – nach Bildungsabschluss der Eltern (2017)

Anteil „ja, kommt zu kurz"

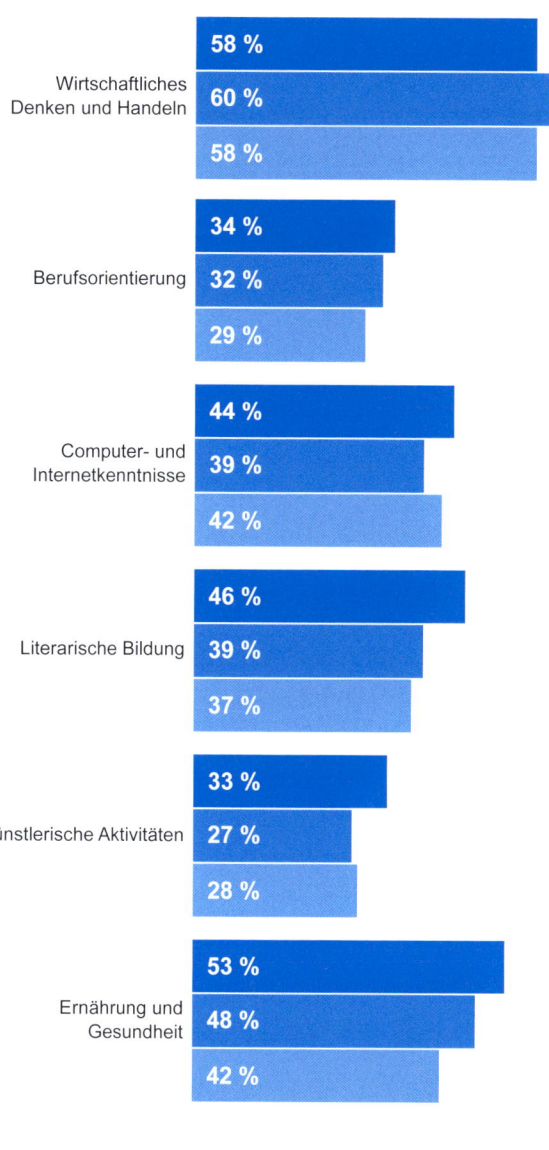

„mittlerer Bildungsabschluss" umfasst die mittlere Reife und die Gruppe „hoher Bildungsabschluss" ist charakterisiert durch den Bildungsabschluss Abitur oder Hochschulabschluss.

Maximale Unterschiede zwischen Eltern mit niedrigem Bildungsabschluss und hohen Bildungsabschluss zeigen sich vor allem in den Bereichen Ernährung und Gesundheit (11 Prozentpunkte Unterschied) sowie literarische Bildung (9 Prozentpunkte). Es ließe sich die Vermutung anstellen, dass diese Bereiche für die Eltern mit niedrigem Bildungsabschluss als besonders wichtig erachtet werden, weil sie hier Defizite in der Schule sehen und sich selbst aufgrund ihres eigenen kulturellen Kapitals möglicherweise weniger in der Lage sehen, entsprechende Bildungsinhalte selbst im familiären Bereich abzudecken oder zu kompensieren. In den anderen abgefragten Bereichen lassen sich kaum nennenswerte Unterschiede nach dem Bildungsniveau der Eltern feststellen.

Ergebnisse nach Migrationshintergrund der Eltern
Nach der Betrachtung der Elternangaben differenziert nach Bildungsabschluss steht im Folgenden die Einschätzung der Bedeutung unterschiedlicher schulischer Bildungsinhalte differenziert nach dem Migrationshintergrund der Eltern im Fokus (siehe Abbildung 11.3). Dabei werden zwei Gruppen unterschieden: Eltern mit Migrationshintergrund sowie Eltern ohne Migrationshintergrund. Dabei kann die erstgenannte Gruppe als sehr heterogen beschrieben werden, da hier ganz unterschiedliche Herkunftsländer zusammengefasst wurden.

Auf den ersten Blick wird deutlich, dass in fünf der sechs Bereiche die Anteile der Eltern, die angeben, dass diese Bereiche in der Schule zu kurz kommen, in der Gruppe der Eltern mit Migrationshintergrund höher ausfallen als in der Gruppe der Eltern ohne Migrationshintergrund. Besonders deutlich ist dieser Unterschied in der Kategorie literarische Bildung mit einer Differenz von zehn Prozentpunkten. Hier ließe sich vermuten, dass für Eltern mit Migrationshintergrund Bildungsinhalte rund um den Spracherwerb eine besondere Rolle spielen. Möglicherweise sehen sie sich auch nicht in der Lage, entsprechende Bildungsinhalte – wie weiter oben bereits erwähnt – in der Familie abzudecken. Weil türkische und russische Eltern, d. h. die beiden in Deutschland größten Migrantengruppen, auch in der Stichprobe einigermaßen deutlich vertreten sind, sollen sie vergleichend betrachtet werden (ohne Abbildung). Hier zeigt sich, dass – mit 58 % – verhältnismäßig viele Eltern mit russischem Migrationshintergrund der Meinung sind, literarische Bildung käme in der Schule zu kurz. Bei den türkischen Eltern sind es dagegen nur 36 %. Woran könnte dies liegen? Denkbar wäre, dass es sich bei den Eltern mit russischem Migrationshintergrund vornehmlich um Russlanddeutsche handelt, die sich primär als Deutsche betrachten und folglich größeren Wert auf kulturelle Traditionen einschließlich literarischer Bildung legen. Allerdings muss an dieser Stelle einschränkend darauf hingewiesen werden, dass die Gruppe der Eltern mit türkischem Migrationshintergrund mit 42 Elternteilen nur sehr klein ist, weshalb Verteilungsunterschiede mit äußerster Vorsicht zu betrachten sind (die Gruppe der Eltern mit russischem Migrationshintergrund besteht aus 107 Elternteilen).

In den anderen Kategorien lassen sich kaum Unterschiede in den Antworten der Eltern differenziert nach Migrationshintergrund identifizieren. Lediglich in der Kategorie wirtschaftliches Denken und Handeln zeigt sich, dass hier vor allem die

Abb. 11.3   Bereiche, die in der Schule zu kurz kommen – nach Migrationshintergrund der Eltern (2017)

Anteil „ja, kommt zu kurz"

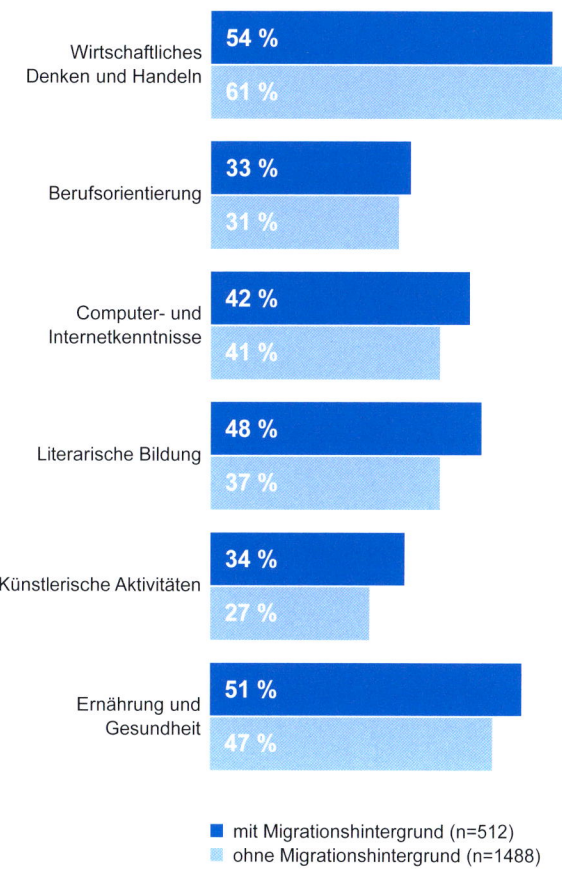

Eltern ohne Migrationshintergrund angeben, dass dieser Bereich in der Schule zu kurz kommt (61 % versus 54 % in der Gruppe der Eltern mit Migrationshintergrund). Allerdings macht auch hier ein differenzierterer Blick deutlich (ohne Abbildung), dass hier die Angaben von Eltern mit türkischem Migrationshintergrund (62 %) und von Eltern mit russischem Migrationshintergrund (36 %) weit auseinandergehen. Dass insbesondere die Gruppe der Eltern mit türkischem Migrationshintergrund sehr klein ist, wurde bereits erwähnt.

Ergebnisse nach Geschlecht der befragten Eltern
Im folgenden Abschnitt steht die differenzierte Betrachtung der Einschätzungen der Eltern zur Bedeutung unterschiedlicher Bildungsinhalte nach Geschlecht der Eltern im Fokus. Abbildung 11.4 zeigt die Ergebnisse differenziert nach Müttern (bzw. weiblichen Erziehungsberechtigten) und Vätern (bzw. männlichen Erziehungsberechtigten).

Abb. 11.4 Bereiche, die in der Schule zu kurz kommen – nach Geschlecht der Eltern (2017)

Bei der Betrachtung der Ergebnisse zeigt sich, dass sich ein nennenswerter Unterschied nur für den Bereich der Computer- und Internetkenntnisse finden lässt. Hier liegt der Anteil der Väter, der angibt, dass dieser Bereich in der Schule zu kurz kommt, um 15 Prozentpunkte höher als bei den Müttern (51 % versus 36 %). Hier könnte vermutet werden, dass es sich um ein klassisches Geschlechterstereotyp handelt insofern, als in den Angaben der Väter eine gewisse Technikaffinität ihren Niederschlag findet.

Ergebnisse nach Schulform des ältesten schulpflichtigen Kindes
Nach Merkmalen der Eltern wird im nächsten Abschnitt betrachtet, ob sich die Einschätzungen der Eltern zur Bedeutung unterschiedlicher Bildungsinhalte nach der besuchten Schulform ihrer Kinder unterscheiden. Als Bezugspunkt dient dabei die Schulform des ältesten schulpflichtigen Kindes. Tabelle 11.1 zeigt die Ergebnisse der differenzierten Betrachtung nach Schulform.

Tab. 11.1 Bereiche, die in der Schule zu kurz kommen, nach besuchter Schulform des ältesten schulpflichtigen Kindes (2017)

Bereiche	besuchte Schulform					
Anteil „ja, kommt zu kurz"	GS (n=561)	HS (n=70)	RS (n=349)	IHRS (n=176)	GeS (n=176)	GY (n=552)
Wirtschaftliches Denken und Handeln	45 %	77 %	58 %	70 %	62 %	67 %
Berufsorientierung	27 %	36 %	33 %	29 %	31 %	36 %
Computer- und Internetkenntnisse	36 %	46 %	44 %	44 %	42 %	41 %
Literarische Bildung	33 %	63 %	44 %	45 %	40 %	34 %
Künstlerische Aktivitäten	29 %	58 %	34 %	32 %	32 %	21 %
Ernährung und Gesundheit	39 %	66 %	50 %	43 %	53 %	48 %

GS=Grundschule, HS=Hauptschule, RS=Realschule,
IHRS=Integrierte Haupt- und Realschule, GeS=Gesamtschule, GY=Gymnasium

Der Bereich wirtschaftliches Denken und Handeln wurde in der Gesamtschau als derjenige Bereich identifiziert, der aus Sicht der meisten Eltern (konkret: 59 %) in der Schule zu kurz kommt (siehe Kapitel 11.3). Der Vergleich nach der Schulform des jeweils ältesten schulpflichtigen Kindes zeigt, dass Eltern jeweils nach der Schulform ihres Kindes hierzu unterschiedlich stark beigetragen haben: In dieser Hinsicht haben sich vor allem Eltern mit Kindern an Hauptschulen (77 %), aber auch Eltern mit Kindern an Integrierten Haupt- und Realschulen (70 %) geäußert. Im Vergleich dazu wird dieser Aspekt von Eltern mit Grundschulkindern als weit weniger wichtig eingeschätzt (45 %). Sollen diese Unterschiede erklärt werden, muss berücksichtigt werden, dass sich der präsentierte Bildungsinhalt auf Themen bezieht, die für den Einzelnen und sein Konsumverhalten unmittelbar relevant und nützlich sind (Steuererklärung, Kaufverträge, Sparen). Es ist denkbar, dass Eltern von Kindern an Hauptschulen sowie integrierten Haupt- und Realschulen möglicherweise weniger finanzielle Mittel zur Verfügung stehen, weshalb wirtschaftliches Denken und Handeln für sie besonders wichtig ist. Demgegenüber halten Eltern von Kindern an Grundschulen diese Themen vermutlich für (noch nicht) altersangemessen.

Auch für die Kategorien Computer- und Internetkenntnisse, literarische Bildung und Ernährung und Gesundheit liegen die Anteile der Grundschuleltern zum Teil deutlich unter den Anteilen der Eltern mit Kindern an anderen (weiterführenden) Schulformen.

Ein weiterer interessanter Befund ist der, dass von den Gymnasialeltern – im Vergleich zu den Eltern an anderen Schulformen – relativ wenige angeben, dass die Bereiche literarische Bildung und künstlerische Aktivitäten in der Schule zu kurz kommen. Hier kann nicht abschließend geklärt werden, ob den Gymnasialeltern diese Bereiche weniger wichtig sind oder ob es an den Schulen ihrer Kinder bereits in dieser Hinsicht ein aus ihrer Sicht zufriedenstellendes Bildungsangebot gibt. Letzteres ist – unter anderem gemessen an den Schulprofilen mancher Gymnasien – nicht unwahrscheinlich.

Für Eltern mit Kindern an Hauptschulen wird mit den Ergebnissen zudem deutlich, dass ihnen neben bereits genannten Aspekten besonders die klassischen Bildungsinhalte literarische Bildung (63 %) und künstlerische Aktivitäten (58 %), aber auch der Bereich Ernährung und Gesundheit sehr wichtig sind (66 %) bzw. in dem Bildungsangebot der Schulen aus ihrer Sicht nicht hinreichend berücksichtigt werden.

Ergebnisse nach Region
In einem nächsten Schritt wird untersucht, ob sich Unterschiede in den Einschätzungen der Eltern nach Region finden lassen. Dabei wird in Ost und West differenziert. Abbildung 11.5 zeigt die Ergebnisse des Vergleichs.

Es wird deutlich, dass sich in den Einschätzungen der Eltern zwischen Ost und West in fünf der sechs betrachteten Bereiche nur geringe bis kaum sichtbare Unterschiede ausmachen lassen. Lediglich für den Bereich der Computer- und Internetkenntnisse gibt ein höherer Anteil an Eltern aus den westlichen Bundesländern an, dass dieser Bereich in der Schule zu kurz kommt (42 %) als Eltern aus dem Osten (32 %). Ein vertiefender Blick in einzelne Bundesländer (ohne Abbildung) zeigt auf, dass in Baden-Württemberg, wo das Fach Wirtschaft jüngst eingeführt wurde, mit zwei Dritteln (66 %) der Eltern ein hoher Anteil angibt, dass wirtschaftliches Denken und Handeln in der Schule zu kurz kommt. Dieser Befund könnte mögli-

Abb. 11.5   Bereiche, die in der Schule zu kurz kommen – nach Region (2017)

Anteil „ja, kommt zu kurz"

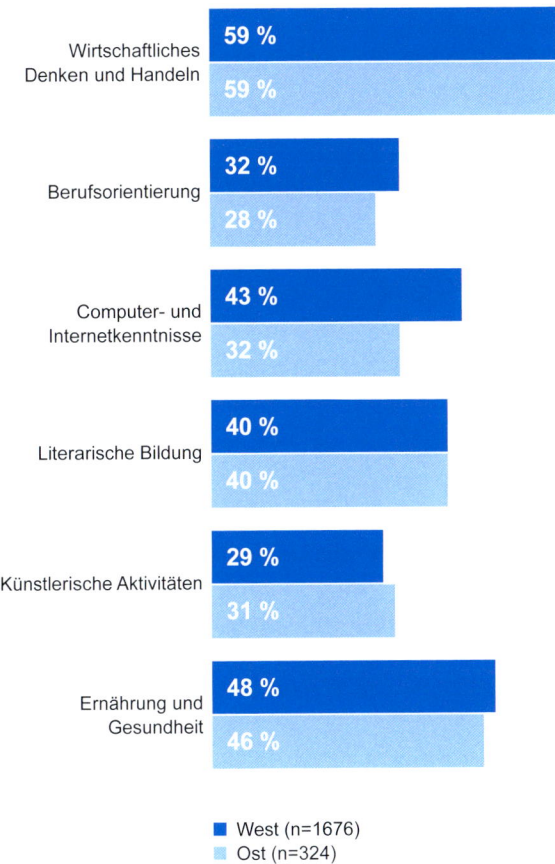

cherweise damit zusammenhängen, dass durch die öffentliche Debatte im Rahmen der Einführung dieses Fachs eine besondere Sensibilität diesem Thema gegenüber besteht. Die Prozentwerte für die anderen Bundesländer reichen hier nicht heran, sondern liegen mehr oder weniger weit zurück: Im Vergleich zu anderen Bundesländern, in denen es dieses Fach nicht gibt, zeigen sich sowohl annähernd so hohe Anteile, wie z. B. in den nordöstlichen Bundesländern Mecklenburg-Vorpommern, Sachsen-Anhalt und Brandenburg (jeweils 62 %) als auch deutlich geringere Anteile, wie z. B. in Bayern (51 %) oder in Thüringen und Sachsen (jeweils 53 %).

11.4 Zusammenschau und Diskussion

Die Zielsetzung dieses Beitrags bestand darin zu betrachten, was aus Sicht schulpflichtiger Eltern als zeitgemäße Bildungsinhalte gelten können bzw. welche Bereiche Eltern aktuell in der Schule zu kurz kommen. Unter diesem Fokus wurden die Daten der 4. JAKO-O Bildungsstudie, auch differenziert nach unterschiedlichen Elterngruppen, ausgewertet und aufbereitet.

In der Zusammenschau der Ergebnisse lässt sich festhalten, dass die meisten Eltern für den Bereich des *wirtschaftlichen Denkens und Handelns* (z. B. Steuererklärung, Kaufverträge, Sparen) angeben, dass dieser in der Schule zu kurz kommt (59 %). Für diesen Bildungsbereich zeigen sich zudem kaum Unterschiede nach dem Bildungsabschluss oder dem Geschlecht der Eltern. Lediglich im Schulformvergleich wird deutlich, dass Grundschuleltern weniger häufig angeben, dass dieser Bereich in der Schule zu kurz kommt – was sicherlich der Altersgruppe der Kinder geschuldet ist. Besonders hoch fällt im Vergleich der Anteil für die Hauptschuleltern und Eltern mit Kindern an Integrierten Haupt- und Realschulen aus. Dies könnte möglicherweise ein Hinweis darauf sein, dass es dieser Elterngruppe aufgrund begrenzter finanzieller Mittel wichtiger ist, dass ihre Kinder entsprechende Kompetenzen erwerben, als anderen Elterngruppen.

Ein ebenfalls relativ hoher Anteil (48 %) entfällt auf den Bereich *Ernährung und Gesundheit* (z. B. Bewegung, Suchtprävention, Essstörungen). Hier zeigen die differenzierenden Analysen, dass Eltern mit niedrigem Bildungsabschluss diesem Bereich eine höhere Bedeutung beimessen als Eltern mit hohem Bildungsabschluss. Tendenziell zeigt sich dieses Muster auch für Eltern mit Migrationshintergrund sowie für Mütter im Vergleich zu Vätern, allerdings nicht so deutlich. Vor allem Eltern mit einem Kind an einer Hauptschule weisen auf die Bedeutung dieses Bereichs hin. Möglicherweise könnte dies damit zusammenhängen, dass bildungsfernere Eltern der Schule in dieser Hinsicht eine besonders unterstützende Funktion beimessen, die sie selbst weniger gut leisten können. So liegen beispielsweise Befunde vor, dass Übergewicht stark mit dem sozioökonomischen Status des Elternhauses zusammenhängt (u. a. Ahrens 2017)

Mit über zwei Fünfteln (41 %) weist auch der Bereich der *Computer- und Internetkenntnisse* (z. B. Programmieren, Datensicherheit im Internet) recht hohe Werte auf. Väter schätzen diesen Bereich als deutlich wichtiger ein als Mütter, sie präsentieren sich in der Befragung also als technikaffiner. Im Schulformvergleich entfallen auf die Grundschule etwas niedrigere Werte, während sich für den Bereich der Sekundarstufe kaum Unterschiede zwischen den Schulformen zeigen. Zwischen Ost und West finden sich für diesen Bildungsbereich allerdings Unterschiede: So liegt der Anteil der Eltern aus den westdeutschen Bundesländern zehn Prozentpunkte über dem Anteil der Eltern aus den ostdeutschen Bundesländern. Die Gründe für diesen Befund können an dieser Stelle nicht abschließend geklärt werden. Betrachtet man beispielsweise aktuelle Ergebnisse des Länderindikators „Schule digital", so zeigt sich unter anderem folgendes Ergebnis: In den Ländergruppen mit den höchsten Anteilen an Lehrer/innen, die der Aussage zustimmen, dass sie medienbezogene Fähigkeiten bei ihren Schüler/innen im Bereich der Medienerziehung sowie der informatischen Grundbildung fördern, sind Länder aus Ost- und Westdeutschland gleich stark vertreten (Lorenz/Endberg 2016). Hier bedarf es zukünftig vertiefenderer Analysen auf Bundesländerebene.

Mit etwas Abstand gehört auch der Bereich der *Berufsorientierung* (z. B. Bewerbungen schreiben) mit fast einem Drittel (31 %) zu den Kategorien, über die die Eltern sagen, dass diese in der Schule zu kurz kommen. In diesem Bereich zeigen sich kaum Unterschiede zwischen Elterngruppen. Es wird lediglich deutlich, dass dieser Bereich von Grundschuleltern weniger häufig genannt wird als von Sekundarstufeneltern. Dies ist kohärent mit der beschriebenen Verankerung der Berufsorientierung in der Sekundarstufe I und II (siehe Kapitel 11.2).

Abgesehen von den bereits genannten Bereichen vermissen verhältnismäßig viele Eltern aber auch Bereiche, die fester Bestandteil eines klassischen Bildungskanons sind: *literarische Bildung*, z. B. klassische Literatur lesen (40 %) und *künstlerische Aktivitäten* wie z. B. Theater spielen oder musizieren (29 %), Bereiche also, die traditionell einer klassischen humanistischen "höheren" Bildung zugeordnet werden (siehe Kapitel 11.2).

Bei der Interpretation der Ergebnisse gibt es einen Aspekt, der zu bedenken wäre. So lässt das Antwortformat (ja/nein) auf die Frage, ob verschiedene Bildungsinhalte in der Schule heute zu kurz kommen, nicht eindeutig den Schluss zu, ob die Eltern ihre Antwort generell auf Schule beziehen oder bei ihrer Antwort die Schule ihres Kindes oder ihrer Kinder vor Augen haben. Im zweitgenannten Fall könnte bei einer Nein-Antwort nicht hinreichend differenziert werden, ob diese damit zusammenhängt, dass dieser Bereich für die Eltern generell nicht wichtig ist oder damit, dass dieser Bereich in der Schule ihres Kindes oder ihrer Kinder bereits zu einem für sie ausreichenden Maße realisiert ist. Hier könnte möglicherweise in einer kommenden Erhebung differenzierter gefragt werden.

Abschließend soll festgehalten werden, dass es sicherlich kein Weg sein kann, für jeden in der aktuellen Diskussion als relevant betrachteten Bildungsinhalt ein eigenes Schulfach zu etablieren. Vielmehr sollte es, wie auch beispielsweise in den Empfehlungen der KMK zur Verbraucherbildung oder zur Bildung in der digitalen Welt, um eine querschnittliche Verankerung entsprechender Themen in verschiedene Fächer gehen. Der an anderer Stelle beschriebene Wandel von einer Inhalts- zu einer Kompetenzorientierung (siehe Kapitel 11.2) kann zudem dazu beitragen, dass Schüler/innen an exemplarischen Inhalten fachliche und überfachliche Kompetenzen erwerben, die auch dann noch von Wert sind, wenn der Inhalt selbst an Aktualität verloren hat.

Literatur

Ahrens, W. (2017): The I.Family Study. Overview and Key Findings. Abrufbar unter: http://www.ifamilystudy.eu/wp-content/uploads/2017/02/1-Ahrens-combined-briefingbackgrounder-FINAL-1.pdf (Zugriff: 01.08.2017).

Bundesvereinigung der deutschen Arbeitgeberverbände (BDA) (2000): Pressemitteilung der BDA vom 21.08.2000. Abrufbar unter: https://www.sowi-online.de/reader/oekonomische_politische_bildung/bda_arbeitgeber_gewerkschaften_fordern_gemeinsam_ein_eigenes_unterrichtsfach_wirtschaft_allen.html (Zugriff: 01.08.2017).

DIE WELT (14.01.2015): Nainas Twitter-Wut trifft auf taube Lehrerohren. Abrufbar unter: https://www.welt.de/vermischtes/article136378579/Nainas-Twitter-Wut-trifft-auf-taube-Lehrerohren.html (Zugriff: 01.08.2017).

DIE ZEIT (16.11.2015): Schulfach Wirtschaft. Ein Kniefall vor den Arbeitgebern. Abrufbar unter: http://www.zeit.de/wirtschaft/2015-11/schulfach-wirtschaft-oekonomie (Zugriff: 01.08.2017).

Dörpinghaus, A./Poenitsch, A./Wigger, L. (2006): Einführung in die Theorie der Bildung. Darmstadt: WBG.

FAZ (01.07.2014): Wirtschaft wird Schulfach. Abrufbar unter: http://www.faz.net/aktuell/politik/wirtschaft-wird-schulfach-in-baden-wuerttemberg-13020814.html (Zugriff: 01.08.2017).

HAMBURGER ABENDBLATT(24.07.2017): Schon jedes fünfte Hamburger Kind hat Gewichtsprobleme. Abrufbar unter: http://www.abendblatt.de/nachrichten/article211345217/Schon-jedes-fuenfte-Hamburger-Kind-hat-Gewichtsprobleme.html (Zugriff: 01.08.2017).

Klieme, E./Hartig, J. (2007): Kompetenzkonzepte in den Sozialwissenschaften und im erziehungswissenschaftlichen Diskurs. In: Prenzel, M./ Gogolin, I./ Krüger, H.-H. (Hrsg.): Kompetenzdiagnostik. Zeitschrift für Erziehungswissenschaft, Sonderheft 8, S. 11-29.

Kultusministerkonferenz (KMK) (2008): Wirtschaftliche Bildung an allgemein bildenden Schulen. Bericht der Kultusministerkonferenz vom 19.10.2001 i.d.F. vom 27.06.2008. Abrufbar unter: http://www.kmk.org/fileadmin/Dateien/veroeffentlichungen_beschluesse/2001/2001_10_19_Wirtschaftl_Bildung.pdf (Zugriff: 01.08.2017).

Kultusministerkonferenz (KMK) (2013): Verbraucherbildung an Schulen. Abrufbar unter: http://www.kmk.org/fileadmin/Dateien/pdf/PresseUndAktuelles/2013/Verbraucherbildung.pdf (Zugriff: 01.08.2017).

Kultusministerkonferenz (KMK) (2016): Bildung in der digitalen Welt. Strategie der Kultusministerkonferenz. Abrufbar unter: https://www.kmk.org/fileadmin/Dateien/pdf/PresseUndAktuelles/2016/Bildung_digitale_Welt_Webversion.pdf (Zugriff: 01.08.2017).

Kultusministerkonferenz (KMK) (2017): Berufsorientierung und Berufsvorbereitung. Abrufbar unter: https://www.kmk.org/themen/allgemeinbildende-schulen/weitere-unterrichtsinhalte/berufsorientierung-und-berufsvorbereitung.html (Zugriff: 01.08.2017).

Langenstein, M. (o. J.): Informationen zum Bildungsplan Wirtschaft/Berufs- und Studienorientierung. Abrufbar unter: https://rp.baden-wuerttemberg.de/rpt/Abt7/Ref77/Documents/Forum%20Das%20neue%20Fach%20Wirtschaft,%20Berufs-%20und%20Studienorientierung.pdf (Zugriff: 01.08.2017).

Lorenz, R./Endberg, M. (2016): Förderung der medienbezogenen Kompetenzen von Schülerinnen und Schülern der Sekundarstufe I in Deutschland und im Bundesländervergleich. Aktuelle Ergebnisse für 2016 und der Trend seit 2015. In: Bos, W./ Lorenz, R./ Endberg, M./ Eickelmann, B./ Kammerl, R./ Welling, S. (Hrsg.): Schule digital – der Länderindikator 2016. Kompetenzen von Lehrpersonen der Sekundarstufe I im Umgang mit digitalen Medien im Bundesländervergleich. Münster u. a.: Waxmann, S. 110-147.

Ministerium für Schule und Weiterbildung in Nordrhein-Westfalen (2017): Verbraucherbildung an Schulen. Abrufbar unter: https://www.schulministerium.nrw.de/docs/Schulsystem/Unterricht/Verbraucherbildung-an-Schulen/index.html (Zugriff: 01.08.2017).

Müller, K./Gartmeier, M./ Prenzel, M. (2013): Kompetenzorientierter Unterricht im Kontext nationaler Bildungsstandards. In: Bildung und Erziehung 66, H. 2, S. 127-145.

SPIEGEL ONLINE (14.1.2015): Zitat des Tages „Es bleibt wichtig, Gedichte zu lernen". Abrufbar unter: http://www.spiegel.de/lebenundlernen/schule/wanka-ueber-naina-schuelerin-tweet-gedichtsanalyse-oder-alltagswissen-a-1012981.html (Zugriff: 01.08.2017).

Terhart, E. (2009): Didaktik. Eine Einführung. Stuttgart: Reclam.
Van Ackeren, I./Klemm, K. (2011): Entstehung, Struktur und Steuerung des deutschen Schulsystems. Eine Einführung. Wiesbaden: VS Verlag.
Weinert, F. E. (2001): Vergleichende Leistungsmessung in Schulen – Eine umstrittene Selbstverständlichkeit. In: Weinert, F. E. (Hrsg.): Leistungsmessungen in Schulen. Weinheim u. Basel: Beltz, S. 17-31.

Gerhard Eikenbusch

12 Vier Konsequenzen aus den Ergebnissen für Lehrkräfte, Schulen, Bildungspolitik und: Eltern

Dass Eltern die Schule ihres Kindes möglichst ausgewogen und abwägend einschätzen und bewerten sollten – das wäre sicherlich sehr vernünftig und man kann es sich wünschen. Aber voraussetzen kann man es nicht. Eltern sind bei der Einschätzung des Unterrichts und der Schule ihrer Kinder notwendigerweise immer auch parteilich und interessegeleitet, häufig sind sie auch einseitig, überfürsorglich … Das ist nicht nur verständlich, es ist häufig sogar richtig: Eltern müssen sich im Rahmen ihrer Verantwortung und Aufgabe für ihr Kind einsetzen und Partei ergreifen. Ihr Blick auf die Schule und das, was im Unterricht passiert, ist eine von mehreren richtigen und wichtigen Perspektiven.

Eltern-Bildungsstudien (wie die JAKO-O Studie) sind keine Markt-Untersuchungen mit dem Ziel der Herstellung von Kundenzufriedenheit, sondern Augenöffner, Klärungshilfen und Mitwirkungsmöglichkeit, um die Perspektive (Wünsche, Ängste, Positionen, Erfahrungen) von Eltern als *einem* zentralen Akteur in Schule und Bildung kennenzulernen und Wege zu finden, wie man Eltern einbeziehen kann, um die pädagogische Qualität von Unterricht und Schule zu verbessern – in Richtung von mehr Gerechtigkeit, stärkerer Annäherung an Chancengleichheit, mehr Humanität und Lebensqualität (vgl. Klafki 1992, S. 93f.). Allerdings reicht ihre Perspektive aber allein nicht aus, um Schlussfolgerungen zu ziehen, sondern man muss die Perspektive anderer am Schulleben Beteiligter ebenso einbeziehen und die Einschätzungen der Eltern spiegeln an den Erfahrungen, Sichtweisen und Erkenntnissen anderer Akteure. Die folgenden vier Konsequenzen aus der JAKO-O Bildungsstudie gehen von diesem Ansatz aus.

Erste Konsequenz: Die „stille Partnerschaft" der Eltern beenden und sie zu Beteiligten und (Mit-)Verantwortlichen machen

Auf den ersten Blick wirken die Ergebnisse der JAKO-O Bildungsstudie über Elternbeteiligung und -engagement überraschend positiv: Eltern wollen sich gern mehr in der Schule engagieren – immerhin wünschen sich 53 % der Befragten mehr Möglichkeiten („stimme sehr zu"/„stimme eher zu"), an der Gestaltung von Schule und Unterricht konkret mitzuwirken. Bei der Wahl der weiterführenden Schule setzen sie als Kriterium das pädagogische Konzept an die erste Stelle (96 % „sehr wichtig"/„eher wichtig") und betonen damit, wie bedeutsam ihnen die pädagogische Ausrichtung der Schule ist. Wie sehr ihnen der schulische Erfolg ihres Kindes am Herzen liegt, zeigt sich u. a. darin, dass 91 % der Eltern angeben, sie würden für eine ruhige Hausaufgaben-Umgebung sorgen (was auch immer das im Einzelfall konkret bedeutet) und dass 77 % der Eltern vor Klassenarbeiten und Referaten gezielt helfen. Auch wenn die Werte für die individuell-direkte Betreuung der Kinder (Ruhe bei Hausaufgaben, Kontrolle der Hausaufgaben und Erarbeitung von Lerninhalten) seit 2010 etwas sinken und Eltern seltener zu Hause sind, wenn ihr Kind heimkommt (von 71 % im Jahre 2010 auf 60 % im Jahre 2017), so betonen die befragten Eltern die Wichtigkeit der Lernunterstützung und die richtige Wahl der Schule und unterstützen ihre Kinder durch Nachhilfe (23 % geben an, dass ihre Kinder regelmäßig bzw. gelegentlich Nachhilfe bekommen).

Aber: Mit den Leistungen und Abschlüssen, die die Kinder auch mithilfe der genannten individuellen und elternhausbasierten Unterstützungsleistungen erreichen, sind Eltern nicht immer zufrieden: Hauptschul- und Realschuleltern wünschen sich oft einen deutlich höheren Schulabschluss für ihr Kind (85 % der Hauptschuleltern streben einen mittleren Abschluss oder das Abitur für ihr Kind an, 30 % der Realschuleltern das Abitur). Immerhin 17 % der Befragten empfinden, dass ihr Kind – trotz aller Unterstützung – eher ungern zur Schule geht (bei Geringerverdienenden und bei Eltern in Nord-Bundesländern liegt diese Zahl noch höher). 28 % der befragten Eltern fühlen sich „fast immer" oder „häufig" überfordert (Anteil bei Geringverdienenden 54 %) und trotz Ganztag und Förderung fühlen sich immer noch 87 % der Eltern verpflichtet, sich intensiv um die schulischen Leistungen ihrer Kinder zu kümmern. Und wenn fast zwei Drittel der Eltern die Bildungschancen für ihre Kinder als gerecht ansehen, dann hat dieser Wert (auch wenn er in den Befragungen seit 2010 um 15 % gestiegen ist) eine problematische Seite: Ein Drittel der Eltern schätzen die Bildungschancen für Kinder in Deutschland für „eher ungerecht" oder „sehr ungerecht" ein!

Und dass viele Eltern meinen, Unterstützungsleistungen für den Schulgang ihres Kindes erbringen zu müssen, ist weniger Ausdruck von Engagement, Zuneigung und Fürsorge, sondern vielmehr Ausdruck von Druck und Verpflichtung. Sie konzentrieren sich darauf, was für den Erfolg ihres Kindes und ihrer „Elternarbeit" besonders wichtig und interessant zu sein scheint und wo Kosten und Nutzen ihrer „Investition" (Betreuung, Nachhilfe, Unterstützung …) in einem möglichst guten Verhältnis zueinander stehen. Vieles von dem, was sie leisten, halten sie eigentlich für eine Aufgabe der Schule (53 %). Wenn Eltern sich in der Schule engagieren, dann vorrangig lernbezogen auf ihr eigenes Kind oder organisatorisch höchstens auf die eigene Klasse (vgl. auch die 3. JAKO-O Bildungsstudie, Paseka 2014 sowie Schwanenberg 2015). Solches Engagement bewirkt Leistungsverbesserungen für Kinder aller Altersstufen (vgl. Sacher 2012, S. 232). Am lohnendsten ist dabei der Einsatz, der zu Hause stattfindet. Das vorrangig auf das eigene Kind bezogene Engagement der Eltern lohnt und wirkt aber auch für Schule und Unterricht entlastend: Wenn Eltern im Hintergrund dafür sorgen, dass ihr Kind mitkommt, sich vorrangig lernbezogen engagieren und sich nicht in Schule einmischen oder von ihr etwas fordern, dann gehen sie eine asymmetrische „stille Partnerschaft" (Trumpa 2010) mit der Schule ein.

Sich in Schule „einzumischen" lohnt dagegen weniger: Schulbasiertes Engagement verstärkt „eher nur das Wohlwollen der Lehrkräfte, ohne viel zu einer wirklichen Leistungssteigerung beizutragen" (Sacher 2012, S. 234). Konzeptionelles Engagement in der Schule hat auf Leistungsergebnisse der Kinder nur einen positiven „Ausstrahlungseffekt" und wird vor allem wahrgenommen von Nicht-Migrationseltern höherer Einkommensschichten, die auch dadurch einen Konkurrenzvorteil erringen können.

Zur „stillen Partnerschaft" gehört auch, dass Eltern die Schule nicht belasten wollen und sich zurückhalten, Schwierigkeiten und Probleme mit Lehrkräften und der Schule anzusprechen. Kontakte zu Lehrkräften werden vorrangig bezogen auf das eigene Kind problemveranlasst aufgenommen (vgl. Sacher 2012, S. 232). Eltern-Lehrkräfte/-Schule-Kontakte sind stärker durch sachliche Informationen der Schule über das Schulleben und die Leistungen des Kindes geprägt. Eltern geben Informationen über die Lern- und Familiensituation zu Hause nur auf Nachfrage preis, oft im vorgegebenen Rahmen wie bei Elternsprechstunden oder -abenden. Auffallend ist auch, dass das schulbasierte Engagement der Eltern mit Dauer der Schulzeit abnimmt und in der Sekundarstufe II mit Ausnahme der Berufsorientierung eher marginal ist, obwohl gerade hier Mitwirkung Einfluss sichern könnte. Gleichzeitig steigt – wie die Ergebnisse der JAKO-O Studie zeigen – mit zunehmendem Alter des Kindes das Gefühl bei den Eltern, sie müssten vieles von dem leisten, was eigentlich Aufgabe der Schule ist (57 % der Eltern der 13- bis 16-jährigen Kinder).

Dass es meist nur bei dieser eigentlich für alle Beteiligten unbefriedigenden und problematischen „stillen Partnerschaft zwischen Eltern und Schule" bleibt, ist weder eine Frage der Moral noch des guten Willens der Beteiligten. Es hat viele praktische Gründe in der Tradition, der Struktur und Aufgabenteilung von Schule, dass die Eltern zu Helfern, Elternheimarbeitern und bildungsegoistischen Unterstützern werden (Hargreaves 2000). Eine wichtige Konsequenz aus den Ergebnissen der JAKO-O Bildungsstudie wäre sicherlich, Strukturen und Traditionen von Schule und Unterricht so zu verändern, dass ein Dialog von Beteiligten und (Mit-)Verantwortlichen gefördert wird, bei dem Eltern und Schule gemeinsam an Erziehung und Bildung der Kinder arbeiten und bei dem Ressourcen der Eltern gestärkt werden können. Es geht um die gemeinsam geteilte Erziehungsverantwortung und um eine substanzielle Partizipation an Schule, bei der die Elternperspektive ernst genommen wird.

Natürlich kann man nicht erwarten, dass dieser Dialog reibungslos und unter großer Begeisterung verlaufen wird. „Man muss vermeiden, den aktiven Dialog mit den Eltern zu idealisieren und man darf nicht glauben, dass alle Eltern daran teilnehmen können oder überhaupt wollen. Manchmal können Eltern eine echte Qual sein (…) manche vernachlässigen ihre Kinder, missbrauchen sie, mischen sich völlig in ihr Leben ein, haben unreife Erwartungen an sie" (ebd., S. 7; *übersetzt von G.E.*). Wenn man auch solche Eltern in einen aktiven Dialog einbeziehen wolle, müsse Schule Unterstützungsangebote machen, das Elternhaus genauer kennen lernen, andere Unterstützungseinrichtungen einschalten.

Eltern als Beteiligte und (Mit-)Verantwortliche zu sehen und einzubinden, ist vorrangig eine Aufgabe von Schule – sie darf nicht auf die (fehlende) Initiative von Eltern verweisen. Kleine Schritte auf dem Weg zu einem Schule-Eltern-Dialog und zur substanziellen Mitverantwortung könnten beispielsweise sein:
– persönliche strukturierte Elterngespräche über Lernentwicklung der Kinder (Blossing 2006),
– Einbindung/Einbeziehung von Eltern bei Lern- und Leistungspräsentationen in der Klasse und Schule,
– Rückmeldung von Eltern zur Arbeit und den Erfahrungen der Kinder,
– regelmäßige Elterninformation über Arbeit und Leistungen der Schüler (z. B. Portfolios, Plattformen, Lehrerkommentare),
– unterrichtsbezogene Elternabende.

Die Voraussetzungen für solche Schritte sind durchaus vorhanden, wenn man bedenkt, dass die Eltern insgesamt die Lehrkräfte sehr positiv bewerten (z. B. geben in der aktuellen JAKO-O Bildungsstudie 85 % der Eltern an, dass Lehrkräfte bereit seien ihnen zu helfen („stimme sehr zu"/„stimme eher zu"), 88 % finden, dass die Lehrkräfte ehrlich zu den Eltern sind.

Zu den großen Schritten in Richtung gemeinsamer Erziehungs- und Bildungsarbeit in der Schule würden u. a. gehören:
- Aufgaben- und Hausaufgaben so anzulegen, dass Schüler/innen sie ohne elterliche Hilfe oder mithilfe schulischer Unterstützungsangebote schaffen können (s. u.) – oder ganz auf Hausaufgaben zu verzichten,
- Elternbeteiligung in den Klassen 7 bis 12 wirkungsvoller anzulegen, z. B. durch Erziehungsvereinbarungen, gemeinsame Leitlinien und Vorhaben,
- Eltern bei der Wahrnehmung ihrer Erziehungsaufgabe zu helfen, Überforderung zu vermeiden und erst recht nicht durch schulische Forderungen zu verschärfen,
- Gelegenheit schaffen, Elternbeteiligung über die Klassenebene auch auf Schul- und Kommunalebene abzustimmen und zu vernetzen (z. B. hinsichtlich von Ausstattung, Ganztagsangeboten, Inklusion, Verkehrssituation),
- Eltern nicht zu Kunden zu machen und sie somit z. B. von ihrer Verantwortung zu entbinden.

Zweite Konsequenz: Fördern und Fordern zum Normalfall werden lassen

Lässt man Eltern beschreiben, was die Lehrkräfte ihres Kindes am besten charakterisiert, stellen sie die fachliche Kompetenz und die gute Beziehung zu ihren Schüler/innen heraus (88 % bzw. 82 % der Befragten sagen: „trifft zu"). Am Ende der Skala liegen die Bewertungen für den Einsatz für das Mitkommen der Schwächeren (62 %) und die Verwendung neuer Unterrichtsmethoden (56 %). In mehreren Kompetenzbereichen der Lehrkräfte sehen vor allem Gymnasialeltern den Einsatz der Lehrkräfte für Förderung von Schwächeren deutlich geringer an als Eltern der Grundschulen (vgl. hierzu den Beitrag von Tillmann, Kapitel 6).

Seit 2014 ist die Einschätzung der beruflichen Kompetenzen der Lehrkräfte weitgehend stabil, 2012 lagen die Werte durchweg noch etwas höher (besonders bei „Umgang mit sprachlichen Voraussetzungen" und „neuen Unterrichtsmethoden"). Auch die (in der Regel indirekt über die Kinder wahrgenommene) Lehr-, Lern- und Erziehungssituation in der Schule beurteilen Eltern überwiegend positiv, hier vor allem die gute Klassengemeinschaft und die akzeptable Klassengröße (83 % bzw. 78 % der Befragten). Seit 2010 hat sich die Akzeptanz der Eltern für die Klassengröße um zehn Prozentpunkte verbessert (von 68 % auf 78 %,) dies vor allem in der Grund- sowie der integrierten Haupt- und Realschule, wo die Senkungen der Klassenfrequenzen wohl am ehesten spürbar waren. Bei der Einschätzung des Unterrichtsausfalls zeigen sich deutliche Unterschiede: In der Grundschule geben 80 % der befragten Eltern an, es gebe kaum Unterrichtsausfall, im Gymnasium stimmt hier allerdings nur die Hälfte der Befragten zu (unabhängig von G8 oder G9). Offensichtlich ist es Grundschulen besser gelungen, den Schultag für Eltern verlässlicher zu gestalten und Unterrichtsausfall abzudecken oder nicht auffallen zu lassen, was für Eltern viel Stabilität bei der Organisation des „Alltagspuzzles" bedeutet. Am Gymnasium fällt Unterrichtsausfall schon wegen der Organisation in Fachunterrichtsstunden deutlicher auf, Unterrichtsausfall löst hier Sorge um Bildungslücken, Stress und Nachteile im Konkurrenzkampf aus.

Angesichts der in vielen Bereichen eher positiven Einschätzungen der Eltern bezüglich der Lehr-, Lern- und Erziehungssituation in der Schule und der Lehrerkompetenzen könnte man erwarten, dass sie auch mit den durch die Schule erbrachten Lehr- und Lernleistungen zufrieden sind, sie ihnen zumindest ausreichen. Dies ist jedoch nicht der Fall. Die bedeutenden Unterstützungsleistungen der Eltern (s.o.), der Anstieg von Nachhilfe (22 % über alle Eltern hinweg, in der Realschule 35 %) und der leicht gestiegene Anteil überforderter Eltern (seit 2010 von 24 % auf 28 %, bei Geringverdienenden bis zu 54 %) zeigen, dass Eltern die in der Schule vermittelten und geförderten Leistungen verbessern wollen (oder müssen) bzw. dass sie ihrem Kind einen Konkurrenzvorteil oder einen Aufstieg in der Schule verschaffen wollen. Vor allem Eltern der Kinder, die Haupt- bzw. Realschulen besuchen, wünschen sich für ihr Kind einen höheren Schulabschluss – in der Hauptschule streben 85 % der befragten Eltern für ihr Kind einen mittleren Abschluss oder das Abitur an, in der Realschule streben 30 % der Eltern für ihr Kind das Abitur an. Nicht Berufstätige sowie Befragte mit niedrigem Haushaltsnettoeinkommen (bis 1000 Euro) haben stärkere Bildungsaspirationen für den Realschul- und Hauptschulabschluss als Eltern mit höherem Einkommen, die das Abitur präferieren.

Die hohen Unterstützungs- und Kompensationsleistungen sowie die gestiegenen Bildungsaspirationen der Eltern weisen darauf hin, dass es Schulen auch bei angenehmem Lernklima nicht im erwarteten Maße gelingt, auf die individuellen Voraussetzungen der Schüler mit geeigneten (neuen) Unterrichtsmethoden einzugehen. Dass
— fast ein Drittel der befragten Eltern meinen, die Lehrkräfte erkennen die Stärken ihrer Kinder (eher) nicht und zeigen (eher) keinen Einsatz für das Mitkommen der Schwächeren,
— 11 % der befragten Grundschul- und 43 % der Hauptschuleltern (Realschule: 20 %, Gymnasium: 13 %) angeben, ihr Kind gehe alles in allem „eher ungern" zur Schule,
— besonders Eltern in Halbtagsschulen meinen, vieles von dem zu leisten, was eigentlich Aufgabe von Schule ist (57 %),

signalisiert, dass Schulen und Lehrkräfte einen erheblichen Teil (geschätzt rund ein Fünftel) der Schülerschaft nicht so fördern oder fordern, dass Schüler/innen sich auch mit ihren Schwächen angenommen fühlen, eine mindestens neutrale oder positive Haltung zur Schule entwickeln und ihre Stärken gesehen fühlen.

Eltern (und oft auch Schüler/innen, Lehrkräfte und Schulen) halten das für ungerecht und belastend, sie empfinden Chancen in Schule und Bildungswesen als ungleich und den Umgang der Schule mit Schwächeren als nicht human. Dass Eltern der Arbeit von Schule und Lehrkräften sowie der Bildungspolitik nur durchschnittliche Noten geben, ein Drittel die Bildungschancen als (eher) ungerecht einschätzen und sie bei einem Drittel der Lehrkräfte wenig bis keine Kompetenzen bei Individualisierung und Differenzierung sehen, sollte Anlass für Konsequenzen der Struktur der Schul- und Lehrerarbeit sein. Zentral dabei ist, dass die Förderung der Schwächen und Stärken der Schüler/innen ebenso zur akzeptierten Normalität im Unterricht und in der Schule werden kann, wie aktiv zu fordern und sich (heraus-)fordern zu lassen. Fördern und Fordern sind nicht, wie oft üblich, eine Frage von Extra-Aufgaben, Extra-Ressourcen, Arbeitsgemeinschaften und Extra-Kursen. Vielmehr sollten sie Teil schulischer Normalität sein, u. a. durch:

– eine deutlich(er) ausgeprägte fördernde und fordernde Haltung der Lehrkräfte im Unterrichtsalltag, z. B. durch
  - spezifische Diagnosen und Empfehlungen zur Lernentwicklung (u. a. durch stärkere diagnostische Nutzung von Klassenarbeiten und bessere Rückmeldungen an Schüler/innen),
  - überlegte differenzierende Aufgabenstellungen (u. a. auch in den regulären Lehrmitteln und nicht durch Extra-Material),
  - Arbeits- und Unterstützungsstrukturen im Unterricht (u. a. Arbeits- und Lerngruppen, Tandems, Selbstkontrolle),
  - Orientierung an unterschiedlichen sprachlichen Voraussetzungen der Schüler/innen (u. a. durch Entwicklung und Sicherung von Fachsprache im Unterricht).
– eine Veränderung der Strukturen für Lehrerarbeit, z. B.
  - Teamarbeit und Kooperation im Kollegium,
  - Abstimmung von Unterrichtsansätzen und -material (auch in gemeinsamer Arbeitszeit in der Schule),
  - Einbeziehung weiteren internen und externen pädagogischen Personals im Förderbereich,
  - rechtzeitige Einbeziehung von Helfer- und Fördersystemen im Regelunterricht,
  - Flexibilisierung des Arbeitseinsatzes entsprechend den spezifischen Anforderungen von Schülern/Klassen.
– eine Öffnung/Anpassung bzw. Flexibilisierung von Schulstrukturen mit Blick auf individuelle Förder- oder Fordervoraussetzungen
  - bei den Zeitstrukturen und der Rhythmisierung des Schultages, z. B. bei der Anordnung von Lern- und Übungszeiten und damit bei der Vermeidung des „Lernens im Gleichschritt",
  - bei der Konstruktion und Durchführung von Tests, Klassenarbeiten, Leistungsgruppen, z. B. durch unterschiedliche Aufgaben, Termine oder Aufteilung,
  - bei der Gestaltung von Bildungsgängen und individuellen Lernzeiten sowie bei Übergängen (auch in der gymnasialen Oberstufe),
  - durch die Gestaltung und Anlage von Neigungs- und Wahlkursen, Selbstlernzeiten und Angeboten.

Die Verankerung von Fördern *und* Fordern im normalen Schulalltag nimmt ihnen das Stigma als „Sondermaßnahme" nur für bestimmte Schüler/innen. Fördern und Fordern sind keine Reparaturwerkzeuge für Minder- oder Fehlleistungen, sondern Entwicklungswerkzeuge für die Entfaltung und die Entwicklung der Schüler/innen und auch für die Schulentwicklung.

Dass in den JAKO-O Bildungsstudien die befragten Eltern sich durchgehend mit rund 80% dagegen ausgesprochen haben, in der Vorschule „noch mehr Förderung" zu leisten anstelle von „Zeit zum Spielen als Grundlage der Persönlichkeits- und Lernentwicklung" zu geben, ist eine verständliche Abwehr von schulische

Arbeitsformen vorwegnehmenden Frühförderungsmaßnahmen im Kindergartenalter und eine Position gegen die Verschulung des Vorschulalters. Weniger verständlich dagegen ist der mit dieser Position unterstellte Gegensatz von Förderung auf der einen sowie freiem Spiel und Zeit auf der anderen Seite sowie die Unterstellung, die gegenwärtige Früherziehung leiste schon das Richtige. Die Einstellung, der Aufwand für Förderung nehme Kindern „etwas Positives weg", ist keine gute Grundlage für die Akzeptanz späterer Förderung in der Schule und sie ist auch keine gute Voraussetzung für Unterstützung von Kindern mit besonderem Förderbedarf im Vorschulalter. Bei Eltern hier durch Information und Beispiele eine differenzierte Wahrnehmung zu ermöglichen, dass es auf Verankerung und Kindgemäßheit der Förder- und Forderangebote (auch im Vorschulbereich) ankommt, wäre eine wichtige Aufgabe für Vorschulen und Schulen. Und dass es bei der Ablehnung von Frühförderung im Vorschulalter zu großen regionalen Unterschieden kommt (Bayern 86 %, Berlin 64 %), sollte ebenso zu denken geben wie die deutlich geringere Ablehnung der Fördermaßnahmen bei Eltern mit Grundschul- bzw. Gesamtschulkindern.

Dritte Konsequenz: Ernst machen mit richtigem Ganztag

Zu den Ergebnissen der JAKO-O Bildungsstudie, in denen sich die größten Unterschiede zwischen Wunsch der Eltern und der Realität zeigen, gehört der Bereich der Ganztagsschulen (siehe hierzu den Beitrag von Tillmann, Kapitel 6). Seit Beginn des Jahrtausends ist das Angebot an Ganztagsschulen deutlich ausgebaut worden. Derzeit nehmen fast drei Millionen Schüler/innen aus dem Primarbereich und der Sekundarstufe I Angebote im Ganztagsbereich wahr (39,3 % aller Schüler/innen, KMK 2016). Der Anstieg betrug in den letzten Jahren immer rund zwei Prozent pro Schuljahr. In Hamburg, Sachsen und Berlin nehmen überdurchschnittlich viele Schüler/innen am Ganztag teil, deutlich weniger sind es in Nordrhein-Westfalen und Mecklenburg-Vorpommern. Dass Ganztagsangebote am häufigsten in Grundschulen und Schulen mit mehreren Bildungsgängen vorkommen, ist eine bestehende Tendenz (ebd.). Trotz der kontinuierlichen Ausweitung und der gestiegenen Akzeptanz des Ganztagsangebotes besteht aber noch erheblicher Entwicklungsbedarf für Ganztagsschulen. Immer noch ist das Ganztagsangebot quantitativ nicht ausreichend, rund ein Viertel der Elternwünsche für einen Ganztag konnten laut der aktuellen JAKO-O Bildungsstudie nicht erfüllt werden, wobei sich die Wünsche deutlicher in Richtung einer Ganztagsschule mit freiwilligem Nachmittagsprogramm verschoben haben.

Auch qualitativ sehen die Eltern Entwicklungsbedarf, vor allem bei der individuellen Förderung (37 % „dringender"/„viel" Verbesserungsbedarf) und der Hausaufgabenbetreuung (25 %), aber auch bei den Eltern-Pädagogen-Gesprächen und der inhaltlichen Verknüpfung von Unterricht mit außerunterrichtlichen Angeboten.

Wollte man als falsche Konsequenz bloß den Wünschen der Eltern nachkommen und ihre Zufriedenheit steigern, müsste man aus diesen Befunden vor allem eine Konsequenz ziehen: Schafft mehr und bessere Ganztagsangebote! Aber in den Antworten der Eltern in der JAKO-O Bildungsstudie wird eine gespaltene und widersprüchliche Erwartungshaltung sichtbar, die sich durch den quantitativen Ausbau und die qualitative Verbesserung des Ganztags eher noch verstärken wird:

- Eltern wünschen einerseits eine Ausweitung der Ganztagsangebote – gleichzeitig aber eine möglichst geringe Verpflichtung, diese Angebote auch zu nutzen. Die Nutzungshoheit über den Ganztag möchten sie selbst behalten (und nicht die Schule). Aus der Ganztagsschule soll eine Halbtagsschule mit optionalem Ganztags*angebot* werden.
- Eltern möchten auf der einen Seite eine möglichst hohe schulische Anbindung der Angebote (Hausaufgabenbetreuung, Projekte) für individuelle Förderung – auf der anderen Seite soll der Ganztag aber so wenig schulisch wie möglich sein, Alternativen zur Schule bieten, Freizeit und Gelegenheiten zu Sozialbeziehungen schaffen, Gruppenbeziehungen ermöglichen.

Diese Gegensätze sind nur zu erfüllen durch ein möglichst ungebundenes, nicht verpflichtendes Schul-/Freizeit-Angebot (bei dem auch weniger qualifiziertes Personal eingesetzt werden kann), das von den Eltern dann genutzt werden kann, wenn es ihren Bedürfnissen und ihrem Bedarf entspricht. Ganztag wird ein optionales Betreuungsangebot, bei dem Schüler/innen und Eltern als Kunden agieren dürfen.

Aber selbst wenn der gebundene Ganztag (bei dem Schüler/innen verpflichtet sind, an mindestens drei Tagen an ganztägigen Angeboten der Schule teilzunehmen) nicht „pädagogisch wertvoller" sein sollte als andere Angebotsformen (vgl. Fischer 2012, S. 7) und wenn „sich keine Zusammenhänge zwischen dem Grad der Verbindlichkeit und der Qualität sowie den individuellen Wirkungen der Ganztagsschule belegen" lassen (ebd., S. 8), spricht einiges dagegen, einfach den auch in der JAKO-O Bildungsstudie deutlich werdenden Elternwünschen nach einem Betreuungs-Angebots-Ganztag zu entsprechen. Je ungebundener und unverbindlicher die Ganztagsangebote für die Schüler/innen und Eltern sind, umso schwieriger wird es, den Ganztag in der Praxis der Schule zu verankern. Hausaufgaben werden im offenen Angebot nur ortsverlagert, an ihrer problematischen Praxis ändert sich wenig. Umfassender Stundenplanumbau kann nicht stattfinden. So gut wie unmöglich sind die Mischung von Lernzeiten, Frei- und Projektzeiten und Kern-Unterrichtszeiten über den ganzen Schultag oder eine Einbindung des im Ganztag Erworbenen und Erlebten in den Unterricht.

Fehlende bzw. (zu) offene Ganztagsstrukturen verlängern gegen Ende der Sekundarstufe I und in der Sekundarstufe II die Schultage für die Schüler/innen auf bis zu 8 bis 10 Unterrichtsstunden mit meist nur kurzen Mittagspausen (um den Schultag kurz zu halten). Besonders von langen Schultagen betroffen sind die Schüler/innen, die Gebrauch machen wollen vom Wahl- und Differenzierungsangebot der Schulen im Bereich Sprachen, Naturwissenschaften, Kunst und Sport. Sie haben unzumutbar lange und schlecht rhythmisierte Schultage, müssen danach umfangreiche Hausaufgaben erledigen. Manchmal merken sie zu Recht ironisch an, es wäre ihnen schon geholfen, wenn für Schüler/innen die normalen Arbeitsschutzbedingungen wie für Arbeiter/innen gelten würden …

In offenen Ganztagsangeboten mit wechselnder bzw. unregelmäßiger Teilnahme von Kindern und Jugendlichen ist es schwieriger, eine Arbeitsbeziehung zwischen Lehrkräften und dem (in der Regel externen) Betreuungspersonal aufzubauen und den Ganztag in die Schule einzubinden. Im offenen Ganztag liegt es näher, dass Lehrkräfte und Betreuer/innen in ihren jeweiligen Einrichtungen bleiben. Offener Ganztag bedeutet auch, dass das Personal sich darauf einstellen muss, nach den

Wünschen der Eltern tätig zu werden, die ja Kunden des Ganztags sind und entsprechende Beiträge bezahlen.

Vieles spricht also dafür, aus den Ergebnissen der JAKO-O Bildungsstudie nicht bloß Konsequenzen zu ziehen, das Ganztagsangebot zu vergrößern oder den Service dort zu verbessern. Mindestens ebenso wichtig ist es, darüber nachzudenken, wie die Einbindung in die Schule und die Struktur des Ganztagsangebots so gestaltet werden können, dass die Qualität von Schule insgesamt verbessert wird. Ganztag ist kein Betreuungsangebot auf dem freien Markt, kein Kinderspiel und auch kein Eltern-Service, sondern ein wichtiger Pfeiler der Arbeit der Schule.

Vierte Konsequenz: Vertrauen schaffen und Veränderungen verlässlich gestalten

Wer jemals in einer Schulbehörde gearbeitet hat, kennt die Situation: Ständig kommen Wünsche oder Forderungen von Bildungspolitik, Interessenverbänden, Initiativen und Wissenschaftler/innen, dass Schule sich eines bestimmten Problems oder Bereichs annehmen solle. Das können beispielsweise Forderungen nach Integration des Segelfliegens in den Sportunterricht oder Anregungen sein, ein Fach wie Astronomie auf breiter „Front" wieder einzuführen. Besonders häufig sind Anregungen und Aufforderungen, bestimmte gesellschaftliche Probleme (Umweltschutz, Nachhaltigkeit, Ernährung, Gesundheit …) stärker zu beachten oder ein Fach zu schaffen, das sich nur mit diesem Bereich beschäftigt (z. B. Wirtschaft). Der Grundfehler, den man bei der Auseinandersetzung mit solchen Forderungen oder Anregungen machen kann, besteht darin, sich damit inhaltlich auseinanderzusetzen und zu begründen, warum eine Forderung berechtigt ist oder nicht. Erfahrene Behördenmitarbeiter halten die Strategie der Gegenfrage bei solchen Fragen für besser geeignet: „Gut, machen wir – wenn Sie sagen, was dafür wegfallen soll!"

Die Frage, was denn von Inhalten und Strukturen im gegenwärtigen Unterricht und in der Schule wegfallen, konzentriert oder geändert werden sollte, endet meist in einer Art „Catch-22"-Situation: Man könnte nur abschaffen, was überflüssig, sinnlos oder erledigt wäre. Da aber kein Bildungspolitiker oder Schulverwalter je so etwas geschaffen hat, kann man es auch nicht abschaffen … Hinzu kommt, dass bestehende Inhalte und Strukturen in einem Netz von Lehrplänen, Lehrmitteln, Personalausstattungen, Bildungsgängen, Prüfungsformen und -systemen verbunden und zum Teil bis auf Bundesebene verankert sind und dass der Wunsch nach Veränderungen unerwartete und unerwünschte Dominoeffekte auslösen kann. Dies kann man am Hin und Her bei der Einführung/Rückführung von G8/G9 verfolgen, man kann es auch beobachten bei der noch relativ einfach erscheinenden Veränderung, die mit der Einführung eines neuen Faches Wirtschaft verbunden ist (gerade in Nordrhein-Westfalen beschlossen).

Wenn in der JAKO-O Bildungsstudie sich Eltern dazu geäußert haben, welche Bereiche in der Schule heute zu kurz kommen, ist es natürlich verführerisch, daraus Forderungen nach einer intensiveren Behandlung dieser scheinbar vernachlässigten Themen abzuleiten. Bei näherer Betrachtung erweist sich diese Forderung aber als problematisch und zu kurz gegriffen (vgl. hierzu den Beitrag von Gerick, Kapitel 11).

So geben 59 % der befragten Eltern an, wirtschaftliches Denken und Handeln (z. B. Steuererklärung, Kaufverträge, Sparen) kämen zu kurz. Ein Fünftel kann hierzu überhaupt keine Angabe machen. Besonders die Gruppe der Eltern, die selbst zur Hauptschule gegangen sind (58 %) teilen diese Einschätzung. Eltern mit Kindern aus Hauptschulen und Integrierten Haupt- und Realschulen schätzen den Mangel höher ein (77 % und 70 %) als Eltern anderer Schulformen. Und Eltern, die die Bildungschancen als eher ungerecht einschätzen, sehen das Defizit im Bereich des wirtschaftlichen Denkens und Handelns höher an als andere Eltern (66 % im Vergleich zu 56 %). Ob und wie es sich auf die Einschätzung der Eltern auswirkt, wenn in einem Bundesland das Fach Wirtschaft, Wirtschaft und Recht oder Sozialkunde etabliert ist oder nicht, lässt sich aus den Daten nicht feststellen, allerdings sehen Eltern aus den beiden Bundesländern, die das Fach „Wirtschaft und Recht" eingeführt haben (Bayern, Thüringen), hier in etwas geringerem Maße ein Defizit (51 % bzw. 53 %).

Dass gerade Eltern mit Haupt- und Realschulabschluss sowie mit Kindern an Haupt- und Realschulen angeben, der Themenbereich Wirtschaft (wie auch Ernährung und Gesundheit, Computer) komme in der Schule zu kurz, kann unterschiedliche Gründe haben, z. B.:
– Die Schule vermittelt nichts oder zu wenig im entsprechenden Themenbereich.
– Die Schule vermittelt etwas Anderes als das Erwartete.
– Eltern wissen/verstehen/erfahren nicht, was zum Themenbereich vermittelt wurde.
– Eltern sehen sich nicht genügend in ihrer Erziehungsaufgabe und bei ihren Sorgen um die Zukunft der Kinder unterstützt.
– Eltern trauen der Schule mehr zu, als sie zu leisten im Stande ist.

Wenn Eltern einen Nachholbedarf bei bestimmten Themen sehen, muss das nicht bedeuten, dass Schule hier zu wenig vermittelt hat oder dass der Unterricht Schwächen aufweist. Eine Ursache dafür kann auch sein, dass die Eltern nicht genug über die Arbeit der Schule wissen und zu wenig eingebunden sind in die Auseinandersetzung mit lebensweltlichen Themen. Einschätzungen der Eltern bezüglich Nachholbedarfs oder Defiziten in der Schule spiegeln aber auch schlechtes elterliches Gewissen über die Begrenztheit eigener Erziehungsanstrengungen und -möglichkeiten wider (wenn es z. B. Eltern nicht gelingt, den Medienkonsum der Kinder im Elternhaus zu begrenzen und sie gleichzeitig mehr Medienerziehung und Regeln für Mediennutzung in der Schule fordern).

Dass Eltern einen Nachholbedarf bei gerade lebensweltlichen Themenbereichen (praktische Ökonomie, Ernährung, Computer) sehen, liegt offensichtlich auch im erheblichen Maß an elterlicher Sorge um die Zukunft ihrer Kinder – besonders bei Eltern, die den Nachholbedarf nicht durch ihren täglichen Alltag, eigene Anstrengungen und Aktivitäten kompensieren können. Daraus lässt sich eine zweifache Konsequenz ziehen:
– Es geht nicht um neue Themenbereiche oder Fächer, sondern es geht um fehlendes Vertrauen der Eltern, dass Schule die Kinder angemessen auf die Zukunft vorbereitet und genügend Hilfen bietet zur Bewältigung späterer Lebensaufgaben. Fehlendes Vertrauen und Sorgen der Eltern kann dadurch beseitigt werden, dass Schule und Lehrkräfte zeigen, wie sie arbeiten und Eltern als Mitverantwortliche einbinden (z. B. durch Information, Kooperation, Eltern-Schule-Gespräche,

Praktika). Vertrauen kann entstehen, wenn es Schule gelingt, erzieherische Verantwortung und Zukunftssorge mit Eltern zu teilen und anschlussfähige Übergänge und Abschlüsse zu vermitteln. Bestärkt werden kann dies u. a. durch die schulische und erzieherische Unterstützung durch multiprofessionelle Teams, Kooperation im Kollegium, klare Zielvereinbarungen.
– Veränderungsprozesse und Reformen auf Schul- oder Schulsystemebene (durch Bildungspolitik) können erfolgreich sein, wenn sie ernsthaft, wirksam und verlässlich sind. Dazu gehören sorgfältige Prüfung der Ausgangslage, die Abwägung von Alternativen und Folgen, die Definition von Erfolgskriterien und Festlegung von Erfolgsüberprüfungen. Die Einführung des G8-Bildungsganges und dessen Rückholung sind ein Beispiel für das Scheitern von Veränderungsprozessen mit mangelnder inhaltlicher und struktureller Absicherung, fehlender Vertrauensbasis bei Eltern und ungenügendem bzw. manipulativem Umgang mit elterlichen Sorgen. Unklare Veränderungsprozesse und vertrauenslose Reformen werden schnell von bildungspolitischen Interessen gekapert und instrumentalisiert. Das nimmt jede Möglichkeit, gesicherte Erfahrungen mit den Neuerungen zu machen, sie in unterschiedlichen Zusammenhängen unter verschiedenen Bedingungen zu erproben und herauszufinden, ob sie die Qualität von Schule und Unterricht verbessern und Schule humaner werden lassen. Erfahrungen aus Schulentwicklungsprozessen (z. B. Lander/Ekholm 1998) zeigen, dass meist acht bis zehn Jahre vergehen, bis Lehrkräfte, Schulen und auch Eltern angestrebte Veränderungen annehmen und sie auch unter nicht optimalen Rahmenbedingungen umsetzen. Acht bis zehn Jahre, das erscheint ein langer Zeitraum für Veränderungen. Wenn man bedenkt, dass Veränderung in der Schule bedeutet, eine bestehende, (vermeintlich) in einem komplexen sozialen System funktionierende Praxis bei laufendem Betrieb aufzugeben und gleichzeitig neue Handlungs- und Verhaltensweisen zu erwerben, dann erscheint dieser Zeitraum realistisch. Vertrauen schaffen und die Sorgen der Eltern ernst nehmen wird Bildungspolitik nur gelingen, wenn sie Veränderungsprozessen in Schulen diese Zeit gibt, wenn sie Prozesse verlässlich und glaubwürdig durchführt und auch dabei die bestehende Praxis (z. B. Lehrpläne, Stundentafeln, Prüfungsformen und -normen) auf ihre Tauglichkeit überprüft.

Es wird in den kommenden Jahren interessant zu beobachten sein, ob und wie bei bildungspolitischen Debatten diese doppelte Konsequenz beachtet wird. Eine interessante Debatte wird hier möglicherweise der richtige Zeitpunkt der Verteilung von Kindern auf verschiedene Schulformen sein. Es spricht zwar Vieles dafür, einen Übergang nach der 6. Klasse anzustreben (wie das 54 % der befragten Eltern in der Studie wünschen), um z. B. elterliche Entscheidungsprozesse zu entlasten, Entwicklungsverläufe von Kindern besser einschätzen zu können, längeres gemeinsames Lernen zu ermöglichen. Klarheit sollte allerdings darüber bestehen, dass diese Veränderung nicht unbedingt mehr Qualität und erst recht nicht zwangsläufig mehr Bildungsgerechtigkeit zur Folge haben muss: In einer Langzeitstudie hat Fend (2014) die Effekte des Übergangs untersucht und kommt zum Ergebnis: „Gleich welches Bildungssystem die jetzt 35-Jährigen durchlaufen hatten, der Einfluss der sozialen Herkunft war immer gleich groß. Die Trennung nach dem 4. Grundschuljahr, nach dem 6. Jahr der Förderstufe oder das gemeinsame Lernen bis zum 10.

Schuljahr erbrachten keine Unterschiede in der Determinationsstärke des sozialen und kulturellen Niveaus des Elternhauses für den Ausbildungsabschluss." (Fend 2014, S. 60) Wenn Bildungspolitik erreichen wollte, dass der Einfluss des kulturellen und sozialen Niveaus des Elternhauses nicht mehr so ausschlaggebend für den Ausbildungsabschluss ist, wäre z. B. eine Veränderung des Zeitpunktes des Übergangs auf weiterführende Schulen (6. Schuljahr oder später) zwar nicht falsch – aber er wäre eben nicht (allein) die Lösung und auch noch keine verlässliche und wirksame Veränderung.

Erfolge beachten und Unruhe bewahren

Eine Reihe von Ergebnissen der JAKO-O Bildungsstudie zeigen überraschende und erfreuliche Tendenzen und Entwicklungen. So war und ist es angesichts der häufig noch unzureichenden Ausstattung mit personellen und sachlichen Ressourcen nicht erwartbar, dass Eltern eine über die Jahre gleichbleibende Zustimmung zum gemeinsamen Unterricht von behinderten und nicht behinderten Kindern äußern – auch wenn Inklusion mit verhaltensauffälligen Kindern nach wie vor von weniger als der Hälfte der Befragten befürwortet wird, ein Drittel der Eltern dem inklusiven Lernen zurückhaltend oder ablehnend gegenüberstehen und 40 % nicht der Ansicht sind, dass der gemeinsame Unterricht den verschiedenen Lernvoraussetzungen der Schüler Rechnung trägt. Immerhin ... bei rund zwei Dritteln der Befragten überwiegt die positive Einschätzung und Haltung zur Inklusion (vgl. hierzu den Beitrag von Paseka, Kapitel 8, sowie Ergebnisse der 3. JAKO-O Bildungsstudie, Dedering/Horstkemper 2014).

Zu den erfreulichen Tendenzen gehört auch die Befürwortung des schnellstmöglichen Schulbesuchs von Flüchtlingskindern (95 %) und der hohe Wert (83 %) bei der Einschätzung, dass es wegen der Versorgung von Flüchtlingen keine Einschränkungen des Schulbetriebes gegeben habe. Wie die Position, Flüchtlingskinder sollten zuerst einmal in gesonderten Klassen unterrichtet werden, um gemeinsam Deutsch zu lernen (73 % „stimmen eher zu" oder „stimmen sehr zu"), zu werten ist, bleibt unsicher: Sie kann begründet sein durch den Wunsch, Flüchtlingskinder von Anfang an möglichst intensiv zu beschulen und ihnen so gute Startchancen zu geben – sie kann aber auch Ausdruck dafür sein, Flüchtlingskinder möglichst lange in eigenen Strukturen/Gruppen zu exkludieren (vgl. hierzu den Beitrag von Daschner, Kapitel 7).

Damit positive Einschätzungen und Haltungen bestärkt und ausgeweitet werden können, müssen Erfolge immer wieder bewusst gemacht und ins Blickfeld gerückt werden: Immerhin, rund zwei Drittel der Eltern sehen Inklusion und Beschulung von Flüchtlingskindern überwiegend positiv, immerhin halten zwei Drittel der Eltern Deutschland für ein kinderfreundliches Land und finden die Bildungschancen für Kinder „sehr gerecht" oder „eher gerecht". Dass rund ein Drittel der Eltern diese Bereiche deutlich schlechter werten, ist Grund für Unruhe, Besorgnis und Unzufriedenheit. Erfolge und Fortschritte zu beachten und gleichzeitig Entwicklungs- und Problemfelder auszumachen und daran zu arbeiten, das ist eine wichtige Schluss-Konsequenz aus der Studie. Wer Patentlösungen für Schule sucht oder verspricht, der wird vielleicht schnell eine oberflächliche und kurzfristige Kundenzufriedenheit erreichen – aber kaum langfristige Erfolge im Hinblick auf die Ausgestaltung der

Entwicklungsmöglichkeiten, mehr Gerechtigkeit, Chancengleichheit und Humanität in der Schule.

Zum Schluss ein Wunsch: die Erforschung der Elternperspektive weiterentwickeln

Seit 2010 haben die vier JAKO-O Bildungsstudien der Öffentlichkeit und Fachwelt Einblicke erlaubt, wie Eltern zu Brennpunkten der Bildungspolitik stehen, wie sie das Leben und das Arbeiten ihrer Kinder in der Schule sehen und wie sie sich in ihrer Elternrolle wahrnehmen. Mit ihrem Ansatz der regelmäßigen repräsentativen Befragung hat die Studie besonders Gewicht und wird u. a. bei Verbänden oder in der (bildungs-)politischen Diskussion sehr beachtet. Dabei ist es nicht verwunderlich, dass die Ergebnisse der Studie auch interessegeleitet unter dem Aspekt von „Kundenzufriedenheit" gesehen werden: Wie zufrieden sind die Eltern mit der Schule – und was müssen wir (und vor allem: andere) tun, um Eltern noch zufriedener zu machen?

Aber Elternbefragungen vorrangig als Kundenbefragungen zu sehen, wie man Elternwünsche erfüllen kann, führt in die Irre, man landet schnell in einer Optimierungs-Sackgasse und ist auf dem falschen Weg. Denn:
– Eltern können Schule und Unterricht eher nur indirekt einschätzen. Ihre Zufriedenheit hängt stark davon ab, „was von Schule zu Hause in Gesprächen mit Kindern ankommt", was für sie selbst und das Familienleben besonders wichtig ist und ob ihre Erwartungen an Leistungen ihres Kindes erreicht werden.
– Eltern sind auch mit einer schlechten Schule zufrieden, wenn ihr Kind dort die erwarteten Ergebnisse bringt (besser als die anderer Schüler/innen) und die Schule das Familienleben nicht stört durch zusätzlichen Arbeits- oder Konfliktlösungsaufwand.
– Maßstäbe der Eltern für die Einschätzung von Qualität sind nicht widerspruchsfrei. „Sind auch Eltern von guten Schulen begeistert?", fragte Fend 1977 (Fend 1998, S. 137) und förderte einen erstaunlichen Befund zutage: Einschätzungen der Eltern bei guten und schlechten Schulen unterscheiden sich nicht eindeutig. Eltern „erwarten zwar eine Förderhaltung der Lehrer, gleichzeitig ist es ihnen aber auch wichtig, daß im Leistungsbereich nichts versäumt wird" (Fend 1998, S. 138).
– Die Einschätzung von Eltern ist an die Position ihres Kindes gebunden und egoistisch. Mit besseren Leistungen des Kindes liegen positive Elterneinschätzungen näher: „Da sie (*die Eltern, G.E.*) sich des Konkurrenzaspektes einer Leistungsgesellschaft bewußt sind, kann ihnen aber auch nicht übermäßig viel daran gelegen sein, daß die Schule alle Kinder möglichst optimal fördert." (Fend 1998, S. 138)
– Für Kundenzufriedenheit in einer Klasse oder in der Schule existieren keine Richtwerte. Es muss nicht zwangsläufig ein Fortschritt sein, wenn Eltern als Kunden zufriedener sind (z. B. aber die Leistungen der Schüler/innen schlechter werden). Dass z. B. in schwierigen Situationen die Kundenzufriedenheit geringer ist oder sinkt, kann auch Anzeichen dafür sein, dass Probleme angegangen werden.

– Durch Betonung von Kundenzufriedenheit werden Eltern auf eine Rolle reduziert. Selbst wenn sie sich selbst als Kunden sehen und so agieren (vgl. Crozier 2000, S. 4) und wenn Elternverbände die Eltern immer wieder an ihre Rechte erinnern und als Kunden ihre Interessen vorbringen, bleiben sie doch in der Verantwortung und behalten ihre Aufgabe als Partner und als „Zulieferer" der Schule, als Gestaltende und Mitwirkende bei Erziehung und Ausbildung (vgl. Killus/Paseka 2016, S. 156).

Es könnte die Bedeutung der JAKO-O Bildungsstudie stärken, wenn auch bei der Befragung oder durch Einbeziehung anderer Ergebnisse die Einschätzungen der Eltern durch Perspektiven weiterer Akteure in der Schule gespiegelt würden. Die Wahrnehmungen der Eltern, ihre Sorgen, Erfahrungen und Wünsche ausführlich in Beziehung zu setzen mit Sichtweisen und Erfahrungen von Schüler/innen und von Lehrkräften, das könnte sicherlich eine sinnvolle Weiterentwicklung der Studie sein, es würde Deutungen im Sinne einer einfachen Kundenzufriedenheit vorbeugen und auf das Zusammenspiel der unterschiedlichen Akteure in der Schule eingehen. Beispiele zeigen, dass aus einem solchen Ansatz interessante Ergebnisse und Folgerungen zu erwarten sind: So hat die Nationale Behörde für das Schulwesen in Schweden (Skolverket) seit 1993 dreijährlich landesweite repräsentative Schüler/innen-, Lehrer/innen- und Elternbefragungen zur Schularbeit und Bildungspolitik durchgeführt. Die letzte Befragung mit über 2.500 Teilnehmern erfolgte 2012 (Skolverket 2013), danach erfolgten die Befragungen im Rahmen der Schulinspektion.[1] Zu sehen, wo und wie die unterschiedlichen Akteure in der Schule sich in ihren Wahrnehmungen und Einschätzungen unterscheiden, gibt wichtige Impulse für die Diskussion in der Schule und in der Bildungspolitik. Manche Ergebnisse werden relativiert, viele werden aber gegenseitig gestärkt und gemeinsam getragen.

---

1 Z. B. zeigte sich über alle Jahre u. a., dass die Ergebnisse der Elternbefragungen tendenziell immer besser ausfallen, dass der Zufriedenheitsgrad relativ stabil bleibt (ca. 70–80 %, der Wert ist höher, je allgemeiner gefragt wird). Deutlich wurde, dass Eltern der Arbeit der Schulen der Primar- und Sekundarstufe I überwiegend Vertrauen schenken (ca. 60 %), bei Schulen der Sekundarstufe II weniger (53 %). Oft unterscheiden sich in den Befragungen die Wahrnehmungen der Eltern deutlich von denen der Schülerschaft und Lehrkräfte. So finden z. B. Eltern am stärksten, es müsse in der Schule mehr Ordnung herrschen (87 %, Schülerschaft: 63 %; vgl. Skolverket 2013, S. 116). Bei individueller Förderung schätzen Eltern die Leistungen der Schule deutlich schlechter ein als Lehrkräfte (vgl. ebd., S. 26). Übereinstimmung zeigt sich bei der Einschätzung, wie der Schule die Förderung schwächerer Schüler/innen gelingt: Rund ein Drittel der Befragten meint, dass dies der Schule nicht oder nur sehr gering gelingt (vgl. ebd., S. 40) – und das trotz langjährigen intensiven Inklusionsbemühungen. Deutlich wird bei den Befragungen auch der Einfluss der Eltern auf das Schulklima selbst (z. B. geben 20 % der Schüler/innen an, sie fühlten sich durch Elternforderungen täglich/1x wöchentlich gestresst, vgl. ebd.; S. 71) sowie die Prägung ihrer Einschätzungen durch eigene Schulerfahrungen (z. B. meinen nur rund 40 %, die Schule heute sei besser als früher, vgl. ebd., S. 78).

Literatur

Blossing, U. (2006): Von der Elterninformation zum individuellen Entwicklungsplan. In: Pädagogik 58, H. 9, S. 34-39.

Crozier, G. (2000): Parents and Schools: Partners or Protagonists? Oakhill, United Kingdom: Trentham Book.

Dedering, K./Horstkemper, M. (2014): Wie stehen Eltern zur Inklusion? In: Killus, D./Tillmann, K.-J. (Hrsg.): Eltern zwischen Erwartungen, Kritik und Engagement. Ein Trendbericht zu Schule und Bildungspolitik in Deutschland. 3. JAKO-O Bildungsstudie. Münster u. a.: Waxmann, S. 47-70.

Fend, H. (1998): Qualität im Bildungswesen. München: Juventa.

Fend, H. (2014): Bildungslaufbahn von Generationen: Befunde der LifE-Studie zur Interaktion von Elternhaus und Schule. In: Zeitschrift für Erziehungswissenschaft 17 (S2), S. 37-72; DOI 10.1007/s11618-013-0463-4.

Fischer, N. (2012): Individuelle Wirkungen von Ganztagsschulen – zum Forschungsstand. In: DIPF informiert Juli, H. 17, S. 7-9.

Hargreaves, A. (2000): Professionals and Parents: Personal Adversaries or Public Allies? In: Prospects 30, H. 2, S. 201-213.

Killus, D./Paseka, A. (2016): Eltern als Partner, Zulieferer oder Kunden von Schule? Empirische Befunde zum Verhältnis von Elternhaus und Schule. In: Zeitschrift für Bildungsforschung 6, H. 2, S. 151-168; DOI 10.1007/s35834-016-0157-0.

Klafki, W. (1992): Kriterien einer guten Schule. In: Ogasawara, M. (Hrsg.): Erziehung – Humanität – Demokratie. Tokyo. Abrufbar unter: http://archiv.ub.uni-marburg.de/sonst/1998/0003/k07.html (Zugriff: 20.07.2017).

Kultusministerkonferenz (KMK) (2016): Allgemeinbildende Schulen in Ganztagsform in den Ländern in der Bundesrepublik Deutschland – 2011 bis 2015. Berlin. Abrufbar unter: https://www.kmk.org/fileadmin/Dateien/pdf/Statistik/Dokumentationen/GTS_2015_Bericht.pdf (Zugriff: 20.07.2017).

Lander, R./Ekholm, M. (1998): School Evaluation and Improvement: A Scandinavian View. In: Hargreaves, A./Lieberman, A./Fullan, M./Hopkins, D. (Hrsg.): International Handbook of Educational Change. Dordrecht, Boston, London: Kluwer Academic, S. 1119-1134.

Paseka, A. (2014): Elternbeteiligung auf Klassen- und Schulebene. In: Killus, D./Tillmann, K.-J. (Hrsg.): Eltern zwischen Erwartungen, Kritik und Engagement. Ein Trendbericht zu Schule und Bildungspolitik in Deutschland. 3. JAKO-O Bildungsstudie. Münster u. a.: Waxmann, S. 111-130.

Sacher, W. (2012): Erziehungs- und Bildungspartnerschaften in der Schule: zum Forschungsstand. In: Stange, W./Krüger, R./Henschel, A./Schmitt, C. (Hrsg.): Erziehungs- und Bildungspartnerschaften. Grundlagen und Strukturen von Elternarbeit. Wiesbaden: Springer VS, S. 232-243.

Schwanenberg, J. (2015): Elterliches Engagement im schulischen Kontext. Münster: Waxmann.

Skolverket (2013): Attityder till skolan 2012. Stockholm: Fritzes. Abrufbar unter: https://www.skolverket.se/om-skolverket/publikationer/visa-enskild-publikation?_xurl_=http%3A%2F%2Fwww5.skolverket.se%2Fwtpub%2Fws%2Fskolbok%2Fwpubext%2Ftrycksak%2FBlob%2Fpdf3032.pdf%3Fk%3D3032 (Zugriff: 20.07.2017).

Trumpa, S. (2010): Elternperspektiven – Rekonstruktionen an einer Freien Schule. Studien zur Bildungsgangforschung. Band 31. Opladen/Farmington Hills: Budrich Verlag.

Tabellenverzeichnis

Tab. 3.1	Soziodemografische Merkmale der befragten Elternteile und Angaben zur Schulform, die das jeweils älteste schulpflichtige Kind besucht	18
Tab. 4.1	Studiensteckbrief (Baden-Württemberg 2016)	22
Tab. 5.1	Studiensteckbrief (Nordrhein-Westfalen 2016)	42
Tab. 5.2	Flüchtlingskinder an der Schule des Kindes und besondere Maßnahmen zur Unterstützung (NRW 2016, bundesweit 2017)	47
Tab. 5.3	Ganztagsschulwunsch der Eltern für das Kind und Realisierung des Wunsches (NRW 2016, bundesweit 2017)	51
Tab. 8.1	Befürwortung gemeinsamen Lernens von nicht behinderten Kindern und Kindern mit unterschiedlichen Beeinträchtigungen nach Region und Besuch einer inklusiven Schule durch das Kind (2017)	106
Tab. 8.2	Schulform des Kindes nach sonderpädagogischem Förderbedarf des Kindes (2017)	111
Tab. 8.3	Befürwortung gemeinsamen Lernens von nicht behinderten Kindern und Kindern mit unterschiedlichen Beeinträchtigungen nach sonderpädagogischem Förderbedarf des Kindes (2017)	112
Tab. 8.4	Kompetenzen der Lehrkräfte des Kindes im Umgang mit Heterogenität nach sonderpädagogischem Förderbedarf des Kindes (2017)	113
Tab. 8.5	Häufigkeit der Nachhilfe für das Kind nach sonderpädagogischen Förderbedarf des Kindes (2017)	116
Tab. 8.6	Überforderung der Eltern nach sonderpädagogischem Förderbedarf des Kindes (2017)	118
Tab. 10.1	Übersicht über die erfassten fünf Aspekte von Vertrauen	140
Tab. 10.2	Übersicht über eltern-, kind- und schulbezogene Merkmale	141
Tab. 11.1	Bereiche, die in der Schule zu kurz kommen, nach besuchter Schulform des ältesten schulpflichtigen Kindes (2017)	169

Abbildungsverzeichnis

Abb. 4.1　Wichtigkeit von Aufgaben der Landesregierung für die eigene Wahlentscheidung (BW 2016) 23

Abb. 4.2　Bewertung der Bildungspolitik im Vergleich zur Vorgängerregierung (BW 2016) 24

Abb. 4.3　Einführung der Gemeinschaftsschule (BW 2016) 26

Abb. 4.4　Einführung des „Freien Elternwillens" beim Übergang in die weiterführende Schule (BW 2016) 28

Abb. 4.5　Befürwortung der Ausweitung des Ganztagsangebots an Schulen (BW 2016) 30

Abb. 4.6　Ganztagsschulwunsch der Eltern für das eigene Kind (BW 2016, bundesweit 2017) 31

Abb. 4.7　Abschaffung der Sonderschulpflicht für behinderte Kinder (BW 2016) 33

Abb. 4.8　Befürwortung gemeinsamen Lernens von nicht behinderten Kindern und Kindern mit unterschiedlichen Beeinträchtigungen (BW 2016, bundesweit 2017) 34

Abb. 4.9　Regelungen für die Dauer der Schulzeit bis zum Abitur (BW 2016) 35

Abb. 4.10　Schaffung von zusätzlichen Lehrerstellen für Flüchtlingskinder (BW 2016) 36

Abb. 4.11　Einschätzung des Bedarfs zusätzlicher Lehrerstellen für Flüchtlingskinder (BW 2016) 37

Abb. 5.1　Wichtigkeit von Aufgaben der Landesregierung für die eigene Wahlentscheidung (NRW 2016) 44

Abb. 5.2　Bewertung der Bildungspolitik im Vergleich zur Vorgängerregierung (NRW 2016) 45

Abb. 5.3　Bewertung von Maßnahmen zur Integration von Flüchtlingskindern in der Schule (NRW 2016) 48

Abb. 5.4　Befürwortung gemeinsamen Lernens von nicht behinderten Kindern und Kindern mit unterschiedlichen Beeinträchtigungen (NRW 2016, bundesweit 2017) 49

Abb. 5.5　Zeitpunkt der Verteilung der Schüler/innen auf die weiterführenden Schulformen (NRW 2016, bundesweit 2017) 52

Abb. 5.6　Regelungen für die Dauer der Schulzeit bis zum Abitur (NRW 2016, bundesweit 2014) 54

Abb. 6.1　Lehr-, Lern- und Erziehungssituation in der Schule des Kindes (Trend von 2010 bis 2017) 59

Abb. 6.2　Kompetenzen der Lehrkräfte des Kindes (Trend von 2010 bis 2017) 60

Abb. 6.3　Kompetenzen der Lehrkräfte – Auswahl: Umgang mit Heterogenität (2017) 61

Abb. 6.4　Schulfreude des Kindes (Trend von 2010 bis 2017) 62

Abb. 6.5　Bewertung der Frühförderung (Trend von 2012 bis 2017) 64

Abb. 6.6	Zeitpunkt der Verteilung der Schüler/innen auf die weiterführenden Schulformen (Trend von 2010 bis 2017)	66
Abb. 6.7	Ganztagsschulwunsch der Eltern für das Kind und Realisierung des Wunsches (2014, 2017)	67
Abb. 6.8	Verbesserungsbedarf an der Ganztagsschule des Kindes (2014, 2017)	68
Abb. 6.9	Entscheidung für acht- oder neunjähriges Gymnasium (2012, 2014)	69
Abb. 6.10	Über- oder Unterforderung des Kindes nach G8- und G9-Bildungsgang (2017)	70
Abb. 6.11	Häufigkeit von Nachhilfe für das Kind nach G8- und G9-Bildungsgang (2017)	71
Abb. 6.12	Über- oder Unterforderung des Kindes (Trend von 2010 bis 2017)	72
Abb. 6.13	Häufigkeit von Nachhilfe für das Kind (Trend von 2010 bis 2017)	73
Abb. 6.14	Unterstützungsleistungen der Eltern im Zusammenhang mit dem Schulbesuch des Kindes (Trend von 2010 bis 2017)	75
Abb. 6.15	Erfüllung von Aufgaben durch die Schule aus Sicht der Eltern (Trend von 2010 bis 2017)	76
Abb. 6.16	Überforderung der Eltern als Elternteil eines schulpflichtigen Kindes (2010, 2017)	76
Abb. 6.17	Deutschland – ein kinderfreundliches Land? (Trend von 2010 bis 2017)	78
Abb. 6.18	Bildungschancen der Kinder in Deutschland (Trend von 2010 bis 2017)	79
Abb. 7.1	Einstellungen gegenüber der Beschulung von Flüchtlingskindern (2017)	85
Abb. 7.2	Erfahrungen mit Flüchtlingskindern an der Schule des Kindes (2017)	92
Abb. 7.3	Einschränkungen des Schulbetriebs durch Flüchtlinge an der Schule des Kindes (2017)	95
Abb. 8.1	Befürwortung gemeinsamen Lernens von nicht behinderten Kindern und Kindern mit unterschiedlichen Beeinträchtigungen (Trend von 2012 bis 2017)	105
Abb. 8.2	Besuch einer inklusiven Schule durch das Kind (2014, 2017)	108
Abb. 8.3	Umsetzung von Inklusion in der Schulklasse des Kindes (2017)	110
Abb. 8.4	Vertrauen von Eltern in Lehrkräfte des Kindes nach sonderpädagogischem Förderbedarf des Kindes (2017)	115
Abb. 9.1	Kriterien für die Schulwahl beim Übergang von der Grundschule in die weiterführende Schule (2017)	130
Abb. 9.2	Kriterien für die Schulwahl beim Übergang von der Grundschule in die weiterführende Schule nach Bildungsabschluss der Eltern (2017)	131
Abb. 9.3	Bedeutung des Kriteriums „pädagogisches Konzept der Schule" nach Über- oder Unterforderung des Kindes (2017)	133

Abb. 10.1	Zustimmung zu fünf Vertrauensaspekten bezogen auf die Lehrkräfte des Kindes (2017)	141
Abb. 10.2	Elterliches Vertrauen in die Lehrkräfte des Kindes nach Einschätzung der Aussage „Eltern müssen vieles von dem leisten, was eigentlich Aufgabe der Schule ist" (2017)	145
Abb. 10.3	Elterliches Vertrauen in die Lehrkräfte des Kindes nach Überforderung der Eltern (2017	147
Abb. 10.4	Elterliches Vertrauen in die Lehrkräfte des Kindes nach Über- oder Unterforderung des Kindes (2017)	149
Abb. 10.5	Elterliches Vertrauen in die Lehrkräfte des Kindes an privaten und an öffentlichen Schulen (2017)	151
Abb. 10.6	Elterliches Vertrauen in die Lehrkräfte des Kindes nach Schulformen (2017)	153
Abb. 11.1	Bereiche, die in der Schule zu kurz kommen (2017)	164
Abb. 11.2	Bereiche, die in der Schule zu kurz kommen – nach Bildungsabschluss der Eltern (2017)	165
Abb. 11.3	Bereiche, die in der Schule zu kurz kommen – nach Migrationshintergrund der Eltern (2017)	167
Abb. 11.4	Bereiche, die in der Schule zu kurz kommen – nach Geschlecht der Eltern (2017)	168
Abb. 11.5	Bereiche, die in der Schule zu kurz kommen – nach Region (2017)	171

Autorinnen und Autoren

Dr. Inka Bormann, Jg. 1971, Professorin für Allgemeine Erziehungswissenschaft an der Freien Universität Berlin

Dr. h.c. Peter Daschner, Jg. 1944, Landesschulrat a.D., ehem. Direktor des Landesinstituts für Lehrerbildung und Schulentwicklung (LI) in Hamburg, Mitherausgeber des *Journal für Schulentwicklung*

Dr. Gerhard Eikenbusch, Jg. 1952, ehemaliger Schulleiter in Nordrhein-Westfalen und Stockholm, Redaktionsmitglied von PÄDAGOGIK

Dr. Julia Gerick, Jg. 1986, Juniorprofessorin für Schulentwicklungsforschung an der Universität Hamburg (Arbeitsbereich „Schulpädagogik und Schulforschung")

Dr. Dagmar Killus, Jg. 1965, Professorin für Unterrichtsforschung und Allgemeine Didaktik an der Universität Hamburg (Arbeitsbereich „Schulpädagogik und Schulforschung")

Sebastian Niedlich, Jg. 1973, Wissenschaftlicher Mitarbeiter am Arbeitsbereich Allgemeine Erziehungswissenschaft der Freien Universität Berlin

Dr. Angelika Paseka, Jg. 1957, Professorin für Professionsforschung und Professionsentwicklung an der Universität Hamburg (Arbeitsbereich „Schulpädagogik und Schulforschung")

Bettina Peetz, Jg. 1963. Geschäftsleiterin Jako-o Möbel und Spielmittel für die junge Familie GmbH, Bad Rodach

Klaus-Peter Schöppner, Jg. 1949, von 1990 bis 2013 Geschäftsführer TNS Emnid, seitdem Berater von Kantar Emnid und geschäftsführender Gesellschafter des Demoskopie-Beratungsunternehmens Mentefactum

Dr. Klaus-Jürgen Tillmann, Jg. 1944, Professor für Schulpädagogik an der Universität Bielefeld, langjähriger Wissenschaftlicher Leiter der Laborschule, seit 2008 emeritiert

Studienbeirat

Wolfgang Blos, ehemaliger Schulrat und Schulamtsdirektor, Staatliches Schulamt Landkreis Forchheim

Prof. Dr. Mechthild Gomolla, Professorin für Erziehungswissenschaft, insbesondere interkulturelle und vergleichende Bildungsforschung, Helmut Schmidt-Universität/ UniBw Hamburg

Martina Richter, Stellvertretende Vorsitzende des Bundeselternrats und Mitglied im Landesschulbeirat Mecklenburg-Vorpommern

Über JAKO-O

Die Jako-o GmbH ist einer der großen Spezialversender für Baby und Kindersachen in Deutschland. Zu den Produkten zählen Materialien zum Spielen, Lernen, Lesen und Basteln sowie Kleidung und Möbel – vor allem viel Praktisches für das Familienleben.

Mit der Initiative „Ideen für eine kinderfreundliche Welt" macht sich JAKO-O für die Belange von Kindern und Familien stark. Um ihren Wünschen und Bedürfnissen im bildungspolitischen Geschehen mehr Gewicht zu verleihen, initiierte das Unternehmen die JAKO-O Bildungsstudie, die seit 2010 alle zwei bzw. drei Jahre durchgeführt wird. Schon lange setzt sich das Unternehmen dafür ein, die Mehrwertsteuer auf Produkte und Dienstleistungen für Kinder auf 7 Prozent zu reduzieren, um so Familien spürbar finanziell zu entlasten. Daneben engagiert sich JAKO-O für die Einführung eines Wahlrechtes ab Geburt. Dieses soll Kindern und Jugendlichen eine politische Stimme verleihen und dazu führen, dass Politiker sich besser als bisher für ihre Belange einsetzen. Seit 2003 veranstaltet das Unternehmen zudem regelmäßig Familien-Kongresse. In zahlreichen Vorträgen und Workshops von und mit anerkannten Expertinnen und Experten unterschiedlicher Disziplinen dreht sich dabei alles um die Themen Erziehung, Schule, Partnerschaft und Familienmanagement.

JAKO-O wurde 1987 gegründet und gehört zur traditionsreichen HABA-Firmenfamilie. Die HABA-Firmenfamilie beschäftigt im nordbayerischen Bad Rodach (Oberfranken) über 2.000 Mitarbeiterinnen und Mitarbeiter. Für ihre familienfreundliche Unternehmenspolitik wurde die gesamte HABA-Firmenfamilie bereits mehrfach mit dem Zertifikat zum Audit berufundfamilie®, einer Initiative der gemeinnützigen Hertie-Stiftung, ausgezeichnet.

Umweltfreundlichkeit und Nachhaltigkeit sind für JAKO-O ebenfalls wichtige Anliegen: Der Betrieb ist nach EG-Öko-Audit-Verordnung zertifiziert und bietet zahlreiche Artikel an, die den Oeko-Tex® Standard 100 erfüllen und deren gesamte Produktionskette den Richtlinien von bluesign® folgt.

Jako-o Möbel und Spielmittel für die junge Familie GmbH
Werner-von-Siemens-Straße 23, 96476 Bad Rodach
www.jako-o.de

UNSERE BUCHEMPFEHLUNG

Dagmar Killus,
Klaus-Jürgen Tillmann
(Hrsg.)

in Kooperation mit TNS Emnid

Eltern zwischen Erwartungen, Kritik und Engagement

Ein Trendbericht zu Schule und Bildungspolitik in Deutschland

Die 3. JAKO-O Bildungsstudie

2014, 240 Seiten, br., zweifarbig, 24,90 €, ISBN 978-3-8309-3155-3

E-Book: 21,99 €, ISBN 978-3-8309-8155-8

Wie beurteilen Eltern die Schulsituation ihrer Kinder, welche Kritik üben sie mehrheitlich, welche Veränderungen fordern sie ein, und wie engagieren sie sich selbst? Bereits zum dritten Mal präsentiert die JAKO-O Bildungsstudie die Elternsicht auf pädagogische und bildungspolitische Aspekte des deutschen Schulsystems – und hinterfragt die Situation der Eltern angesichts schulischer Anforderungen. Es geht beispielsweise um die Einschätzungen der Eltern zu aktuell diskutierten Themen wie das bundesweite Zentralabitur, die Privatschule oder die Qualität der Ganztagsschule. Renommierte Bildungsforscher und Schulpraktiker analysieren die Daten, ordnen die Ergebnisse ein und ziehen sowohl schulpolitische wie -praktische Konsequenzen. So kommen die Elternpositionen in der öffentlichen Debatte verstärkt zum Tragen und gehen auch in die Fachdiskurse der Praktiker, Wissenschaftler und Bildungspolitiker ein.

www.waxmann.com